劉永福白灣守孤城 茅崃绘

陈占彪/编

甲午

五十年（1895—1945）

媾和·书愤·明耻

图书在版编目（CIP）数据

甲午五十年：1895—1945：媾和·书愤·明耻／陈占彪编.—北京：
生活·读书·新知三联书店，2019.6
ISBN 978-7-108-06443-1

Ⅰ.①甲…　Ⅱ.①陈…　Ⅲ.①马关条约(1895)－史料　Ⅳ.① D829.15

中国版本图书馆 CIP 数据核字（2019）第 011575 号

策划编辑　叶　彤
责任编辑　周玖龄
装帧设计　刘　洋
责任印制　徐　方
出版发行　**生活·讀書·新知 三联书店**
　　　　　（北京市东城区美术馆东街 22 号 100010）
网　　址　www.sdxjpc.com
经　　销　新华书店
印　　刷　三河市天润建兴印务有限公司
版　　次　2019 年 6 月北京第 1 版
　　　　　2019 年 6 月北京第 1 次印刷
开　　本　635 毫米×965 毫米　1/16　印张 27.25
字　　数　363 千字　图 52 幅
印　　数　0,001-5,000 册
定　　价　58.00 元
（印装查询：01064002715；邮购查询：01084010542）

目 录

前言 千古伤心过马关　　　　　　　　　　　　001

宣 战

对清国宣战诏书　　　　　　　　　　　　　　027
对日本宣战上谕　　　　　　　　　　　　　　031

媾 和

〔日〕陆奥宗光著，龚德柏译：乙未中日谈判　035
姚锡光：东方兵事纪略·议款篇　　　　　　　065
中日《马关条约》　　　　　　　　　　　　　091

广岛问答

中国媾和使节会谈纪要　　　　　　　　　　　103
与日相伊藤问答节略　　　　　　　　　　　　115
伊藤博文与伍廷芳问答节略　　　　　　　　　120

马关问答

五次问答节略　　　　　　　　　　　　　　　125
使相遇刺纪实　　　　　　　　　　　　　　　166

书　愤

丘逢甲：台事诗　　　　　　　　　　　　　　　175

刘永福：离台　　　　　　　　　　　　　　　182

康有为：中日和约书后　　　　　　　　　　　184

邹增祐：闻和议订约感赋三首　　　　　　　　185

顾森书：马关和方退庐作二首　　　　　　　　187

吴德功：割台有感　　　　　　　　　　　　　188

陈季同：吊台湾七律四首　　　　　　　　　　189

张秉铨：哀台湾四首　　　　　　　　　　　　191

毛乃庸：赤嵌城　　　　　　　　　　　　　　193

朱国华：与友谈乙未事有感　　　　　　　　　194

王松：排闷（三首）　　　　　　　　　　　　195

谢道隆：割地　　　　　　　　　　　　　　　196

吴昌言：口占　　　　　　　　　　　　　　　197

曹润堂：有感　　　　　　　　　　　　　　　198

谭嗣同：有感　　　　　　　　　　　　　　　199

黄遵宪：马关纪事五首　　　　　　　　　　　200

黄遵宪：台湾行　　　　　　　　　　　　　　202

康有为：过马关　　　　　　　　　　　　　　204

吴汝纶：过马关　　　　　　　　　　　　　　205

严修：马关遗恨　　　　　　　　　　　　　　206

张謇：东游纪行　　　　　　　　　　　　　　207

吴保初：乙巳游日本绝句　　　　　　　　　　208

于右任：舟入马关再咏　　　　　　　　　　　209

剥果：舟过马关有感　　　　　　　　　　　　210

悔余：过马关望春帆楼感赋　　　　　　　　　211

马小进：过基隆有感　　　　　　　　　　　　　212

梁启超：二十五日舟泊马关　　　　　　　　　213

一雁：过马关　　　　　　　　　　　　　　　214

佛矢：马关　　　　　　　　　　　　　　　　215

度青：过马关　　　　　　　　　　　　　　　216

步其诰：马关望春帆楼　　　　　　　　　　　217

连横：东游杂诗　　　　　　　　　　　　　　218

龙赓言：马关　　　　　　　　　　　　　　　219

孙景贤：马关东发　　　　　　　　　　　　　220

闻一多：七子之歌·台湾　　　　　　　　　　221

靳云鹏：春帆楼留别日本诸友时值大风雪　　222

柯劭忞：马关春帆楼　　　　　　　　　　　　223

王晋卿：马关　　　　　　　　　　　　　　　224

苏绍章：八月六日抵马关凭眺景色口占三截句　225

马为珑：登马关春帆楼　　　　　　　　　　　226

石屋：百字令　　　　　　　　　　　　　　　227

熊希龄：基隆港远望不胜感愤口占二绝　　　228

庄玉坡：马关　　　　　　　　　　　　　　　229

许世英：廿六年七月返任十八日过马关　　　230

鞠普：过马关　　　　　　　　　　　　　　　231

李元晖：过马关望春帆楼追怀先文忠公　　　232

梁寒操：志愤　　　　　　　　　　　　　　　233

启明：过马关　　　　　　　　　　　　　　　234

明 耻

"四一七"国耻　　237

全台绅民致中外文告　　238

余清芳谕告文　　240

中国台湾同志会在厦第一次宣言　　242

台湾革命团体联合会为纪念《马关条约》四十六周年宣言　　244

在渝台胞为《马关条约》签订四十七周年纪念上国民政府
主席林森致敬电　　246

在渝台胞为《马关条约》签订四十七周年纪念上军事委员
会委员长蒋中正致敬电　　247

康泽：光复台湾——专为签订《马关条约》四十七周年纪
念而作　　248

章渊若：我们应如何认识台湾　　251

《时事新报》："岛耻纪念日"之言　　254

林海涛：为什么要收复台湾　　256

林啸鲲：如何领导台湾革命工作　　258

台湾革命同盟会为《马关条约》四十八周年纪念宣言　　262

台湾革命同盟会告祖国同胞书　　265

宋斐如：如何收复失地台湾——血浓于水台湾必须收复　　267

台湾党部为《马关条约》四十九周年纪念告国内外同胞书　　272

台湾革命同盟会为《马关条约》四十九周年纪念宣言　　275

丘念台讲述，吴德源笔记：台湾的割让和不灭的民族精神　　278

台湾革命同盟会宣言　　283

《台湾民声报》创刊词　　285

《大公报》社论：《马关条约》五十年感言　　288

台湾革命同盟会为《马关条约》五十周年纪念宣言　　292

李万居:《马关条约》五十周年纪念的意义　　294

陈仪: 甲午之役的教训　　297

王泉笙: 台湾亟待解放　　300

宋渊源: 台湾原是我们的国土　　303

谢南光: 用血汗洗刷《马关条约》的耻辱　　305

"六一七"国耻　　309

"台湾总督"桦山资纪在"始政式"上的致辞　　310

近卫师团长北白川宫能久亲王在"始政式"上的祝词　　311

台湾革命青年团为"六一七"台湾耻辱纪念日事致中国民
众书　　312

台湾民众党反对"始政纪念日"抗议书　　314

刘峥: 怎样解放台湾同胞——为光复台湾运动而作　　315

陈联芬: 给革命的台湾同胞　　317

谢南光: 收复台湾与保卫祖国　　319

徐醒民: 纪念"六一七"与台湾光复运动　　322

《新华日报》社论: 台湾, 回到祖国来　　324

台湾革命同盟会为纪念"六一七"台湾沦陷日宣言　　326

台湾革命同盟会为纪念"六一七"台湾沦陷四十八周年宣言　　328

吴铁城: 台湾归来　　331

谢东闵: 台湾收复后的问题　　335

中国国民党直属台湾党部: 纪念"六一七"台湾沦陷四十
九周年宣传大纲　　339

《中央日报》短评: 台湾沦陷四十九周年　　343

《东南日报》社论: 收复台湾　　344

丘念台: 怎样纪念台湾沦陷四十九周年　　346

李友邦：开罗会议后之台湾问题 349

郭薰风：共同努力收复台湾 352

林学渊：对台湾同胞的希望 355

陈齐瑄：规复台湾应有的认识与努力 357

周召南："六一七"史话 359

《中央日报》资料组：沦亡半世纪的台湾 361

李友邦：纪念"六一七"的意义与任务 368

蒋浩如：收复台湾解放台湾 372

叶炯：加紧收复台湾 374

李万居：确立台湾的法律地位 376

李万居：台湾沦陷五十周年纪念感言 379

谢南光：最后的"六一七"纪念日 382

台湾沦陷五十年——为"六一七"宣言 385

鉴　史

记三百年前中东使臣问答语 389

日本大将军致明总兵书 393

日本大将军谕帖 394

日本要明七约 396

节录通鉴辑览 397

后记　饮胆枕戈期异日 403

李鸿章像

图片选自〔美〕林乐知编译，蔡尔康纂辑:《中东战纪本末》(一)，台北：广文书局 1972 年版

文博侯藤伊相日

伊藤博文像

图片选自〔美〕林乐知编译，蔡尔康纂辑：《中东战纪本末》（一），

台北：广文书局 1972 年版

1894 年 7 月 25 日，日海军偷袭了中国运兵船，也即英国商船"高升号"，并射杀落水士兵，是为甲午之开端。"而浪速迫我在高升将士降，我将士严拒之，倭遂以鱼雷沉高升，我弁勇幸生者只百数十人，盖以法国兵轮之拯也。"（姚锡光：《东方兵事纪略》）事后，日本大臣发表声明："表示决不相信日本舰队会屠杀海战的落水人员。日本大臣称这种残酷无情的不人道的行为完全不符合日本民族的习惯！"（郑曦原编：《帝国的回忆：〈纽约时报〉晚清观察记》）图为法国《小日报》（1894 年 8 月 13 日）上描绘的"高升号"被偷袭后的情形

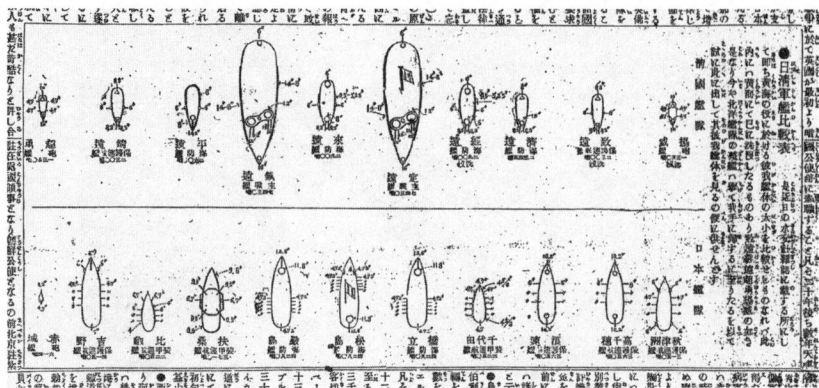

甲午海战日清军舰比较表（《东京朝日新闻》明治廿八年二月十六日二版）

靖国神社里的战利品

图片选自小西四郎：《锦绘幕末明治の歴史（11）·日清战争》，东京：讲谈社1977年版

"太后御养性殿，召对约二刻，承谕款议不谐即返，仍备战。"（张荫桓1894年12月21日日记）张荫桓率领的赴日媾和团在"中国皇后"号上

图片选自《伦敦新闻画报》1895年3月9日

"伊云：此系秘密要事……贵国何不添派恭亲王、李中堂，郑重其事？"（《伊藤博文与伍廷芳问答节略》1895年2月2日、3日）图为李鸿章出京赴日求和图

图片选自《小巴黎人》1895年3月31日

●兩國全權媾和談判場の略圖

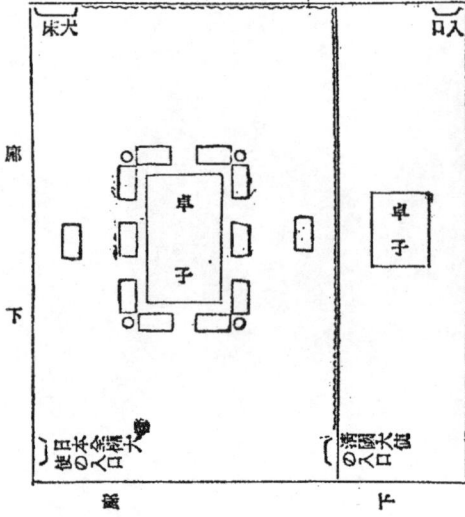

床の間　入口　廊下　卓子　卓子　廊下　下

（清國全權大臣の入口）　（日本全權大臣の入口）

外務書記官　井上勝之助
全權辨理大臣　伊藤博文
全權辨理大臣　陸奥宗光
內閣書記官長　伊東巳代治
外務大臣秘書官　中田敬義
外務省翻譯官　陸奥廣吉

頭等參贊官　伍廷芳
頭等參贊官　羅豐祿
頭等全權大臣　李鴻章
全權大臣　李經芳
頭等參贊官　馬建忠

東京朝日新聞

（一）　第三千百十五號　　本　曜　日　　明治廿八年四月十八日

1895年4月17日，马关谈判结束，是日被国人视为"国耻日"

图为次日《东京朝日新闻》刊载的媾和条件（《东京朝日新闻》明治廿八年四月十八日一版）

諭　示

大日本帝國欽派臺灣島及所有附屬各島嶼併澎湖列島等處

總督海軍大將子爵樺山　　　　　　　　　　　　為

出示曉諭事諭得此次

大日本帝國

大皇帝准將

大清帝國

大皇帝因日中兩國欽差全權大臣於明治二十八年四月十七日在下之關

所定和約所讓臺灣島及所屬各島嶼併澎湖列島即在英國格林尼次

東經百十九度起以至百二十度及北緯二十三度起以至二十四度之

間諸島嶼之管理王權及該地方所有壘壘軍器工廠及一切屬公物件

永遠歸併

大日本國特簡本大臣授與總督敕任所本大臣恭遵

諭旨接收

大清國所讓各地方併督理一切治民事務凡爾眾庶在本國所管地

方懍遵法度恪守本分者悉應享周全保護永安其堵特此曉諭

明治二十八年　月　日

"本大臣恭遵谕旨接收大清国所让各地方，并驻此督理一切治民事务，凡尔众庶在本国所管地方懔遵法度，恪守本分者，悉应享周全保护，永安其堵。"

图为"台湾首任总督"桦山资纪晓谕台人日本正式据台。图片选自许进发编：《台湾重要历史文件选编：一八九五——一九四五》（一），台北："国史馆"2004年版

从日人的图绘中可以看到当年埋伏于竹林中的台民偷袭日军的情形

图片选自石文诚等：《简明台湾图史》，台北：如果出版社 2012 年版

日人割台后设"总督府"
于清时我国布政使司衙门
旁的钦差行台
图为台湾"总督府"
图片选自汪洋:《台湾》,
中华书局1917年初版,
1928年再版

1919年,"总督府新厦"
落成,钦差行台转作学校
使用,1929年布政使司
衙门因结构腐朽而遭废弃
拆除,1932年日人拟在
钦差行台用地上兴建"公
会堂"(今中山堂),决议
将钦差行台拆移三处,目
前只有在台北植物园里的
部分保存了下来
图为台北植物园里的钦
差行台。2017年10月8
日,陈占彪摄

台湾博覽會

會期　昭和十年十月十日乃至十一月
會場　台北市及草山溫

台湾博覽會　主催
台湾總督府　後援

1935年，为纪念所谓的"始政四十周年"（1895年6月17日被称为"始政日"），日本殖民者举办"台湾博览会"。图为当年日本人设计的海报之一
图片选自《始政40周年纪念台湾博览会协赞会志》，庄永明总策划：《台湾世纪回味：时代光影 1895—2000》，台北：远流出版公司 2000年版

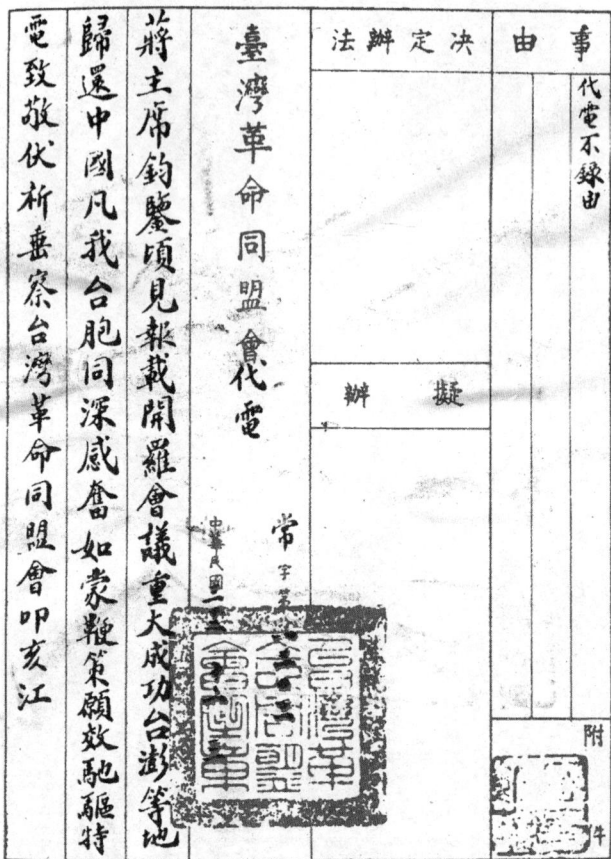

電致敬伏祈垂察台灣革命同盟會叩亥江

歸還中國凡我台胞同深感奮如蒙鞭策願效馳驅特

蔣主席鈞鑒頃見報載開羅會議重大成功台澎等地

臺灣革命同盟會代電

常字第

中華民國

事由　代電不錄由

決定辦法

擬　辦

附件

"顷见报载开罗会议重大成功，台澎等地归还中国，凡我台胞同深感奋，如蒙鞭策，愿效驰驱。"

图为台湾革命同盟会上蒋介石之代电。图片选自《近代中国》第49期（1985年10月31日）

在靖国神社旁的游就馆馆门两侧，日本人陈设着甲午战争中劫掠
的我军舰取风口，用以耀武辱我

图片选自程淯:《丙午日本游记》，岳麓书社 2016 年版

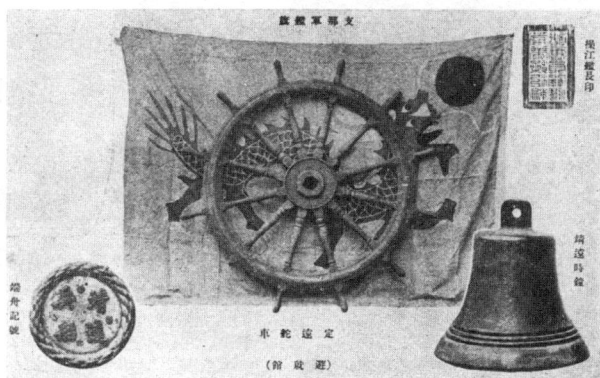

游就馆里陈列的甲午之际日人劫掠的我海军军舰旗、定远舵车、操
江船长印、靖远时钟等

图片选自《新人周刊》1936 年第 2 卷第 21 期

1894 年甲午之役被日本掳获的 1887 年英制阿姆斯脱朗后膛炮。
1906 年被献纳于"台湾神社"之前炫耀。1945 年日本投降，台湾光
复后，被移展于台湾"国军历史文物馆"前。百年国耻，终得洗刷
2017 年 9 月 27 日，陈占彪摄

前言 千古伤心过马关

> 青年人，莫悲伤，
>
> 卧薪尝胆，
>
> 努力图自强。
>
> 先民有言：
>
> 不问收获只耕耘。
>
> 献尔好身手，
>
> 举长矢，射天狼！
>
> 还我河山，
>
> 好头颅一掷何妨？
>
> 神州睡狮，
>
> 震天一吼孰能量！
>
> ——朱自清《维我中华歌》

　　近现代中国的历史可谓是一部"弱大"中国惨遭列强，特别是近邻日本凌辱、侵略和杀戮的历史。

　　梁启超云："唤起吾国四千年之大梦，实自甲午一役始也。……吾国则一经庚申圆明园之变，再经甲申马江之变，而十八行省之民，犹不知痛痒，未尝稍改其顽固嚣张之习，直待台湾既割，二百兆之偿款既输，而酣睡之声，乃渐惊起。"[1]孙中山亦云，"中国之初醒，实在中日战役之后"。[2]1894 年到 1895 年的甲午败战和随后的乙未媾和，对其时每一个

---

〔1〕　梁启超：《戊戌政变记·附录一 改革起原》，梁启超：《饮冰室合集》第 6 卷，中华书局 1989 年版，第 113 页。

〔2〕　孙中山：《在日本日华学生团欢迎会的演说》（1913 年 2 月 22 日），《孙中山全集》第 3 卷，中华书局 1984 年版，第 20 页。

中国人，无论是达官贵人，还是贩夫走卒，无不是莫大刺激。也只有甲午之耻，才"真正"刺痛了国人，同时也"唤醒"了国人。

膜拜强者，戏辱弱者，向为日本的一种习惯，这也是一种"病"。近代以来，随着日本在对外战争中取得"一个又一个胜利"，渲染"胜利"，就成为"壮国民尚武之精神"[1]的重要手段。当然，对"被胜利冲昏了头脑"的日人来说，这无异于"饮鸩止渴"，致使它最终丧命于此。

甲午败战，乙未胁约，奇耻大辱，莫此为甚！然我之所耻，却为他之所荣。"展示甲午"，对日人来说，自不例外。于是，开辟纪念地，设置纪念日，展示战利品，绘制纪念图，就成为日本激励侵略之志、鼓舞侵略之气的"拿手好戏"。

一

"马关媾和"使得马关这个"名不见经传"的小地方"一举成名"，成为中国人的"伤心之地"。此后，凡是路过马关的国人无不惊愕、伤心、悲愤。[2]留下不多不少的"过马关"的诗作。

1899 年，逃亡在外的康有为路过马关，赋诗云："有人遥指旌旗处，

---

[1] 李滄之：《东隅琐记》，岳麓书社 2016 年版，第 31 页。

[2] 当然也有一些中国人在其过马关的记录中，并没流露历史带给他的屈辱感。光绪二十五年（1899）六月初四日，赴日考察商务的刘学询过马关，至春帆楼用饭。"上午六钟二刻抵马关，停轮。邮船会杜总办甲藤求己，三井分行御幡雅文，成来接迓。御幡雅文习华语，通汉学，约同登岸，至春帆楼午餐。下午五钟，同回原船，启碇出海。"（刘学询：《考察商务日记》，岳麓书社 2016 年版，第 6 页）光绪二十八年（1902）六月二十八日，前往日本考察农务的黄璟寓春帆楼，并游马关。"寓春帆楼，甲午前大学士李鸿章与日本侯相伊藤博文议和处也。饭后，同牛岛滨助、楠原正三等乘人力车查看市廛。其巷衢商民与闽粤沿海风气相似，屋宇饮食器用则皆雅洁。泊登观澜阁，有伊藤题额，背山临水，一畅幽怀。牛岛招饮，至七钟归寓。"（黄璟：《考察农务日记》，岳麓书社 2016 年版，第 48 页）1909 年，身份更为显赫的清室成员载振访日时过马关，宿于春帆楼。（《东京最近通信种种》，《申报》1909 年 7 月 10 日，4 版）

千古伤心过马关。"[1]1902 年，曾参佐李鸿章幕府，后以京师大学堂总教习身份赴日本考察教育的吴汝纶，在马关春帆楼上应请题字时，百感交集，写下"伤心之地"四个大字。[2] 这四个字道尽我民族之屈辱和辛酸，"过客见之，莫不慨然流涕"。[3] 同年，前往日本考察教育的严修游马关时，"过引接寺不入，春帆楼亦然"，并将其无量愤恨写成诗云："莫过引接寺，莫登春帆楼，恨来天地莫能载，藐尔东海焉容收！"[4]1903 年，赴日本考察实业的张謇路过马关，亦有诗云："第一游人须记取，春帆楼上马关前。"1905 年，吴长庆之子吴保初东渡日本，舟过玄海滩时，赋诗云："舟人哪识伤心地，惟指前程是马关。"1906 年，剥果发表的《舟过马关有感》云："舟人指点谭遗事，竖子声骄祝凯旋。"适值日俄战争中日本新胜帝俄，"小人得志"，"竖子声骄祝凯旋"当指此事。

对此"伤心之地"，或不忍登临，或登楼凭吊。1908 年 9 月 5 日，赴日疗疾的盛宣怀舟过马关，"福茂生遥指一楼曰，此即中东之役李中堂议约驻节之所。惜船不停泊，不能登岸。俟身体稍健，必当亲至其处，

---

〔1〕 凡属本书中录选的诗作，此文均不注明出处，下同。

〔2〕 1927 年商务印书馆出版的《新时代国语教科书》第八册有一篇《伤心之地》的课文。编者将吴汝纶的题字和吴保初的题诗编入教材以激起学生国耻之心。全文如下：前清光绪时候，为着朝鲜的事情，中国和日本打仗。结果，是中国打得大败。后来，同他讲和：赔了钱给他，割了地给他，总算和议成功。当时同他订和约的，是李鸿章；订约的地点，是日本马关地方的春帆楼。这一次和约，中国可算吃了大亏；于是，马关就成了一个纪念地。凡是中国人游历日本，到了马关，总免不了有些特别的感触。也有把他们的感慨，发表在文字中的。著名的文人吴汝纶，游历日本，到了马关，他就在春帆楼上，题了一方匾额道："伤心之地"。后来吴保初，过马关，也作了一首诗道：万顷云涛立海滩，田风浩荡白鸥闻。舟人哪识伤心地？惟指前程是马关！唉！"伤心之地！"我们读了这首诗，是怎样的感想啊！（胡贞惠编，蔡元培校：《新时代国语教科书》第 8 册，商务印书馆 1927 年版，第 31—32 页）此外，曹南房的《伤心之地》（《申报》1927 年 6 月 3 日，16 版）和持佛的《伤心之地》（《申报》1931 年 12 月 9 日，13 版）两文与以上课文内容相似。

〔3〕 曹南房：《伤心之地》，《申报》1927 年 6 月 3 日，16 版。

〔4〕 严修：《严修东游日记》，武安隆、刘玉敏点校，天津人民出版社 1995 年版，第 126 页。

一识师门当年驰驱海外勤劳王事之苦心"。[1] 10月20日，盛氏拜访当年马关谈判的主角伊藤博文。此时中国经甲午之败后，又经以日本为主力、打头阵的庚子之垮，可谓一败再败；而日本经甲午之胜后，复经日俄战争的新胜，可谓一胜再胜。其时其气焰之盛，有如烈火烹油、鲜花着锦。伊藤悠悠道："余虽衰老，对于贵国颇具热心，犹忆甲午一役，敝国上下均不以停战为然，余以一人主持其间，和议始成。庚子之事，全球震动，并非日本一国发难。现在中日两国极形亲睦，然而挑唆之人时伺其旁。所望贵国日进富强，不使外侮乘内衅而生。设一旦再有变故，则日本虑唇齿之寒，亦岂能袖手坐视。贵大臣为二十年旧交，故不惮一诉衷曲，并有八字奉赠，曰顾全大局，不争小事。"[2] 伊藤一面大表其乙未议和之功，这真是恬不知耻；一面赤裸裸威胁不能"袖手坐视"，此方显强盗本色。不知奉李鸿章为师尊之盛宣怀此时作何感想？ 11月1日，日人宴盛宣怀于春帆楼，盛宣怀得以参访当年媾和旧地，睹物思人，为之泫然。"晚渡马关，三井门司支店长江口（定条）氏、三菱福田（信治）氏、三谷（一二）氏宴余与中村及同人于春帆楼（日本旅馆）。主客十余人，席坐围饮。是楼即甲午之役，文忠师议约驻节之所。楼中摄有文忠受伤后小影，并其办事室、休息室、寝室，暨与伊藤公等议事室各影片。当年磋议苦心，与夫受创情状，历历在目，追念师门为之泫然。"[3]

1911年，变法失败后一直避居日本的梁启超受林献堂之邀赴台考察访问。3月25日，舟过马关时，他赋诗云："明知此是伤心地，亦到维舟首重回。十七年中多少事，春帆楼下晚涛哀。" 1922年，连横游日，舟泊马关时，有诗云："廿年三过春帆下，独自无言对马关。"同年，步其诂步乃师吴汝纶后尘登临春帆楼，"凭高欲揽当前景，春水遥帆不忍看"。

---

〔1〕 盛宣怀：《愚斋东游日记》，岳麓书社2016年版，第67页。《愚斋东游日记》亦可见盛承洪主编，易惠莉编著：《盛宣怀与日本：晚清中日关系之多面相》，上海书店出版社2014年版。
〔2〕 盛宣怀：《愚斋东游日记》，岳麓书社2016年版，第100页。
〔3〕 同上书，第109页。

后来，吴汝纶的女婿、著名学者柯劭忞在 1925 年发表的《马关春帆楼》一诗中称："海上伤心地，要盟在马关。"1928 年，王晋卿发表的《马关》诗中云："当年一击伤心泪，大好山川掷不还。"马关风景虽好，却无心饱览。1935 年，苏绍章发表《八月六日抵马关凭眺景色口占三截句》一诗云："此行滋味同尝胆，风景无边强解颜。"同年，马为珑在发表的《登马关春帆楼》中称："偶来怎识伤心地，提起平戎泪已枯。"1940 年，鞠普在《过马关》一诗中云："凭君莫说当年事，无语伤心过马关。"又有诗人启明云："伤心又见伤心地，怕过马关东渡头。"……

"伤心"几乎是所有国人过马关时的最大感受，也是"过马关诗"的关键词。对中国人来说，马关是"不忍经过"的"伤心之地"，但对日人来说，马关却是"见证历史"的"光荣之所"。一桌一椅，亦因乙未媾和而"鸡犬升天"。讲和甫毕，据日报载，"广岛春帆楼所置桌椅，悉由日官藤野氏购去，云此乃清国乞和使所用之物，将世世永保，以绵两国交情"。[1] 这些当年的"文物"，今天仍陈设该楼，以供后人瞻仰。至于"世世永保"究竟是"以绵两国交情"，还是"以恶两国交情"，不言而喻。至于马关媾和时的春帆楼，被辟为"日清讲和纪念馆"，李鸿章居住的引接寺前亦立上"清国请和大使李鸿章旅馆"的标牌，其往来小道亦被命名为"李鸿章道"。直至今天，这些仍可以看到。

创巨痛深，两个甲子的时间也难以抚平"马关"带给中国人的伤害。直至今日，对中国人来说，"马关"这个地方仍与中国人的"国耻"密切关联。

二

对我国人来说，与甲午战争相关的，除过马关此一"伤心之地"外，

---

[1]《倭报译登》，《申报》1895 年 5 月 15 日，1 版。

还有一"愤怒之馆",那就是在靖国神社旁的游就馆。"日本各地的神社,都陈列若干种兵器,如刀剑、土炮之类,游就馆则集其大成。使世界上每个酷爱和平的国民,一入其中,立刻可以看出日帝国主义狰狞可怖的面目,令人战栗心惊!"[1]在游就馆中,日人陈设了众多在甲午战争中劫掠而来的"战利品",借以炫耀武功。当然这里不仅陈列着甲午"战利品",还陈列有此后的庚子事变、日俄战争中的"战利品",还陈列有再后来的"九一八""一·二八""八一三"等侵华战事的"战利品"。[2]这里只说与甲午战争相关的内容。

凡游历此地的国人,目睹旧物,无不惨愤交集,眦裂发指。

1905 年 10 月,受舅父张之洞派遣赴日考察的李濬之来到游就馆。在这里,他看到"有油画绘元兵攻击日本人之惨状,又映照甲午之战,受伤军士,折足断臂各肖像,详注姓氏于上,记其忠烈,以示永久不忘也。馆之侧有广厦数区,分陈夺获中国并俄军战败之鱼雷、枪械、旗帜、匾额甚多,称战利品,皆书明某国某物。且有庚子华人颂德牌伞,美其名曰'国光馆'。凡我国人见之,未有不先惭后怒者,然徒怒且惭,亦复何益!"[3]

1906 年夏,受山西巡抚恩寿之命,赴日考察工艺医学的程淯来到靖国神社,看到"社左林间,轩然巨屋,国光馆也。馆门列甲午战役、夺获战舰上之气筒二,馆中得自吾国之战利品及日俄战役之战利品,胪列最多。馆外绕铁链为栏,曰炮机炮,随处皆是"。[4]看到被掳掠至日本以炫耀的我军众多兵器,"国耻所关,以资怅触",随后,他"约工藤写真师赴各处(按,不只是靖国神社)照甲午战利品诸影"。他们先来到靖国

〔1〕 沈钟灵:《日本之游就馆》,《中央时事周报》1935 年第 4 卷第 15 期,第 90 页。
〔2〕 可参见吴志骞:《日本东京游就馆:东游劄记之三》,《童年月刊》1934 年第 4 期,第 17—19 页。
〔3〕 李濬之:《东隅琐记》,岳麓书社 2016 年版,第 31 页。
〔4〕 程淯:《丙午日本游记》,岳麓书社 2016 年版,第 75 页。

神社，将外面（按，游就馆内不许照相）陈设之炮弹、德政匾一一摄照记录。这其中有两件"战利品"比较特别。一为游就馆门之两旁的两件北洋军舰的大空气筒。"上悬二木牌，译志其文为：'来远致远军舰之风取口。明治三十五年一月十三日海军中佐山本正胜出品。'"一为在神社竞马场两旁的一对石狮。"系中日战役得自辽东，云当时特组织军队，新制竖车以运来者，石上镌文，一为'大清光绪二年闰五月初六日敬立'，一为'直隶保定府深州城东北得朝村弟子李永成敬献'。"[1]战争掠夺，可见一斑。可是他们不以为耻，反以为荣。不无遗憾的是，程淯不被允许，没能将游就馆里日本所掳掠的甲午"战利品"拍成照片。但我们仍能在旧刊上看到游就馆里陈列的甲午之战时中国陆海军的遗物。如中国陆军军服、龙旗、炮、刀，海军的军舰旗、定远舵车、操江舰长印、靖远时钟等。[2]

同年，留日学生向岩在其家书中说到游就馆里的情形，那里"藏甲午之役所夺于中国之物最多。并有'海军公所'四字之匾额，系李鸿章手题者"。北洋水师不光被"踢馆"，而且被"灭门"，此时此刻的他，"爱国之心油然而生，复仇之念勃然而起"。[3]青年不愤怒，国家没希望。

虽然程淯没法将游就馆里日本陈设的"战利品"拍成照片，但到了1918年，留日学生王拱璧多少弥补了这一遗憾。他曾先后四次前往游就馆，将其中所陈赃物密记在案。在馆门口，他仍能看到竖立着的那两个清军军舰取风口，"首见门外左右竖立兵舰取风口各一，口高约六尺，围约十尺，前各树大木牌一柄，右书'清国靖远号取风口'，左书'清国来远号取风口'"。[4]游就馆里二十三、二十四两室所展示的是甲午年间、庚子年间以及日本侵占台湾诸役的掠夺之物。其中所藏枪炮刀剑，弹药

〔1〕 程淯：《丙午日本游记》，岳麓书社 2016 年版，第 141—142 页。
〔2〕 图片可见《新人周刊》1936 年第 2 卷第 21 期，第 1 页。
〔3〕 蒋太旭：《北洋海军招牌被日军藏于靖国神社》，《长江日报》2014 年 5 月 28 日，第 23 版。
〔4〕 此处所说"来远、靖远"两舰取风口和前面程淯所说的"致远、来远"两舰的取风口有所不同。

地雷，军旗血衣，德政匾额等物，共计三百九十余种。他曾听闻，七八年前，在二十四室中，"曾以大玻璃瓶酒渍我国人头一颗，题曰：'请看亡国奴之脑带〈袋〉。'置之高台，以与众览。河南张国威君见而愤怒，抱瓶碎之于地，日人因将人头撤至他处，而加张君以缧绁之刑"。日人之残忍和变态由此可见一斑。

身处游就馆中的王拱璧睹物思人，浮想联翩，不禁冷汗浇背，热血冲脑。

> 嗟夫！余入此室，睹此遗物，觉一矛一戈，一铳一弹，一戎衣一旌旄，莫不染有我先烈之碧血，附有我先烈之忠魂。觉我先烈被发垢面，疾首蹙额，向余哭诉黄海战败，全军覆没之辱国。余入此室，冷汗浇背，热血冲脑，复睹遗物，目眩欲倒。哀哀苌弘之血，遍洒倭邦；累累仇人之头，犹拥颈项。嗟夫！"大树无枝向北风，千年遗根〈恨〉泣英雄"，"出师未捷身先死，长使英雄泪满襟"。余入此室，不知果以何慰先烈也。[1]

同王拱璧愤怒至极的反应几乎完全相同的是冰心。1923年8月21日，年轻的女作家冰心来到游就馆，她看到游就馆中的中日战争的"战胜纪念品"和壁上的战争绘图，"周视之下，我心中军人之血，如泉怒沸"。她说："我是个弱者，从不会抑制我自己感情之波动。我是没有主义的人，更显然的不是国家主义者，我虽那时血沸头昏，不由自主地坐了下去。但在同伴纷纷叹恨之中，我仍没有说一句话。"[2]大概来此地的国人，皆与王拱璧、冰心感受相同。1935年，有沈钟灵者在游就馆看到"九一八"事变和"上海事变"的纪念品后说，"参观的穿着木屐的人们，

---

〔1〕 王拱璧：《东游挥汗录》，无出版方，1920年版，第15页。
〔2〕 冰心：《寄小读者·通讯十八》，《冰心文集》第3卷，上海文艺出版社1984年版，第145页。

脸透露着胜利的微笑,和骄矜的颜色。我杂在人丛中,独感到如芒刺背,万锥钻心!""我感到无限的伤痛和悲愤,全身的血管,仿佛顿时要爆破起来。"〔1〕

而那个以讴歌"爱"而驰名文坛的年轻女作家(冰心)的父亲叫谢葆璋,他当年就在来远舰上与日人血战过,而"来远"舰是当年北洋舰队幸存军舰中受损最为严重的一艘。谢葆璋后来创办烟台海军学校,官至北洋政府最后一任海军次长。在冰心小的时候,她的父亲就曾给她讲述过当时的战争情形,"开战的那一天,站在他身旁的战友就被敌人的炮弹打穿了腹部,把肠子都打溅在烟囱上!炮火停歇以后,父亲把在烟囱上烤焦的肠子撕下来,放进这位战友的遗体的腔子里"〔2〕"这仇不报是不行的!"这是她父亲的心愿。这就不难理解冰心,这位甲午将士的后代,在游就馆大受刺激,以致有"血沸头昏,不由自主地坐了下去"的激烈反应。这不光从人类角度上看,她"不能忍受"这种"以人类欺压人类的事",从国家角度来看,这是国仇,从家庭角度来看,这是家恨。因此,直至晚年,冰心还一直打算写一部关于甲午海战的作品,但因过于悲伤,而最终没能成文。〔3〕

1935年,值甲午40周年,日本磨刀霍霍,准备再在中国"大干一场"之际,游就馆举办了"日清战役四十周年纪念展览会"。在这个展览会上,我们能看到当年天皇的"宣战诏敕"、李鸿章亲笔签名的"日清讲和条约"、丁汝昌的"亲笔降书"、用定远号的木头做的大火钵这些"珍贵"的甲午展品。"跑进第一室最醒目的,就是这幅'宣战诏敕'。除天皇之外,后面陈列着一大串大臣,和我们严复同学的鼎鼎大名的伊藤博文是领衔的总理大臣。其余有'黄海之战图',画着很多的作战阵势,可

---

〔1〕 沈钟灵:《日本之游就馆》,《中央时事周报》1935年第4卷第15期,第91页。
〔2〕 冰心:《童年杂忆》,《冰心文集》第4卷,上海文艺出版社1986年版,第685页。
〔3〕 冰心每念及父辈旧事,就不禁失声大哭,边哭边骂:"可恶!太可恶了!"(徐冰:《中国近代教科书中的日本和日本人形象:交流与冲突的轨迹》,商务印书馆2014年版,第146页)

惜我不懂得。""其余为当时'日清讲和条约',有李鸿章大人亲自的具名和印章、调印书和地方的照相。有一个玻璃橱内,置满在开战当初由各方面来的情报。"他们认为最得意而引人注目的,还有下列几件东西:

所谓丁汝昌的亲笔降书,[1]却是用中国旧式红版简写的。亲与不亲,当然我不能去检定它了,我现在一字不落地抄在下面,也可以供国人之一读:

"伊东军门大人阁下:顷接覆函,深为生灵感激!承赐礼物,际此两国有事,不敢私受,谨以璧还,并道谢忱。来函约于明日交军械炮台船舰,为时过促,因兵勇卸缴军装,收入行李,稍需时候。恐有不及,请展限定于华历正月二十二日起,由阁下进口分日交收刘公岛炮台军械,并现在所余船舰,绝不食言。峕此具覆,肃请台安!诸希垂察不宣。丁汝昌顿首,正月十八日。外缴呈惠礼三件。"

这封信当然是耻辱的史迹,但是我们知道当时的丁汝昌,也是实在无可奈何了,你看他虽是一方写这种信,而一方仍是保牢大臣不私的节操,并至二月十四日就仰药自杀了。这里也有一张大油画,叫作"松岛舰内之图",它的说明是:"丁汝昌于明治二十八年二月十三日降伏之翌日,即仰毒自杀,以海军少佐程璧光着丧服访在旗舰之联合舰队司令官伊东,通知丁死之光景"云云。

---

[1] 事实上,这并非丁汝昌"亲笔降书",而是其手下在丁仰药自尽后托其名义所书。1895年1月23日,日海军总司令伊东祐亨致信丁汝昌劝降,丁置之未理,并于2月11日仰药自尽。次日,程璧光托名丁汝昌去信伊东乞降,伊东得信即日覆函纳降,并有致丁汝昌私函一封,及香槟酒、蚝黄等礼物三种,交程璧光带回。即日,海军将领复托丁汝昌之名,写下这份"亲笔降书",约于16日进口交割。文中"一字不落地抄在下面"的这份丁汝昌"亲笔降书"与王芸生的《六十年来中国与日本》一书所录内容部分字词有所不同。(王芸生:《六十年来中国与日本》,生活·读书·新知三联书店2005年版,第174页)

拿了我们这位丁军门所坐的旗舰，叫作"定远号"的木头，来做了个日本人各友人人[1]用的大火钵，你想当时看了这个火钵，是怎样的感想呀！我看了这种举动，又使我联想起读"战国策"上智伯漆人头为尿器的故事来，似乎有点相像，但是宿怨何在呢？[2]

　　今天，我们应当感谢程淯、王拱璧、子路等人将当年游就馆内外日人所陈的甲午"战利品"，或加以拍照，或加以记录，正是他们的此番良苦用心，从而为侵略者"立此存照"。只是，不知当年这些劫掠而来的"战利品"，今天仍在世间否？倘在的话，今在何处？

　　除去游就馆集中收藏和展示了甲午"战利品"外，在其他地方，也能看到被展示的甲午"战利品"。

　　1903年，两江总督周馥之子、实业家周学熙受袁世凯委派赴日考察币制，他在神户港登上设备先进的日本海军中坚五舰之一的"敷岛"战斗舰，在那里，他看到了"中国甲午之役所失平远、镇远，皆泊港内，相形利钝，不待战而决"。[3]那些当年与日本在黄海对轰的战舰从此远离家乡，漂泊敌邦。

　　1906年，就在程淯带着日本摄影师拍完靖国神社所陈物品后，他们复至上野公园帝国博物馆，拍摄其楼下各室陈列的"明治二十七、八年战利品"，这其中有水雷、地雷、炮弹、发射管、炮、铁盾、探照灯、车轮、铳等物。特别值得一提的是，此处还陈有"二十七、八年台湾战利品"，"青龙刀二柄""长枪二柄""钢叉一柄"。[4]从中亦可见我台民抗日武器

　　————————

〔1〕　此处疑多一"人"字。
〔2〕　子路：《"日清战役四十周年纪念展览会"参观记》，《新人周刊》1935年第2卷第10期，第10—11页。
〔3〕　周学熙：《东游日记》，岳麓书社2016年版，第95—96页。
〔4〕　程淯：《丙午日本游记》，岳麓书社2016年版，第142—143页。

之简陋原始。上野帝国博物馆中的这些展品，两年后的 1908 年，赴日考察的直隶赵州柏乡县知县左湘钟也曾看到。"忽见有战胜俄人所获之巨炮及甲午之役战胜我国所获之刀枪剑戟，题曰'辽东之战，所获清国兵器'。噫！彼之光我之耻也！不忍卒视，同程君慨然而返。"[1]

2017 年 9 月，在台北晃荡的笔者来到"国军历史文物馆"前，看到馆前陈列有数件鱼雷、炮弹、大炮等兵器，这些武器都是"二战"胜利后我接收日军之战利品。其中一尊 1887 年英制五寸阿姆斯脱朗后膛炮身份特别。此系 1894 年甲午之役为日本所掳获，曾于 1906 年被献纳于"台湾神社"加以炫耀。[2]"二战"日本投降后，"台湾神社"被拆除，改建圆山饭店，不仅甲午时期被掳掠的大炮物归原主，而且甲午失地宝岛台湾亦得以光复，该炮今天陈设于"国军历史文物馆"馆前，成为沧桑历史之见证。

三

"在日本国里，可以算我们国耻纪念的地方，真是多极了。"[3]除了各处展示甲午"战利品"外，日人还在公园、商区、寺院、神社等处浓墨重彩地绘制甲午"战胜图"。

1902 年，在日本考察教育的严修看到大凡日本繁胜之区，无不绘有甲午战图以为点缀，不胜伤感和感慨。他在日记中这样说："十二重楼其下数重列西洋镜甚多，其中写真之景多半台澎一带山水之胜与官署之形，否则与吾国战争之场也。皆该国人得意之举。熊慕蕖曾言，彼国之教童

---

〔1〕 左湘钟：《东游日记》，岳麓书社 2016 年版，第 188 页。
〔2〕 我们在台北旧图中还可以看到，在日俄战争后，日本陆军大臣、海军大臣亦曾分别献纳所获大炮于"台湾神社"。（"国家图书馆"阅览组：《日治时期的台北》，何培齐文字编撰，台北："国家图书馆"2007 年版）
〔3〕 杰士：《赴日游记：游就馆》，《儿童世界》1930 年第 26 卷第 9 期，第 30 页。

子也，必先告以日清之战，日之何以胜，清之何以挫，故人人脑筋皆刻入此事，自幼已然。余游览才数处，琴平寺有北清战争图，而浅草园又有之，十二重楼则有照像镜矣。大凡繁胜之区，无不以此为点缀。伤哉，吾国之人其何以为心乎！"〔1〕

1919 年，值"五四"运动，中国举国奋起，一致抗日，大阪神社撤去日清战争绘画以示"亲善"。"六月七日汉口和文日报云：大阪神社向悬有日清战争绘画多种，现均一律撤去，以表亲善之意。噫！此即足为亲善之证欤，吾斯之未能信。"〔2〕

甚至到"二战"日本彻底战败，屈膝投降后，我们还能看到甲午之战的图绘。1946 年，前往东京为远东国际法庭审判日本战犯做证的徐节俊，看到东京的废墟中尚保存完好的明治神宫。

> 唯宏伟瑰丽之明治神宫，巍然矗立，完整无恙。宫内两壁，嵌有纵横丈余之名画八十幅，描写明治一生事业，自出生以至入葬，经历维新时代各项政绩之表现，画笔生动，画法亦随时代而演进。前半部仿我国之渲染，后半部效西洋之油彩，极妍尽态，惟妙惟肖。尤令人触目者为甲午之役，与俄日之战，当日扬威国外之情态，活现纸上，而马关春帆楼一幕，李鸿章与伊藤博文分庭抗礼，情景逼真。由今观之，徒成历史陈迹，倘与今日战犯当庭审判之影片相对照，当不知作何感想，好战必败，足为鉴戒。〔3〕

今非昔比，一枕黄粱。

〔1〕 严修：《严修东游日记》，武安隆、刘玉敏点校，天津人民出版社 1995 年版，第 68 页。
〔2〕 海上闲人：《上海罢市实录》，中国社会科学院近代史研究所近代史资料编辑组编：《五四爱国运动》下，中国社会科学出版社 1979 年版，第 195 页。
〔3〕 徐节俊：《东行七星期》，《申报》1946 年 8 月 23 日，9 版。

1948 年夏，赴美留学、路过日本时的唐德刚"随团参观日本之战史馆"，"曾见有大幅油画，渲染其黄海一役，歼灭我方舰队之战绩。睹之触目惊心。返船之后，同学百余人相约联名上书南京国民政府，请责令日本拆除此画！——那时我们是战胜国嘛！——今日思之，心有余酸也。"[1]

此皆系日人对甲午战争之展示。

四

甲午战败后，台湾被迫割让。"一八九五年六月十七日，倭寇正式在台开始统治，台湾倭寇定是日为'始政纪念日'，同胞则定是日为台湾'耻政纪念日'，以示不忘国土沦陷之意。"[2]与直至今天我们仍不能忘怀的"国耻地"相比，《马关条约》签订的"四一七"，日人在台"始政"的"六一七"，这两个我向视为"国耻"的"国耻日"今人已觉陌生。这也可以理解，与"时间"相比，"地点"具有更强的历史记忆效果。然而，在彼时，"任何一个台湾同胞，除非丧心病狂者外，是谁都不会忘掉这么一个沉痛的日子！我们也相信：无数关心台湾革命的祖国同胞，也都不会忘记着这么一个耻辱的日子的！"[3]每逢这两个日子，我们，特别是在祖国从事抗日活动的台胞，常能沉痛纪念，以此来激励鞭策，卧薪尝胆。

1924 年 6 月 17 日，日人在台湾举行"始政纪念日"典礼，上海台

〔1〕唐德刚：《晚清七十年》，《晚清七十年：甲午战争戊戌变法》第 3 卷，台北：远流出版公司 1998 年版，第 6—7 页。

〔2〕中国国民党直属台湾党部：《纪念"六一七"台湾沦陷四十九周年宣传大纲》(1944 年 6 月 17 日)，"中国国民党中央委员会党史委员会"：《台籍志士在祖国的复台努力》，台北："国民党党史会"出版社 1990 年版，第 360 页。

〔3〕《台湾革命同盟会为纪念"六一七"台湾沦陷四十八周年宣言》(1943 年 6 月 17 日)，"中国国民党中央委员党史委员会"：《台籍志士在祖国的复台努力》，台北："国民党党史会"出版社 1990 年版，第 135—136 页。

湾青年会干部及其他四十余人，集会于上海务本英文专科学校，反对"始政日"，其理由是："台湾人受日本羁治，陷为亡国之民，实属最大耻辱，岂能厚颜参加庆祝典礼？印刷'勿忘此耻'传单数万张，散播各地。"随后又发表警告中国青年学生书，他们称："然而豺狼成性之下贱日本，终不放弃侵略野心。对诸君之（从事"二十一条"撤销运动）运动，听若罔闻，更进而实行其奸恶手段。彼等外戴中日亲善假面具，内心包藏侵略野望。"[1]

1927年6月17日，台湾革命青年团为"六一七"台湾耻辱纪念日事致中国民众书，呼吁"中国全国的民众，尤其是国民政府更加注意，中国的土地，台湾的问题，更加爱护台湾的民众，援助台湾的革命"。[2]1930年6月13日，台湾民众党公开反对日本市府于6月17日举行"纪念强横民族征服弱小民族"的"始政"纪念祝贺会，并向殖民者递交抗议书。

特别在1941年12月9日中国对日宣战，《马关条约》宣布失效后，这种国耻日纪念运动开展得更为热烈。从1942年到1945年，每逢这两个"国耻日"，国内政界名流与在祖国从事抗日事业的台湾革命同盟会等组织都会组织集会，广播演讲，发表宣言，以纪念国耻。他们或宣传台湾向属中国之事实，或追述甲午战败乙未割台之痛史，或揭露日本殖民统治之残暴，或表彰抗日台民之壮举，或讨论归复台湾之方法，或宣示奋斗到底之决心，或鼓动岛内反抗之意识……要之，所有国耻日纪念最终目的皆在于将台湾从日本殖民者手中解放出来，以重回祖国的怀抱。

我们且看台胞向中央政府请缨杀敌的决心。1942年4月17日，在

---

〔1〕 台湾省文献委员会：《台湾省通志》第47卷，台北：众文图书1971年版，第101—103页。

〔2〕 《台湾革命青年团为"六一七"台湾耻辱纪念日事致中国民众书》（1927年6月17日），"中国国民党中央委员会党史委员会"：《台籍志士在祖国的复台努力》，台北："国民党党史会"出版社1990年版，第13页。

渝台胞为《马关条约》签订 47 周年纪念向国民政府主席林森致敬电，其中称，"本会谨率全岛健儿，献身党国，效命疆场，挞彼倭寇，光复家邦"。在向军事委员会委员长蒋中正致敬电中亦称："谨率台湾健儿，待命孤岛，伫望鞭策，以事驰驱。"[1]真可谓闻义而徙，义无反顾。

再看他们用以壮大自己、瓦解敌人的抗日宣传工作。唤醒、激发台湾人的民族意识是抗日宣传的首要任务。1925 年 4 月 18 日，中国台湾同志会在厦第一次宣言中告诉台湾民众，"我们台湾人并不是日本人。日本人是我们的仇敌，应该排斥，不该亲近。我们台湾人是汉民族，是中国人的同胞。应该相提携，不该相残害"。[2]在抗战胜利的后期，他们号召台湾人民起来攻击日寇。1945 年 4 月 17 日，谢南光在陪都国际广播电台广播中说，"一旦同盟国军队在台湾登陆，你们在工厂可以杀日本人，在军队就可以杀日本兵，你们自己推举自己的队长，听其指挥，由敌人后方打起来，将所有敌人都杀光，来替我们祖宗先烈报仇"。[3]

正是长期以来，我们不忘国耻，不懈奋斗，才得以最终光复台湾。

五

然而，这并非"甲午之耻"的全部，中国人还不得不面对甲午战争所造就的日本社会对中国的一种"轻蔑"心理，以及由此带来的侮辱。蒋介石在《中国之命运》中云："到了甲午中日之战，竟至一败涂地。于

---

〔1〕《在渝台胞为〈马关条约〉签订四十七周年纪念上国民政府主席林森致敬电》（1942 年 4 月 17 日），《在渝台胞为〈马关条约〉签订四十七周年纪念上军事委员会委员长蒋中正致敬电》（1942 年 4 月 17 日），"中国国民党中央委员会党史委员会"：《台籍志士在祖国的复台努力》，台北："国民党党史会"出版社 1990 年版，第 128—129 页。

〔2〕《中国台湾同志会在厦第一次宣言》（1925 年 4 月 18 日）。台湾省文献委员会：《台湾省通志》第 47 卷，台北：众文图书 1971 年版，第 105 页。

〔3〕谢南光：《用血汗洗刷〈马关条约〉的耻辱》（1945 年 4 月 17 日），张瑞成编辑：《抗战时期收复台湾之重要言论》，台北："国民党党史会"出版社 1990 年版，第 237 页。

是李鸿章奉命亲赴日本签订丧权辱国的《马关条约》，又加重了一个国耻。二百余年满清上下积累而成的衰风敝习，遂暴露于天下。而日本军阀对中国的蔑视，对亚洲之野心，亦即由此而起了。"[1]当然，马关之后的这种对中国的"蔑视"不只来自军阀，更是来自日本全社会。

甲午之役，可谓是中日两国自开辟以来，中国第一次不得不承认失败的战争。日本借此一战，战胜了千百年来向往、学习，并受惠无穷的"中央上国"，不光割了地，勒了银，通了商，而且心理开始膨胀，头脑产生幻觉，自诩为"文明"之一员，对"愚昧""野蛮""落后"的中国一改往昔仰慕、崇拜之态度，极尽轻视、侮辱之能事。因此，对日人来说，甲午战争不光是军事上的胜利、政治上的胜利，更是精神上的胜利、心理上的胜利。

于是，对日人来说，戏弄、侮辱、诅骂，甚至殴打中国人就有如家常便饭。1896年，签订《马关条约》的次年，身为"弃地遗民"的台湾巨贾李春生受台湾"首督"桦山资纪之邀东游日本，当其在广岛登岸时，"斯时四方近邻，闻风来观宪节者，红男绿女，扶老携幼，络绎如织，道几为塞。其间有一种村童，顽梗殊甚，弃视清国妆者，势如仇雠，凡予等车辆所过，见者金诅谓唱唱保，译即猪尾奴也。予至是，方叹子舆氏曰，居天下之广居，立天下之正位，行天下之达道。呜呼！可以人而不知变通从权，自甘固执陋俗，苟且偷安，至于丧师辱国，割地求和，而累数百兆生民同，共玷唱唱保之臭名，不图一思广居、正位、达道诸名义，不亦哀哉？幸而当时得爵宪厚爱，未事已先预饬各属警吏临场照护，吾辈始免投砖掷石之辱"。[2]身受"爵宪厚爱"的"座上宾"李春生也无非是得到此等免予砖石的待遇，可见其时日人上下对中国刻骨之仇视。

---

〔1〕 蒋介石：《中国之命运》，台北："国防研究院"1968年版，第123页。
〔2〕 李春生：《东游六十四日随笔》，台北：文海出版社1978年版，第4页。

至于那些身陷殖民统治的普通台湾人，更是"受尽日本人的歧视、压榨、欺负"。后来很多台湾人投身抗日运动的原因都来自那种被侮辱、被作践的幼年经验。

后来成为台籍首位上将总司令的陈守山说："日本人常骂台湾人是'清国奴'（按指满清帝国的奴隶），台湾人忍无可忍，回骂日本人是'希卡'（译成国语乃四只脚，意指狗或乌龟）。""有时会发生冲突，明明是日本人的错，但闹到派出所或法院，往往被告的日本人变成原告，倒霉吃亏的总是台湾人。台湾人过的春节，他们也要干预，并要求要像日本人过一样的节日。"他称："这一连串的童年往事，在我幼小心灵里，已深深烙下被异族统治，受尽欺负凌辱的记忆，永难忘怀。"[1]正是这种歧视和压迫，使得陈守山在17岁时决然撕毁日本护照，投笔从戎，抗日救国。即使清朝灭亡，民国建立后，中国人已不再蓄发留辫，日本人也不改其"嘴贱"的毛病。曾在日本留学的丘逢甲的儿子丘念台称："日本人仍然用'豚尾奴'来骂中国人。他们也绝不称呼我国为中华民国或中国，而却称为'支那'。可见其存心侮辱，不可原谅。"[2]

与陈守山将军立志抗日的原因有些相似的是李友邦将军。李友邦称，他小的时候曾因"失言"被日本人打了一个嘴巴，这件事是他终生从事台湾革命事业的一个"细因"。他说："某日，因与一个日本儿童互谑，被侮，遂愤然而说：'如在中国，君我当异于是！'恰被一个日籍教师听见，立刻跑来，不问情由，不分皂白，大巴掌直向我的脸额打来，并命我住嘴，不再多说。"[3]往往不经意的一句话、一个动作便足以影响一个人的志向和道路选择，当那些普通的日人"嘴贱"骂一个小孩"清国奴"时，蛮横地打一个无辜小孩一巴掌时，他们不会想到，这小孩长大后会

---

[1] 陈守山口述：《台籍首位上将总司令：陈守山口述历史》，台北："国史馆" 2002年版，第34—35页。

[2] 丘念台：《我的奋斗史》，台北：中华日报社 1981年版，第126页。

[3] 李友邦：《台胞未忘祖国》，《台湾革命运动》，台北：世界翻译社 1991年版，第1页。

成为"革他命"的人。

后来在北京电台工作的台胞吴克泰、叶纪东等人也有类似的童年经验。吴克泰称："因日本统治的时候，我父亲被日本人抓去过一次，打得很厉害。我去念书时，在学校也受到压迫很厉害，有一次我被日本人打，打了好几个钟头，打得人都快要死了，他们骂我'清国奴''支那的败类'。我想我是中国人，一定要回去的。那时有个朋友在，朋友的亲戚已经参加抗日，他对我很好。他回来参加抗日战争，是为了要打日本人，我们实在被他们欺侮得太厉害了。"[1]叶纪东称："咱们被日本欺侮了五十多年，特别那时我中学毕业没多久。在中学时，被日本人打得要夭寿（要命）去。他要打你，什么事情，他都可以找一些理由来，说你衣服没穿整齐，帽子没戴正，他也打你一下。"[2]

我们还能看到，在仙台医学专门学校学医的青年鲁迅，也被他的日本同学无端地怀疑是老师将考题泄露给了他。鲁迅说："中国是弱国，所以中国人当然是低能儿，分数在60分以上，便不是自己的能力了。"[3]我们还能在日本的博物馆看到中国的陈风陋俗。"其尤可耻者，内设吸烟器具，并仿造妇人赤足。彼虽揭我之短，又不能置辩，不禁痛心疾首，始欲隐忍不言，而又不能已于言也。"[4]"次观外国风俗类，见支那风俗，女子履鞋、鸦片烟具及逃兵各模型，不忍殚述。吁！为彼所形容一至于此，人侮乎？抑自侮也。"[5]虽说这也是事实，但其用心却极坏。俗话说，"揭人不揭短，打人不打脸"嘛。

对日人上下如此肆意侮辱中国的言行，连自己人都看不下了。宫崎

---

〔1〕 台民：《台湾同乡大陆会谈记》，林国炯等编：《春雷声声：保钓运动三十周年文献选辑》，台北：人间出版社2001年版，第238页。

〔2〕 同上书，第242页。

〔3〕 鲁迅：《朝花夕拾·藤野先生》，《鲁迅全集》第2卷，人民文学出版社2005年版，第317页。

〔4〕 李濬之：《东隅琐记》，岳麓书社2016年版，第27页。

〔5〕 凌文渊：《籝盒东游日记》，岳麓书社2016年版，第142页。

滔天就不无担忧地正告"我日本当局、政治家、教师、商人、房东、下女、扒手和妓女","你们旦夕欺侮、讥笑、榨取、剥削、诱惑的'清国奴'中国留学生,将是新中国的建设者。他们今日含垢忍受着你们的侮辱,你们心中没有一点歉焉之情吗?侮辱他们,势将被他们侮辱。相互侮辱,必将以战争终始"。[1]

事实上,果如其所言,凡是在日本留学的学生,归国以后几乎都成为坚定的"抗日者",日本以它的"自大"和轻慢,培植出了它的一个个"掘墓人"。而与之相对,那些曾留学欧美的青年回国后,几乎都是其留学所在国的政治、文化的鼓吹者和推动者。对比鲜明,这恐怕是当年跋扈而忘形的日人所未料到的。

六

多年前,在图书馆,翻到一册光绪二十一年(1895)——马关"和谈"当年——出版的《五次问答节略》,此之谓是年李鸿章与伊藤博文在马关"和谈"时的谈判实录。

伊李五次对谈的大概情形,当年《申报》上发表的《〈问答节略〉书后》一文有所提要,这里抄录如下:

> 当其第一次会议也,互换全权文凭之后,傅相即令罗观察宣诵停战英文节略,面交伊藤。伊藤略思片刻,答以明日作覆。则停战一节,实为至要之端,唯停战之事,有益于中华者甚大,而又因合理不能即行拒绝,所以踌躇至再,似未能即定。至于应议条款,必由日本开示,此亦占先着、争上游之意也。
>
> 第二次会议,备覆停战节略内竟欲占据大沽、天津、山海关

---

[1]〔日〕宫崎滔天:《关于中国留学生》,《革命评论》1906年9月5日。

三处，其凶狠之意不言可喻，傅相说破反客为主之理，始将停战
条款带回商量，限以三日须复，而议和条款尚未揭晓也。伊藤之
为人，智虑甚深，亦狡矣哉。

第三次会议，将停战之议暂且搁起，伊藤将覆文反复细看，
又以东语解之，延时细想，诚恐中堂议和之意不真，沉思渺虑，
郑重非常，而议和条款仍不交出，继又云和款一事，盼望甚殷，
愈速愈妙，一若不容中堂之筹度也者。伊藤只知有己，不知有
人，此足令人难堪者矣，非中堂之大度包容，曷克有成。

第四次会议，傅相已受伤，其时会议之事已耽延半月有余，
深合伊藤观望之意，停战条款因傅相之伤亦已画约，唯日本和约
底稿不愿傅相拟改，另备改定条款节略，傅相阅之，但有允不允
两句话而已，急切万分，狡谋即在其中。傅相刚柔互用，辩论多
端，仍属无济于事，其大有关系者竟不可动摇，而且逼迫过甚，
期限太促，但可自己迟延，不准他人缓商，仍是只知有己，不知
有人之故智耳。

第五次会议，此时傅相已奉旨酌量办理，和议重大，一身
任之。傅相唯恐决裂，词愈卑气愈和，伊藤坚韧异常，牢不可
破，丝毫不肯稍让，且所议者数端小事，而大纲已定，竟不可移
易矣。呜呼！岛国之中大有人在，然易地以观，使伊藤处傅相之
位，恐亦不能有所展布也。吾读问答节略，而深知傅相办事之难
矣，故亦曰，天下事言之匪艰，行之维艰。[1]

此之谓五次对谈的内容大要。

我们常说"马关和谈"，其实，与其说是"马关和谈"，不如说是"马
关胁约"，或者说是"马关受约"。"中国与日本重修旧好，虽有议和之名，

---

[1]《〈问答节略〉书后》，《申报》1895 年 7 月 3 日，1 版。

而实有求和之据。"[1]在马关这个"菜市场",日本最后将虚开报价的水分挤掉后,李鸿章根本就没有讨价还价的资本。无论他怎样苦口婆心地说理,甚至低声下气哀求,铁面无情的伊藤博文都不为其所动。

在这个"城下之盟"的"和谈"中,伊藤博文所代表的其时"如日中天"的日本表现得既让人震惊,又可笑。令人震惊的是,其勒索之条件竟如此贪婪无度,其威逼之手段竟如此露骨而不加掩饰;令人可笑的是,小人得志、利令智昏的此辈竟如此鼠目寸光、不自量力,以致得意于一时,伏祸于将来。与此同时,李鸿章所代表的其时"老大"中国表现得让人既哀怜,又愤怒。我们哀其为人鱼肉、任人宰割的不幸,怒其萎靡不振、自甘沉沦的不争。

伊李对谈,字里行间,令人刿心怵目!志得意满的伊的虚骄,英雄气短的李的恓惶,从他们在春帆楼上的每一个言辞和每一个神态中扑面而来。凡稍有良知和血性的人,特别是中国人,都不能不为之痛彻肺腑,勃然而起。

从此,笔者就一直怀着有一天能将这个材料印出来的愿望,让大家,特别是中国人,都能读一读,不光要读,而且要在读的过程中细品那现场的每一个言辞、每一个语气和每一个神态。因为这不仅是近代以来中日关系的一个转折点,而且也预示着此后中日关系的性质和走势。

这是编印这一本书的初衷。

本书自"宣战"始,次"媾和",次"广岛问答",次"马关问答",次"书愤",次"明耻",以"鉴史"收束,共七部分。应当说,基本上交代清楚了收拾甲午残局的中日和谈的经过,特别是"马关和谈"对我民族造成的精神伤害。既有面的扫描,又有点的聚焦,既重当时的事实,又重事后的影响。本书虽区区 20 万字左右,然距离首次交付生活·读书·新知三联书店初稿时已过了三载时光,其间不时发现新材料,补充修改,

---

[1]《〈问答节略〉书后》,《申报》1895 年 7 月 3 日,1 版。

反复提交，难以定稿，可谓烦也。今天终可以做一了结，长吁一气。我的两个研究生段晓辉和曹斯滢帮助整理了书中部分内容，为我省却了不少精力。

七

甲午败战、乙未屈和已经过了两个甲子了。放眼望去，今日我国家的政治领导力、经济规模、军事实力、文化魅力、科技创新能力等虽非世界第一，但总算居于世界前列，与往昔为世界普遍轻视侮辱、乃至欺凌宰割的悲惨命运相比，真若霄壤之别。

"艰难困苦，玉汝于成。"近代以来，我民族自被"推落谷底"始，艰难上爬，到今天爬到这将要抵达山巅的过程中，不知抛了多少头颅，洒了多少热血，真可谓是凤凰涅槃，浴火重生。"乳虎啸谷，百兽震惶。"[1]今天，我国家所取得的成绩，在世界中所居的地位，是当年遗恨马关的李鸿章父子做梦也想不到的，也是当年跋扈马关的伊藤博文、陆奥宗光等辈所不愿意见到的。

当然，这绝不意味着从此就刀枪入库，马放南山。"国事"如"人事"。"人有喜庆，不可生妒忌心；人有祸患，不可生喜幸心。"对一个人来说，要真正做到这点，很难。对一个国家来说，也一样。当我民族朝着复兴之大道阔步向前时，有人祝福，有人羡慕，有人不安，有人忌恨，甚至有人挑衅和破坏，因此，我们就不能不强身健体，整军经武，为民族复兴大业保驾护航。

"我祖黄帝传百世，一姓四五垓兄弟。族谱历史五千载，大地文明无我逮。全国语文同一致，武功一统垂文治。四裔人贡怀威惠，用我文化

---

〔1〕 梁启超：《少年中国说》（1900 年 2 月 10 日），李华兴、吴嘉勋编：《梁启超选集》，上海人民出版社 1984 年版，第 127 页。

服我制，亚洲独尊主人位。"〔1〕这是为《马关条约》所刺激，而掀起维新变法，后来变法失败又逃亡海外的康有为所写的"爱国歌"。的确，世界上很少有国家像我们这个国家一样有着如此信美之江山、如此悠久之历史、如此灿烂之文化，我民族的复兴和崛起亦必将是任何力量也无法阻挡的。

2018 年 1 月 5 日夜，陈占彪

---

〔1〕 康有为：《爱国短歌行》，姜义华、张荣华编校：《康有为全集》第 12 集，中国人民大学出版社 2007 年版，第 139 页。

宣　战

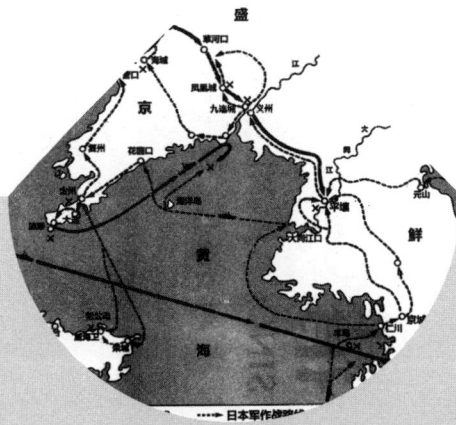

对清国宣战诏书[1]

（一八九四年八月一日）

朕兹与清国开战，其令各有司，上承朕意，下顺民心，水陆攻守，咸修其职，以振一国之威武，勿违万国之公法。朕之素志，唯在偃武修文，纳民于平安之轨，即位以来，兢兢业业三十年矣。夫交邻失和，其祸难测，故朕常饬谕大臣，务修邻好，年来内外相亲，深喜择交之善。近因高丽一事，清国失信背好，实非朕意料所及。缅维高丽为独立之邦，而与各国结约通商，实由我日本劝导之也，然而清国恒称高丽为藩邦，干涉其内政。今者高丽有事，清国托以护藩，举兵入韩，朕乃照西历一千八百八十二年成约，命师渡海，用备不虞，而拯高丽于祸乱之中，置东亚于太平之域，以符素愿，故延清国协力同事，成此美举。岂知清国推诿万端，拒朕所请。日本乃告高丽，一新厥政，使内安其民，外睦厥邻，高廷业经明允自新。清国不啻暗阻图治，阳示镇静，阴整兵甲，水陆武具既完，遂乃增兵添将，加在韩之势，凭强逼弱，逞利己之策，傲慢自大，乃至炮击我船。（按，日本先击高升运船，故华舰开炮击之，今乃如是云云，盖借以掩其启衅之失，人情不甚相远耳。）兹按高丽独立之位，

---

〔1〕 "日本宣战诏书"日文版见于《日本外交文书》卷二十七。有中文翻译版本若干：其一见于1896—1897年出版的〔美〕林乐知编译，蔡尔康纂辑的《中东战纪本末》（台北：广文书局1972年版），署名"朝鲜尹致昊译西报"；其二见于1895年王炳耀辑的《中日战辑》（见阿英编：《近代外祸史》，潮锋出版社1947年版）；其三见于王芸生辑的《六十年来中国与日本》卷二；其四见于戚其章主编的《中日战争》第九册（中华书局1994年版，第283—284页）。前两种文字大同小异，这里选录第一种和第三种两种版本，译文各有千秋。

原系日本维持之力，各国条约之所认也。清国非但谋损高丽地位，兼且置条约于不顾，此等举措，伤我国之权利，害东亚之安稳，清国贪利乐祸之心了然可见。我邦仗义兴兵之举，势不可止，吾民忠勇，宜各任厥职，期使早致太平，显扬国光，朕有厚望焉。大日本帝国明治二十七年八月初一日。（即光绪二十七年七月朔钦奉上谕历数日本罪状日也。）

[〔美〕林乐知编译，蔡尔康纂辑：《中东战纪本末》（一），

台北：广文书局 1972 年版]

附 对清国宣战诏书另译

保全天祐践万世一系之帝祚大日本帝国皇帝，示汝忠实勇武之有众：朕兹对清国宣战，百僚有司，宜体朕意，海陆对清交战，努力以达国家之目的。苟不违反国际公法，即宜各本权能，尽一切之手段，必期万无遗漏。唯朕即位以来，于兹二十有余年，求文明之化于平和之治，知交邻失和之不可，努力使各有司常笃友邦之谊。幸列国之交际，逐年益加亲善，讵料清国之于朝鲜事件，对我出于殊违邻交有失信义之举。朝鲜乃帝国首先启发使就与列国为伍之独立国，而清国每称朝鲜为属邦，干涉其内政。于其内乱，借口于拯救属邦，而出兵于朝鲜。朕依明治十五年条约，出兵备变，更使朝鲜永免祸乱，得保将来治安，欲以维持东洋全局之平和，先告清国，以协同从事，清国反设词拒绝。帝国于是劝朝鲜以厘革其秕政，内坚治安之基，外全独立国之权义。朝鲜虽已允诺，清国始终暗中百计妨碍，种种托辞，缓其时机，以整饬其水陆之兵备。一旦告成，即欲以武力达其欲望。更派大兵于韩土，要击我舰于韩海，狂妄已极。清国之计，唯在使朝鲜治安之基无所归。查朝鲜因帝国率先使之与诸独立国为伍而获得之地位，与为此表示之条约，均置诸不顾，以损害帝国之权利利益，使东洋平和永无保障。就其所为而熟揣之，其

计谋所在，实可谓自始即牺牲平和以遂其非望。事既至此，朕虽始终与平和相终始，以宣扬帝国之光荣于中外，亦不得不公然宣战，赖汝有众之忠实勇武，而期速克平和于永远，以全帝国之光荣。明治二十七年八月一日。

（王芸生：《六十年来中国与日本》卷二）

图为中日海陆战示意图（1894—1895）

地图文字：
直隶、盛京、吉林、朝鲜、奉天、辽阳、锦州、草河口、凤凰城、义州、九连城、山海关、田庄台、牛庄、海城、营口、京、冀州、花园口、渤海、黄海、海洋岛、大沽、刘公岛、威海卫、荣成、烟台、山东、元山、平壤、大同江口、仁川、牙山、京城、清日战争战略全图（1894-1895）、台湾

图例：
→ 清国军作战路线　…… 日本军作战路线　× 清日两国军主要作战地

"倭人渝盟寻衅，无理已极，势难再以姑容。着李鸿章严饬派出各军，迅速进剿，厚集雄师，陆续进发，以拯韩民于涂炭。并着沿江沿海各将军督抚及统兵大臣，整饬戎行，遇有倭人轮船驶入各口，即行迎头痛击，悉数歼除，毋得稍有退缩，致干罪戾。"（《对日本宣战上谕》）图为中日海陆战示意图（1894—1895）

对日本宣战上谕

（一八九四年八月一日）

　　光绪二十年七月初一日，内阁奉上谕：朝鲜为我大清藩属，二百余年，岁修职贡，为中外所共知。近十数年，该国时多内乱，朝廷字小为怀，叠次派兵前往戡定，并派员驻扎该国都城，随时保护。本年四月间，朝鲜又有土匪变乱，该国王请兵援剿，情词迫切，当即谕令李鸿章拨兵赴援，甫抵牙山，匪徒星散。乃倭人无故派兵，突入汉城，嗣又增兵万余，迫令朝鲜更改国政，种种要挟，难以理喻。我朝抚绥藩服，其国内政事向令自理，日本与朝鲜立约，系属与国，更无以重兵欺压强令革政之理。各国公论，皆以日本师出无名，不合情理，劝令撤兵，和平商办。乃竟悍然不顾，迄无成说，反更陆续添兵。朝鲜百姓及中国商民，日加惊扰，是以添兵前往保护。讵行至中途，突有倭船多只，乘我不备，在牙山口外海面，开炮轰击，伤我运船。变诈情形，殊非意料所及。该国不遵条约，不守公法，任意鸱张，专行诡计，衅开自彼，公论昭然。用特布告天下，俾晓然于朝廷办理此事，实以仁至义尽，而倭人渝盟寻衅，无理已极，势难再以姑容。着李鸿章严饬派出各军，迅速进剿，厚集雄师，陆续进发，以拯韩民于涂炭。并着沿江沿海各将军督抚及统兵大臣，整饬戎行，遇有倭人轮船驶入各口，即行迎头痛击，悉数歼除，毋得稍有退缩，致干罪戾。将此通谕知之，钦此。

（《光绪朝中日交涉史料》卷十六）

和 媾

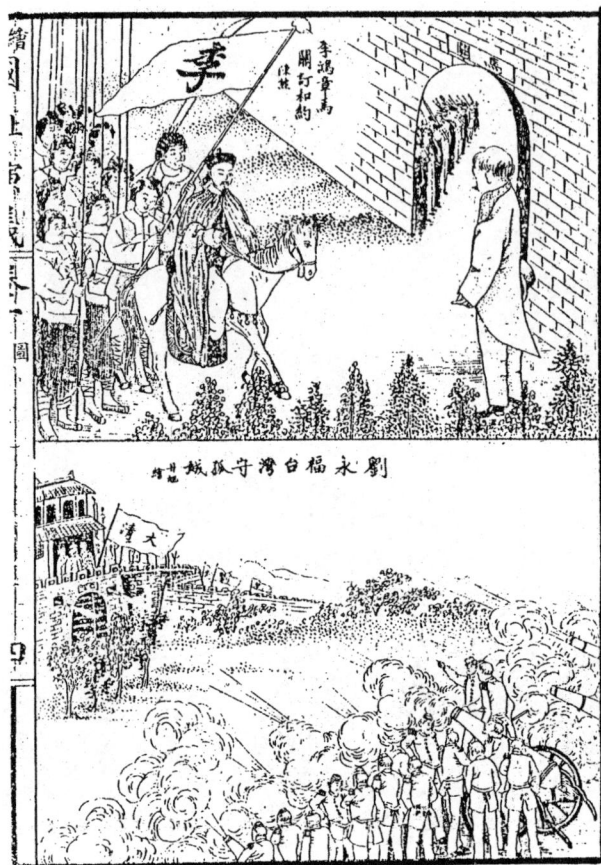

虞山的《国耻演义》插图:《李鸿章马关订和约》《刘永福台湾守孤城》。图片选自《中国近代小说史料续编》(十一),台北:广文书局1986年版

[日]陆奥宗光著，龚德柏译：

乙未中日谈判[1]

广岛谈判

明治二十八年一月三十一日，中国媾和使张荫桓、邵友濂到广岛。我政府已准备一切，接待敌国使臣。彼等一到广岛，余即发一公文，以我全权办理大臣之名，通告二月一日在广岛县厅内会合。去年以来，中国政府一心希望之媾和谈判，于兹开幕。两国全权大臣会合之期已在二十四小时后，媾和之成否，全系于双方全权大臣之才能及谈判适机与否。中日两国停止长期间之战争，东方之天地将再见和平局面乎？或谈

---

[1] 节选自《蹇蹇录》，该书系甲午战争之际及此后中日谈判时出任日本外务大臣的陆奥宗光，于《马关条约》谈判的当年（1895年）所写。"他是日本帝国主义的代言人和政策执行者，是侵略中朝两国的元凶之一。本书无疑是他从事侵略活动和阴谋外交勾当的自供状。作者站在日本统治者的立场，详细地叙述了自朝鲜东学党起义，日本阴谋侵占朝鲜，发动中日战争，直至俄、德、法三国进行干涉，日本被迫归还辽东半岛为止的全部经过。书中恶毒地诬蔑中朝两国人民，有意地歪曲事实，颠倒黑白，企图掩盖帝国主义的丑恶面目。"（《出版说明》，[日]陆奥宗光著：《蹇蹇录》，伊舍石译，谷长青校，商务印书馆1963年版，第1页）

　　1929年，龚德柏将之译为《日本侵略中国外交秘史》，由商务印书馆印行。1963年，伊舍石译，谷长青校的《蹇蹇录》由商务印书馆印行。两种译本都不易得。特别是前者，由于年久日深，一般读者不易见到，龚译的特别之处在于龚氏在翻译时还加有一些按语。龚先生自云"天性刚直，热血满腔"（龚德柏：《揭破日本的阴谋·叙言》，太平洋书店出版社1929年版，第1页），除政治活动外，全心致力于"研究日本对华之阴谋野心"，本书收录了龚氏译文，以示敬意。本文节选自该书第十六章"广岛谈判"、第十七章"马关谈判（上）"、第十八章"马关谈判（下）"三章内容。本篇题目系编者拟。

　　《蹇蹇录》最新版中译本由生活·读书·新知三联书店于2018年1月出版。

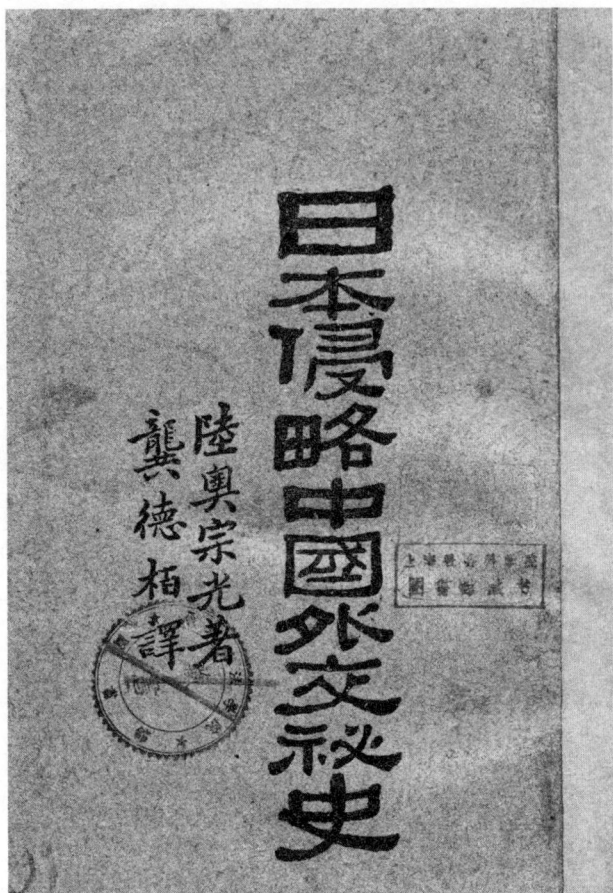

1929年，龚德柏将马关谈判时出任日本外务大臣的陆奥宗光的《蹇蹇录》译为《日本侵略中国外交秘史》。图为商务印书馆1929年版封面

判不调,战争尚继续乎?喜剧乎?悲剧乎?皆将于明日开幕矣。此时我国一般人心,尚未厌战,只主张媾和尚早,不遑观察欧洲各国蓄如何之阴谋野心,而反察中国之内情,彼等已觉媾和为急务无疑。然观张、邵两使臣之地位资望,不信其有折冲樽俎、敏速妥结事局之胆识权力。中国托张、邵辈以媾和重事,使人疑其尚未自认为败者,而缺乏真欲罢战之诚意也。中国使臣到广岛之前数日,伊藤总理窃招余曰:"今熟察内外之形势,媾和之时机,尚未成熟,且中国之诚伪,亦甚不可测。若吾侪稍不注意,媾和之目的未达,而我国要求中国之条件,先流传于世,有惹起内外物议之虞。故吾侪与中国使臣会合之日,非明察彼等之才能及权限后,不可容易开媾和之端。且中国从前赋予其使臣之全权,往往不合国际法上之例规,是亦吾侪不可不深加考察者也。"余恰与伊藤总理抱同一之忧虑,故即表示同意。因之吾侪密议之结果,第一先考究彼等所携带之全权委任状之形式如何,若于国际公法普通例规有不合,则于未入媾和谈判之前,即拒绝与彼等继续谈判,使此次会商归于不调,如此或不及开示媾和条件,得使谈判破裂。而他日中国真心悔悟,再派有名爵资望之全权大臣时,与之会商,亦决不迟,现唯有徐待会商之期日至。二月一日午前十一时,中日两国全权大臣,遂于广岛县厅会合。照例第一着查阅彼此携带之全权委任状,更进而交换之,果如吾侪所预料,发现中国使臣未带有国际公法上普通之全权委任状。彼等先提出所谓国书(参照本章末之附录第一号)之一种书状,此不过一种信任状,绝非全权委任状。在两国交战中,平时之外交已断绝时,一国君主对于对手国君主,无授受绍介其使臣之信任状之理。因之,我全权大臣,即述此理由,将该书状退还彼等。中国使臣次提出称为诏谕之一种书状,此系中国皇帝诏谕张、邵两全权之使命书,谓派张、邵二人为全权大臣,与日本国派出之全权大臣会商事件,尔等仍一面电达总理衙门,请朕旨意遵行云云。彼等不特未携带具有普适形式之全权委任状,且其文中有"会商事件"之语,不知果系何事。又一面电达总理衙门请朕旨意遵行云云,彼等不过听受我政府之意见，通报总理衙门，更受该衙门之命令，从事谈判外，无何等能力。彼等果入吾侪预想之彀中，媾和谈判之第一关门，对彼等闭锁矣。然吾侪拒绝彼等，不如先使彼等自认其全权不备之事实，故须使彼等明言彼等所携带全权委任状之权限，远不及日本全权大臣之权限。余曾预草一觉书，以为此时之准备。当彼此全权大臣互交换其全权委任状时，即取出该觉书而宣读于彼等，求其回答，其概要曰："日本全权办理大臣现在知会中国钦差全权大臣之全权委任状，关于媾和结约，包含由日本皇帝陛下赋予该全权办理大臣之一切权限。故为避他日之误解，且基于彼此对等主义，日本全权办理大臣，由中国钦差全权大臣所知照之全权委任状，虽尚未经充分查阅，然果包含由中国皇帝陛下关于媾和结约赋予该钦差全权大臣之一切权限否？望以文书确答。"彼等不能即时确答，声称容后答复。是日两国全权之会合于兹终了。翌日，中国使臣对于余昨日交付之觉书，送来一回答公文，其概要曰："本大臣由本国皇帝赋予为缔结和议会商条款签名盖印之全权，所议各条款，因期迅速办理，以电报奏闻本国，请旨定期签字，并将所议定之条约书，携归中国，恭候皇帝亲加披阅，果属妥善，然后批准施行。"至是彼等自白无全权大臣之独断专决权矣。吾侪之预想果中正鹄，余即毫无所顾虑，约同日午后四时再于广岛县厅会合，在席上伊藤全权行左之演说：

> 本大臣今与同僚所将取之处置，出于论理上不得已之结果，其责固不应归诸本大臣。从来中国殆与列国全然暌离，有时或列入国际团体，享受所生之利益，至随此而生之责任，则往往不顾。中国常以孤立及猜疑为政策，故于外交上之关系，缺乏善邻上所必须之公明信实宜矣。中国之钦差使臣，关于外交上之盟约，公然表示合意后，幡然拒绝签字，或对于俨然缔结之条约，无明白理由，漫然拒否之实迹，不一而足。征诸此等实迹，可见当时清廷之意中，无可信赖之诚心。至当谈判之局之钦差使臣，

亦复无必要权限。故今日之事，我政府鉴于既往之事实，决意不与未合全权定义之清廷使臣谈判一切。当开媾和谈判之先，曾以清廷之委任者须有缔结和议之全权为一先决条件，而清廷保证恪遵此条件，派遣其全权使臣于我国，故我天皇陛下委任本大臣并同僚，与清廷全权缔结媾和条件并签字之全权矣。清廷虽予此保证，然两阁下之委任权甚不完全，足证清廷之意思，尚未切实求和。昨日在此席上所交换之双方委任状，一见即知其轩轾，虽不待批判，然兹稍加指摘，当非徒劳。即一方适用开明国惯用之全权定义，一方缺乏全权委任之必要诸项。加之两阁下携带之委任状，阁下等应谈判之事项不明，又无订约之权，且对于两阁下之行为，关于中国皇帝陛下事前之批准，亦无一言。要之，阁下等被委任之职权，不过听受本大臣及同僚之陈述而报告贵政府而已。事已至此，本大臣等此后决不能继续谈判。或曰，此次之事，并非违背中国从来之惯例，本大臣断不能以此说明为满足。中国内地之惯例，本大臣固无容喙之权。至关联我国之外交上之条件，主张中国特殊之惯例，应受国际法上之制裁，不特为本大臣之权利，亦本大臣之义务，抑和平之恢复，其事至重至大。今欲再启辑睦之道，固有缔结条约之必要，且其互订之约，亦必有诚意期诸实践。关于媾和之事，我帝国固无向中国请求之理由。然我帝国因尊重其所代表之文明主义，故清廷履至当之轨道而开其端时，我有应之之义务。然参与无效之谈判，或纸上空文之媾和，则将来亦必谢绝也。我帝国一旦既缔结之条件，必能实践，同时对于清廷，亦不能不期其照样履行。故诚信求和，委其使臣以确实全权，选择有名望官爵足以担保实行条约之人员当此大任，则我帝国当不拒绝再开谈判。

伊藤全权之演说，议论剀切，事理明白，不须注解。余俟上述演说终了，即取出预先草就之觉书，朗读于中国使臣之前，确切表示此次谈判于兹断绝之意，其概要曰："日本政府曾屡经驻东京及北京美国特命全权公使声明，中固若欲讲和，应派遣带有缔结条约全权之委员。然本月一日由中国钦差全权大臣所知会之命令状，对于发此命令状之目的，极欠妥当，盖该命令状缺乏普通全权委任状所必需之诸要素故也。日本政府之意见，今尚与由美国公使所声明者无异。因之带有由日本国皇帝陛下所授予适当而且完备的全权委任状之日本帝国全权办理大臣，不能与只带有会商事件，咨报总理衙门，随时请旨遵行的命令状之中国钦差全权大臣会商，故日本帝国全权办理大臣，不得不宣言此次谈判于兹停止。"中国使臣过于惊愕乎？抑悟我论理之不可争乎？彼等唯声言，若彼等携带之全权委任状有不完全之点，当更电请本国政府赋予完备之全权，希望此后再行开议。然在我方对于已经拒绝继续谈判之中国使臣，无使再待本国政府命令之必要，故以此意拒绝之矣。因之彼等行二三不重要问答后，竟退往长崎，待归国之便船矣。然中国媾和使随行员中有伍廷芳者，彼原系李鸿章之幕府，伊藤全权明治十八年赴天津时之旧识，当中国使臣团人员将离会堂出户外时，伊藤全权特留伍谈话，托其向李鸿章传言，同时稍泄我政府将来之意向矣。伊藤全权向伍曰："足下归国后，可将余最诚实之言传诸李中堂，使李中堂领会。此次吾侪拒绝与中国使臣继续谈判，绝非日本国好乱恶治之故。吾侪为两国尤为中国，以为有速行恢复和平之必要，若中国真实希望和平，任命有正当资格之全权使臣，则我侪对于再开谈判，当不踌躇。原来中国有许多惯例旧典，使北京政府不能遵守万国普通例规之事虽多，然吾侪此次则希望中国依国际公法上之常规处置事物，此余与足下有天津以来之旧交，故聊表私言，未可与中国使臣公言也。"伍表感谢之意后，问曰："为充分了解阁下之真意，乞阁下明言，阁下关于此次来日中国使臣之官位名望，非有所疑虑乎？"伊藤全权答曰："非也，原来我政府对于不论何人，只带有正当全权委任状之人，不拒绝开始谈判，然其人爵位名望愈高，谈判愈合宜。若中国政府因故不能派遣高爵大臣来日本时，吾侪往中国，亦无不可。譬如以恭亲王或李中堂其人，受此任命，则颇合宜。"盖彼此谈判之结果，不特纸上空文，必须有力实行故也。此不过一场之谈话，然他日李鸿章为中国全权使臣来马关，未始非此谈话之结果，故记其大要于此。张、邵两使臣仅两日间完全失败，彼等不能不即退往长崎矣。北京政府殆以媾和谈判不成为遗憾欤？二月七日，托驻北京美国公使经驻东京美国公使致下之电报于我政府，其概要曰："总理衙门昨日接张、邵两全权大臣之电报，日本政府以委任状中不明记关于缔结及签署媾和条约之权限，提起异议，不肯与该全权委员等谈判，因是张、邵二使被送往长崎，然该全权大臣信任状中有全权之语，故以为足以缔结条约并签押。盖此语包含一切，无另行——详记之必要。然日本国关于该信任状之效力若抱疑惑，中国不妨更改，唯两国全权大臣签押于其所议定之条约，而该条约于批准交换前，须待皇帝之认可，然后始生效力。此等事项，应明记于信任状，今送已加改订之信任状于张、邵二使，使其交予日本国当局，又送该信任状于日本国，须多少日数，故将上述意旨，委细电知日本政府。张、邵现留长崎，希望由阁下向日本政府请求，与该两使再开谈判。"然我政府确知使已被拒绝谈判之中国使臣更向本国取委任状再行会商之不适当。且当时国民一般之批评，颇以政府此次拒绝与中国使臣会商为愉快，其中有称放逐中国使臣为政府近来之英断者。在此事颇惬人意之际，徒系留彼等，再开会商，为事情所不容。且如张、邵在中国无势力资望之辈，虽受如何全权委任，绝无成就满足谈判之望。故余宁顾内外之事情，断然拒绝张、邵，待他日之好机，再开媾和端绪。二月八日，经驻东京美国公使致下电于驻北京美国公使，使转达中国政府云："若中国政府果有诚意，派遣携带正当全权委任状之有名爵资望之全权委员来日本时，日本政府不论何时，当再开媾和谈判。然使谈判不调之此次使节，为待本国政府之训令，滞居日本，则不能承诺。"事已至此，彼等已知不能有为，张、邵一行人员二月十二日由长崎出发归国。广岛谈判于兹告终矣。

　　附录第一号

　　大清国大皇帝问大日本国大皇帝好。我两国谊属同洲，素无嫌怨，近顷以朝鲜一事，彼此用兵，劳民伤财，诚非得已。现经美国居中调停，由中国派全权大臣与贵国所派全权大臣会商，以资结局。兹特派尚书衔总理各国事务大臣户部左侍郎张荫桓、头品顶戴署湖南巡抚邵友濂为全权大臣，前往贵国商办，唯愿大皇帝予以接待，使该使臣得以尽职，是所望也。

　　附录第二号

　　派尚书衔总理各国事务大臣户部侍郎张荫桓、头品顶戴署湖南巡抚邵友濂为全权大臣，与日本派出之全权大臣会商事件。尔等仍一面电达总理衙门，请朕旨意遵行。随行官员，听尔节制，尔其殚竭精诚，谨慎从事，勿背委任，尔其慎之。特谕。

马关谈判

中国头等全权大臣李鸿章之来朝

　　广岛谈判破裂，张、邵两使归国后，欧美诸国对中日事件之视听，更加敏锐；因张、邵携带之全权委任状不完备，日本政府拒绝与彼等谈判，不论何人，皆不能发生异议，然中国之行为，不可律以国际公法之定规，已久为欧美各国所默认。此次之事，欧美各国几视为常事，毫不足怪，与其笑中国政府之浅陋无识，宁疑日本以如此口实，拒绝清使，不无异志阴谋存乎其间。对于我国将来之举动，深生猜疑之念。当时欧洲三四强国政府，似在商议，使其驻东京代表向我政府忠告，对于中国之要求，务期不失之苛大，以中国能应从之程度为止，希望恢复和平之速成。又《泰晤士报》载其有名驻巴黎访员斯罗维之通信，谓俄国政府当训令其驻外大使，联合英、法等强国，干涉中日事件，但其时机在中国自认战败诚实乞和时，欧洲各国当不许日本割取中国大陆寸土云云。正此时之事，可谓泄露欧洲强国对我国消息之几分，欧洲之形势，已渐现不稳光景矣。曩日庙议决定之方针，严限事局于中日两国间，使第三国无干涉余地，已有不能永久维持之虞，至今欲得欧洲强国之默认，不特时机已迟，且在我猝然变改既定之方针，亦事情所不许。故余以为不如设法诱导中国政府，使早日再派媾和使臣，速息战争，恢复和平，以新列国之视听。然欲如此，不能始终对中国政府隐秘我媾和条件，在中国使臣再来前，至少须将最重要条件先知照中国，使预先有所决心，因之二月十七日经美国公使通告中国政府，其概要曰："日本国政府以为中国于确认朝鲜独立、赔偿军费外，因战争之结果，割让土地，及为将来之交际缔结确然条约，非再派能谈判此等事件之全权使臣，则虽派遣何等媾和使，其使命当完全归于无效。"然与该电在途中错过，翌十八日，中国政府经美国公使来下之电报云："任命内阁大学士李鸿章为头等全权大臣，赋予一切全权，因之日本政府选定何地为两国全权委员会合地，望从速电答。"据此电文，李鸿章以头等全权大臣来日，已属确实，然余为我所发之前电，更促中国政府注意。二月十九日发电如下："对于本月十八日中国政府电报，日本政府回答之前，希望中国政府确言，果照本月十七日日本政府之电派遣其全权大臣乎？否乎？"二月二十六日，美国公使称受中国政府之托，将总理衙门王大臣送与同公使之公文原文转电于余，该公文中有"李鸿章被任为头等全权大臣，商议本月十七日日本政府来电中各种问题，李带有执行此等任务之全权"等语。中国政府之决意，至此渐定。因之日本政府电告中国，选定马关为此次两国全权大臣会合地，中国政府更电告，李鸿章三月十四日由天津直航马关。以上彼此之电报，仍照例经驻东京北京美国两公使之手。余接中国使臣派来之确报，又由东京赴广岛。三月十五日与伊藤内阁总理大臣再拜全权办事大臣之命，同月十七日晚由广岛出发，十八日到马关。十九日朝伊藤总理由宇品，李鸿章由天津，殆同时到马关。余即将全权办理大臣之官爵姓名通告中国使臣，同日复以全权办理大臣之名通告。翌二十日，两国全权大臣会合，交换各人所带之全权委任状。二十日，两国全权第一次会合，互相查阅全权委任状，认为完全而交换之。中国使臣于是取出一觉书，要求媾和谈判开始前，先议定休战事项，觉书之概要云："于开议媾和条约之始，两国海陆军即时一律休战，以为商议和约条款之地步，此议已由美国政府商诸日本政府，日本政府电答，须待中国全权大臣会合时，言明如何休战讲和，故特重提前议，盖休战一事，为妥议媾和条约之第一要议也。"我全权大臣约以明日回答，于是本日会合告毕。然李鸿章与伊藤总理系旧相识，故私人谈话，亘数时间之久云。彼不似古稀以上之老翁，状貌魁伟，言语爽快，曾国藩谓其容貌词令足以服人，诚属确评。然此次使命，彼立于一切不利之地位，彼此会谈中，伊藤总理谓曩者中国张、邵两使来时，不特其携带之全权委任状不完备，且当时中国尚无真实求和之诚意，故使命归于无效。彼答云：若中国无切望和睦之诚意，当不命余当此重任，余不感媾和之必要，亦不敢当此重任。暗抬自己之身份，以博我之信任。彼又谓中日两国为亚细亚洲常被欧洲强国猜疑之两大帝国，且两国人种相同，文物制度亦同，今虽一时交战，不可不恢复彼我永久之交谊，幸而此次干戈息止，则不特恢复从来之交际，且冀更进而为亲睦之友邦，抑在今日，能洞悉东洋诸国对于西洋诸国之位置者，天下谁能出伊藤伯爵之右？西洋之大潮，日夜向我东洋流注，是非吾人协力同心讲防制之策，黄色人种结合以对抗白皙人种之秋乎？唯信此次交战，当不碍恢复此两帝国之天然同盟。彼又赞扬日本比年之改革事业，称为系伊藤总理之为政得宜，叹息中国之改革尚未奏效，为自己才略之短。更谓此次战争，实获两个良好结果，其一日本利用欧洲式之陆海军组织，功绩显著，以证黄色人种亦不让于白皙人种；其二依此次战争，中国得觉醒其长夜梦。是实日本促中国自奋，以助其将来之进步，利益可谓宏大。故中国人虽有多数怨恨日本，然余却多感荷。且中日两国为东洋两大帝国，日本有不弱于欧洲各国之学术智识，中国有天然不竭之富源，若将来两国得相结托，则对抗欧洲强国，亦非难事。约略言之，彼屡羡慕我国之改革进步，赞伊藤总理之功绩，又论东西两洋之形势，以戒兄弟阋墙之招外侮，说中日同盟，暗讽媾和之速成之必要，其所论虽系今日东方经世家家常茶饭之谈，然彼纵横谈论，务引起我之同情，间以冷嘲热骂，以掩战败者屈辱之地位，其狡猾却可爱，可谓不愧为中国当世之一人物也。同月二十一日，我全权办理大臣，以一觉书回答中国使臣昨日之提议，其概要曰："日本国全权办理大臣，以为在与战地相距辽远之地谈判媾和，无休战之必要，然若附以足担保两国均等便利之条件，亦可承诺，故察目下军事上之形势，顾彼此休战之结果，声明如下之条件，即日本军队占领大沽、天津、山海关，并该地之城垒，驻扎此等地方之中国军队，将一切军器军需交与日本军队。天津、山海关间之铁路，归日本军务官管辖，中国担负休战中日本一切军事费用等件，若中国对此无异议，则实行休战，细目更行提出。"李鸿章默诵此觉书，颜色颇动，似吃一惊，连呼过于苛酷。盖当时之战况，我固无休战之必要，吾侪原欲即从事媾和谈判，然此时先由彼要求休战，若拒绝之，颇背列国普通之惯例，故严厉其条件，使彼不能承允，自行撤回休战问题而已，彼视为苛酷，亦非无理。李鸿章谓如此条件非中国所能堪，希望日本政府再考虑，提出稍为宽大之别案，唯彼之苦求，系我所预期，今无更行提出别案之必要，固不待言。伊藤全权乃曰：若中国使臣对于本案另行提出修正案，则吾人关于该修正案尚不拒绝商议，唯不能自我提出别案。此日之谈判，彼屡请求我再考，我唯拒绝彼之请求，以不同言语反复辩论同一事件而已。彼终至让步，将休战问题一时中止，愿闻我媾和条件矣。伊藤全权答称，休战未必即为息战之初步，故即开媾和谈判，固无妨碍，然中国使臣不先撤回休战问题，我不能提出媾和问题。至是彼稍变其辞柄，谓中日两国，原为天然的同盟国，日本若诚实欲得永久之和平，则须对于中国之名誉稍为注意，唯今日日本对于中国，虽有提出任何要求之权利，然其要求以中庸为得策，若超过其程度，则日本唯得和平之空名，不能得和平之实利。此次战争，原为朝鲜事件，今也日本军不特占领该国全土，中国版图内亦有归其占领者。天津、大沽、山海关为北京之锁钥，若此等地方归日本军所占领，则帝都安固之基，即日归于乌有，是岂中国所能堪乎？伊藤全权谓吾人之行为，并不如此不当，今日无讨论交战原因之暇，唯欲速终结此事而已。今为中日两国计，尤为中国计，早日息战为急要。又天津等地之占领，不过为一时之担保，非有破坏其城市之意思。彼我往复问答后，李鸿章谓该休战条件过于苛酷，然主要目的，在和平不在休战，日本亦当抱有同样之感想。伊藤全权答曰：然，吾人亦切望和平速行恢复。唯休战问题之撤否不先决定，难论及媾和问题，前言已尽之矣。李觉日本态度坚决，故希望予数日之犹豫，考量此事，我方谓虽不妨予考量之时间，然今日两国人民引领环视吾人谈判之结果，而敏速完成吾人之大任，亦吾人当然之义务，望于三日间确答，于是此日之会合终。同月二十四日之会合，中国使臣竟提出一觉书，撤回休战问题，希望即时进行媾和谈判，因之我全权大臣，约定明日提出媾和条约案。此日之会合，虽无可记之紧要事项，然李鸿章声称有一事提议，谓日本政府之媾和条约案，当无妨碍其他外国利益之何等条项。质言之，媾和条约之中，信其无冲动诸外国感情之条款，盖望媾和问题限于中日两国之间，务避他国之干涉故也。（此种言语，不过暴露彼掩耳盗铃之愚而已。盖去年以来彼如何要求欧美强国之干涉，其事不一而足。且他日彼接我媾和条约之提议也。四月一日即电达该案之要领于总理衙门，同时于其电文之末段云："前所述者，希密告各国公使，唯由日本提议关于通商各事项，此时希不通告各国，盖为得利益均沾，彼等将联合有求于我故也。"又四月二日，总理衙门致李电云："前日德国公使来访，云据本国政府来电，已电训驻日本德国公使，使与英、俄两国公使，共同居中调停。"可知彼等苟于自己便利，不特不避各国之干涉，且有欢迎之意思。然远东半岛交还问题起后，内外报纸，疑李鸿章已预与德璀琳或布兰德爵士商议，在来日本前，与俄国及其他强国有所密约，故李容易承诺半岛之割让。其尤甚者，则谓李去马关时，哄然一笑，吐舌而去，更系无根之妄说。盖奉天省割地之谈判，彼执拗反复抗论，四月五日之照会中，缕述一切割地，为将来中日两国永远和平计，绝非得策。复谓："奉天省为我朝肇基之地，其南部各地归日本国所有，作为海陆军之根据地时，则随时能冲我京师，故中国人民观此条约时，必谓日本有取我祖宗之地，置海陆军乘隙窥我之计，欲与我为永远之仇敌也。"然此照会，虽不过对于敌国之表面外交的异议，其中尚有假饰之言语。然四月一日，即彼发该照会前四日，电禀北京政府，述自己意见，文中亦有"况奉天为满洲之心腹，中国万万不能让与日本，若日本不肯撤销奉天半岛割地之要求，则绝不能结和约，两国唯有决战至最终而已"等语。此系彼自禀本国政府者无疑，其后媾和谈判至困难时，四月十一日由李电总理衙门，文中有"英国政府似已袖手旁观，不知俄国政府意向如何"数语。由此观之，彼到马关后，一个月间，尚不知俄国之意向如何。则其由天津出发时已有密约云云，亦不过空中楼阁耳。）伊藤全权即答称本问题完全关系中日两国，非他国所应干涉者，故吾人相信毫无招外国干涉之虞，而是日李鸿章由会议所归旅馆之途中，突然发生怪事矣。

译者按：著者前引汪凤藻与北京政府往来之电文，此又引李鸿章与北京政府往来之电文，如数家珍，足证中国所谓密码电报，彼已能完全了解。盖中国之四字电码，略加编订，即作为密码，若以算学研究之，不难即行发见其秘密故也。前事已矣，愿此后当局者，对于密电，须特别设法，勿使他人再能窥见其秘密，以贻误国家也。

李鸿章之遭难及休战条约

此日两国全权之会合终了，各自退出后，余因明日谈判上有预须商议之事，特留李经芳谈话，余两人对座将开谈时，有人排户而入，报告刚才中国使臣在途中被一暴汉以手枪狙击，已负重伤，暴汉当场被捕。余与李经芳皆惊事之出于意外。余对李经芳云：对此可痛恨之事件，吾侪当尽力之所及，讲善后之策，足下请速归馆，看护尊父。余二人遂别。余即赴伊藤全权之寓所，相伴往中国使臣之旅馆慰问。李鸿章遭难之飞报一达广岛行在所，皇上甚惊，即派医来马关，治疗中国使臣之伤痍，皇后亦赐御制之绷带，派遣看护妇，予中国使臣最郑重之待遇，翌二十五日，焕发下之诏敕。

> 朕唯中国与我现在交战中，然已简派使臣，具礼依式议和，朕亦命全权办理大臣与之在马关会同商议。朕践国际之成例，为国家之名誉，固不能不予中国使臣以适当之待遇及警卫，曾特命有司勿稍息弛，而不幸竟有加危害于使臣之凶徒，朕甚憾之。其犯人有司固应按法处罚，勿有所假借。百僚臣庶其更善体朕意，严戒不逮，以期勿损国光。

圣旨正大公平，事理明确，足使敌国使臣感泣，并使我国民颇起痛惜之观念。此事件之报流传全国，世人痛惜之余，稍现狼狈之色，我国各种公私团体之代表及个人，皆来集马关，访中国使臣之旅馆，述慰问之意。且在远隔之地者，出邮电表示其意思，或赠与种种物品，日夜陆续不绝，中国使臣旅寓之门前，有群众如市之观。是系出于欲向内外表明此系一凶汉之所为，非国民一般之意思，其意固美，然往往因急于粉饰外面，不无言行或涉虚伪，有失中庸者。盖中日开战以后，我国之各报纸固不待言，即公私集会，亦过甚其辞，以言中国官民之短处，逞骂詈诽谤，对于李鸿章之身份，亦有不堪入耳之言。今俄然痛惜李之遭难，往往出于过诛之语，其尤甚者，至列举李既往之功业，谓东方将来之安危，系于李之生死，全国到处，与其谓痛惜李之遭难，宁似惧因此所生外来之责难。迄昨日止，醉于战捷而狂喜之社会，恰似陷于居丧之悲境，人情反复似波澜，固无是非可言，言之无益。李鸿章早看破此情形，其后彼电告北京政府，日本官民对于彼之遭难，不过粉饰门面而已云。余察内外人心所趋向，此际不施善后之策，即发生不测之危害，亦所难料，内外之形势，已不许继续交战矣。若李鸿章借口负伤，于使事之半途归国，非难日本国民之行为，巧诱欧美各国，再使其居中周旋，不难得欧洲二三强国之同情，而于此种机会，招欧洲强国之干涉，则我对于中国之要求，陷于不得不大行让步之地位，亦所难料。唯由单纯理论上言之，此次事变，全出于一凶汉之犯罪行为，我政府国民固无何等关系，故对该罪人加相当之刑罚，则毫无累及其他之理。然现在两国交战中，在胜者之我国内，待遇敌国使臣，应予相当之保护及敬礼，已成为国际公法之成例，而如此事变，若一动社会之感情，则以座上一片之理论，不容易扑灭，固不待言，而况官高爵尊之李鸿章，以古稀之高龄，始奉使异域，遭此凶难乎，其惹世界之同情，自系易睹。若某强国欲乘此机会干涉，彼固以李之负伤为最好之口实也。故余即夜访伊藤全权，关于此事仔细协议，谓皇室对于中国使臣之优渥待遇，国民一般之亲切好意，虽无间然，然目下情势，仪式的待遇，或社交的情谊外，非另行有现实意味之一事，到底不能使彼衷心满足，故由我无条件允许彼所恳请之休战，较为得计。如此，我之诚意对待中国，固不待言，即对于他国，亦经为事实上之表现。且由我国警察照顾不到，使彼负伤，其结果自当妨碍媾和之速结，此时我军随意攻击中国，于道义亦不能无憾。伊藤全权对于余之论旨，固毫无异议，然因休战事件，不得不询军署之意见。故即电在广岛之阁员及大本营之重臣，与之协议，因电文意味不十分贯彻，或有他种原因，广岛之阁僚及大本营之重臣（松方大藏大臣、西乡海军大臣、榎木农商务大臣、桦山海军军令部长、川上参谋本部次长之连名回电）多回电云，目下实行休战，属于我国之不利，须再加考虑（但山县陆军大臣回电，完全赞同吾侪之意见）。然当时之事态，非能维持现状，而吾侪之意见，以为近日小松亲王率领大军出征旅顺口之时机虽已迫切，然其实战期尚在二三星期后，当不贻误军机。但如此问题以电文往复，到底不能悉其意旨，且有不能不仰圣裁之其他紧要事件，故伊藤全权自往广岛处办，于翌二十五日晚由马关出发矣。伊藤全权到广岛后，与该地之文武重臣会晤，评定休战之得失，费许多议论及辛苦，其结果列席之文武重臣，竟赞同伊藤全权之意见。寻经圣裁，同月二十七日夜半，将已蒙敕许休战及其条件之大要电告于余，余即将该电文之意编成条约文，翌二十八日，自就李鸿章之病床，述我皇上闻本月二十四日之事变，深劳宸襟，已命于一定时间及地域，承诺从前我政府所未承诺之休战，因之余同僚伊藤伯爵，目下虽不在此，然休战条约之会商，依中国使臣之方便，何时皆可。李鸿章半面包有绷带，以绷带外之一眼表十分欢喜之意，感谢我皇上仁慈圣旨，且对余云，负伤未愈，不能赴会议所商议，然在彼之病床开谈判，则随时皆可。休战条约之绪言云："大日本皇帝陛下，为此次意外事变，妨害媾和谈判之进行，兹命其全权办理大臣，承诺一时休战。"声明休战完全系我皇上任意允许，其他重要条款为："日本政府除在台湾、澎湖列岛及其附近从事交战之远征军外，承诺在其他战地休战。中日两政府约定在本约存续间，不问攻守何方，不于其对阵方面，添派援兵，增加其他一切战斗力，然其目的非增加现在战地从事战斗之军队，则两国政府不妨配置及运送其兵员；海上兵员军需，其他战时禁制品之运送，依战时之定规，此休战条约以签押后二十一日间为限"等件。余与李鸿章会商中，由彼提出之三四修正案内，除休战效力及于台湾诸岛之要求外，其他不重要之条款，悉容彼之提案，仅半日间了结。翌二十九日，伊藤全权归马关时，余示以与中国使臣会商了结之成案，竟于明治二十八年三月三十日两国全权大臣依式签名盖印矣。

媾和条约之签押

休战条约订结后，李鸿章屡促开始媾和谈判。曩者余与彼谈判休战条约时，彼在病中，不能出席会议所，现彼复谓，此后若能在其旅馆会商，则随时皆可，又如在旅馆会商有妨碍，则先阅媾和条约案，彼此可以书面议定，两者任择其一，乞速开始谈判。然关于议定媾和条约案之顺序方法，余曩者将与李经芳商议时，恰会李之遭难，遂中止，该顺序方法，系将该条约案全体一时提出讨论，或逐条议定之二法，此种会商，大抵先议定其方法，对于中国外交家，尤觉其必要，盖彼等往往有不进入事实问题，提出漠然泛论，迁延时日之癖故也。四月一日，余招李经芳谈论该二法中应择何法，余主张第二法，即逐条议定法之简便，彼则恳请用第一法，即将条约全体一时提出议定。余因谓约案提出之顺序方法，虽不妨任择其一，若用第一法，则中国使臣关于约案全体，一切承认，或关于其中某条更须商酌，希望不为漠然泛论，须依条约次序确答，且提出媾和条约案后，由当日起算，须于三日或四日内回答。李经芳允归馆后再行回答而去。后由李鸿章通知，依余之提议，当力疾于四日内回答，于是我媾和约案即日送达中国使臣矣。该案之概要为：

一、中国确认朝鲜为完全无缺之独立国。

一、中国割下记之土地予日本国。

（1）奉天省南部之地，由鸭绿江口至三叉子，由三叉子亘北方榆树底下，由该所向正西达辽河，沿该河下流而下达北纬四十一度之线，沿同纬度达东经百二十二度之线，由北纬四十一度东经百二十二度之点，沿同经度至辽东湾北岸，及在辽东湾东岸及黄海北岸属于奉天省之诸岛屿。

（2）台湾全岛与其附属诸岛屿及澎湖列岛。

一、中国以库平银三万万两赔偿日本军费，分五年支付。

一、以现在中国与欧洲各国间之条约为基础,缔结中日新条约。迄该条约缔结止,中国对于日本国政府及其臣民予最惠国待遇。

中国此外更行下之让与:

(1)从来开港场之外,为日本臣民之住居营业等,应开北京、沙市、湘潭、重庆、梧州、苏州、杭州各市港。

(2)为运送旅客及货物,日本国汽船之航路,应扩张至(子)由扬子江上流湖北省宜昌达四川省重庆。(丑)由扬子江溯湘江达湘潭。(寅)由西江下流广东达梧州。(卯)由上海入吴淞江及运河达苏州、杭州。

(3)日本国民输入货物之际,纳原价百分之二之进口税后,应免除中国内地所有税赋钞课厘金杂税。又日本臣民在中国购买加工及天然货物,言明为输出时,应免除所有税赋钞课厘金杂税。

(4)日本国民为将其在中国内地购买或系输入之货物入仓,不纳何等税钞,有借用仓库之权利。

(5)日本国民应以库平银纳中国之诸税赋。但得以日本国本位银货代纳。

(6)日本国民得在中国从事各种制造业,并输入各种器械。

(7)中国约定着手疏决黄浦江口吴淞之淤塞泥沙。

中国为担保诚实施行媾和条约,承诺日本军队一时占领奉天府及威海卫,且支付各驻军之费用。(此外重要之度不及前各项者省略。)

同月五日,李鸿章对于日本提案提出长文之觉书,兹举其概要,其绪言云:"日本政府之媾和条约案,已详细查阅,其关系至重各条项,虽特别竭力考究,然负伤之后,精神尚未恢复,本觉书中有不周密处,实因伤病未愈,力不从心,希为谅察,数日之后,当一一详答也。"将该条约案之要领分为四大纲，各节加以论难，其四大纲为(第一)朝鲜之独立，(第二)割地，(第三)赔偿军费，(第四)通商上之权利等是也。彼关于(第一)朝鲜之独立，言明中国已于数月前承认朝鲜为完全无缺之独立国矣，因之记入此次议和条约中，虽无异议，然日本亦须同样承认，故日本国提出之条文中有可攻者，主张中日两国对于朝鲜权利平等。关于(第二)割地，谓日本提出之媾和条约案，序言中有缔结媾和条约以除两国及其臣民将来纷争之端云云。然此次要求割让之土地，若强行割让，不特不能除去争端，后来必生纷议，当至两国人民子子孙孙相仇视无所底止，我辈已为两国全权大臣，故为两国人民深谋远虑，不可不维持永久和好，缔结相互援助之条约，以保持东洋之大局。中日两国为比邻之邦，历史、文学、工艺、商业，无一不同，何必如此为仇敌耶？抑数千百年国家历代相传之基业土地，一朝割弃，为其人民者饮恨含冤，日夜以图复仇，盖必然之势也。况奉天省为我朝发祥之地，以其南部归日本国所有，为海陆军之根据地，随时能冲北京乎？中国人民见此条约文，必曰："日本国取我祖宗之地为海陆军之根据，是欲为我永远之仇敌也。"日本国在此次交战之初，非向中外宣言，不贪中国之土地乎？若日本国不失其初志，则将该条约案第二条（指割地之条项）及连带各条酌加修改，以为维持永远和好，彼此互相援助之条项，为东方亚细亚屹然筑一长城，免受欧洲各国之狎侮。若计不出此，徒恃一时兵力，任意诛求，则中国人民，势必卧薪尝胆，复仇是谋，东方两国，同室操戈，永结仇怨，互不相援，适启外人之攘夺耳等语，以论驳割地要求。对于（第三）军费，谓此次战争中国非先下手者，又中国从未侵略日本之土地，故由论理上言之，中国似不应赔偿军费。然去年十月中国对于美国公使之调停，曾承诺赔偿军费，是完全欲复和安民故也，若其金额不过当，则可承诺。然日本国之宣言，此次战争，其意完全在使朝鲜独立，而中国于去年十二月二十五日已宣言承认朝鲜独立自主矣，故强欲中国赔偿军费，中国亦只能赔偿至宣言承认朝鲜独立之日止，无要求以后军费之理。加之定赔偿军费之额，须酌量中国力能担负与否，若中国财力真缺乏时，一时虽强行签押，将来亦不能偿还，日本必责其违约，兵端当再启。此次日本国要求赔偿军费额，绝非中国现在财力所能赔偿云云。并举不能增加内国税之理由，海关税为各国条约所束缚不能急速变更之理由，及今日中国信用大减不能募集外债之理由。彼复引用日本某新闻，谓日本政府迄今日止，战争之实费，不超过一万万五千万元。其尤愚痴者，欲以日本军所得战利品之中国军舰军需折算，由赔偿金额扣除，并诉赔偿金额附加利息之非理。要之，不外恳请赔偿金之减额。关于（第四）通商上之权利。彼以"本条极复杂重要，到底一时不能普遍考究，故以下所述者，不过目下观察之所及，尚须酌改，故本觉书所述，望视为中国已有承诺之意者，及非加以修正不能承诺者二项"等语为前提。谓新条约，中国亦愿以中国与欧洲各国间之现行条约为基础，但本条首项中，须插入"两缔约国彼此互受最惠国待遇"之语。又关于进口税减额，日本国此次要求巨额之赔偿，又欲减额，到底非中国财力所能堪，中国之财源，不特不可拥塞，并须开发，且目下日本与欧美各国改正条约，增加关税之际，反使中国减轻其本来最低廉之税，甚不合理。又对于外国输入品免除一切税赋，为多年来北京各国公使所要求，而不能达其目的者也，在各国中于通商上最有权利者，莫如英国，而最善谋利者，亦莫如英国商民，而英国商民屡请其公使要求免除厘金税，至今未得许可，盖不合理故也，又引用英国蓝皮书，列举埃尔梯、维德等之说，以为辩驳之资。第一欲维持彼我对等之权，次攻击进口税减额之不当，而其觉书末文有"本大臣尚有一言之忠告，乞贵大臣之谅察，本大臣在官几五十年，今自顾去死期不远，尽忠于君国者，恐以此次媾和事件为最后，是以深期条约之妥当善良，无可指摘，使两国政府将来永久巩固交谊，彼此人民向后互相亲睦，以副本大臣无穷之愿望。今也和议将成，两国人民今后数世之幸福命运，皆在两国全权大臣之掌中，故宜遵循天理，以近世各国政治家深谋远虑之心意为师法，以保两国人民之利益福泽，方可谓各尽其职分也。日本方今势力强大，人才众多，日趋隆盛，今赔偿金额之多寡，割地之广狭，虽未有至大之关系，然至于两国政府及臣民将来永远辑睦，或永远仇视之点，关系日本国计民生甚大，是尤不可不加深思熟虑者也。（中略）而东洋二大国民向后永远亲睦，彼此相安，福泽绵长，实基于此一举，尚望贵大臣之熟虑筹划"等语。

该觉书全文亘数千书，实笔意精到，反复叮咛，言其所欲言，亦不失为一篇好文辞。但其立论往往不免谬误，彼务避事实问题，专概言东方大局之危机。论及中日两国之形势，赞扬日本之国运，同时说中国内政之困难，以激人悦人，并乞人怜，由彼现在地位言之，诚为不得已之言辞也。

余接此觉书，即携往伊藤全权之旅馆，对坐仔细查阅，协议处理本件之方略。伊藤总理始谓，非精确论驳，先使彼豁然悔悟，并觉醒其迷梦，则彼不能了解方今彼我之地位。将始终继续哀诉，徒延长谈判。又我不摘发彼方论据之误谬，或使局外第三者疑日本力虽胜而理屈矣。余虽知伊藤全权之意思，非无理由，然当初余与李经芳商定媾和条约讨论顺序方法时，曾约定论局限于事实问题，承诺或拒绝我提案，或各条修正，是不过欲禁止如本觉书之类而已。今我对此泛然的概论，一开论驳之端，则彼亦有再三反驳之余地，往复争驳，我竟成"狂人走不狂者亦走"之类。加之使对手不入本题，彷徨歧路，尤为中国外交家之惯技，故我宁追前约，主张对于我提案全体或各条论决事实问题，在我与其占论争的位置，不如占指命的位置为得策。伊藤全权竟对余之意见同意，乃于翌六日我方致一公文于中国使臣，促其直入事实问题。其概要曰："明治二十八年四月一日之会合，中日两国全权大臣约定，关于议定媾和条约案之顺序，或承诺约案全体，或逐条酌量回答。然按此次贵全权大臣送来之觉书，除缕述中国之内情，求日本全权大臣更加酌量外，对于日本政府之提案不见何等回答，中国对于该提案欲加如何酌量，亦未确然言明。盖中国之内情，当兹议和，不在应论究之列。且系战争结果之要求，固与通常谈判某事件不可同日而论，是以日本全权大臣，关于曾提出之媾和条约案，更欲中国全权大臣对其全体或每条确答诺否，若条款中有某种改正，望一一以约文之体裁提议。"李鸿章今对于日本之提议，已不得不全体诺否，或逐条承诺或修正矣，盖彼最初对于我提案，务避言明自己之意见，以逃其责任故也，先是恐因李之负伤，谈判进行上生障碍，彼我内议之结果，清廷更任命李经芳为钦差全权大臣，四月六日已照会我政府。因之同月八日伊藤全权招李经芳至其旅馆曰，媾和条件，一周前已提出，而中国使臣今尚未与何等确答，究系何故？本月五日，中国全权大臣之书简，吾侪不能视为我提案之答复，今休战期限仅余十一日，徒空费时日，若至再交干戈，则彼此皆非所愿，以明日（九日）为期，希对我提案为诺否之确答。李经芳答曰："现在我父子之位置，极为困难，尚乞谅察，而日本全权大臣提案中之过半，能即确答，现已草就携来矣。然偿金及割地二问题，事颇重大，于公然以公书回答之先，尚望面议，更经几多之辩论说明，彼此酌量。"伊藤全权复云：关于媾和谈判之顺序方法，如前日陆奥同僚所约，中国使臣对于我提案应全体言明诺否？或逐条表示意见，今对我提案一部分确答，一部分须面议之答案，不能接收。唯中国使臣对我提案提出如何修正，固属自由，然关于偿金之额，中国使臣单根据新闻纸上之臆想主张削减。又关于割地，欲保存奉天、台湾两者中之一方之修正，则吾侪绝不能承允。偿金虽能减轻少许，然绝不能减削多额。割地则奉天、台湾皆须割让。为避他日之误解，故特言明。此外尚希望中国使臣熟虑现今两国之形势如何，即日本为战胜者，中国为战败者是也。曩者中国请和，日本应之，以至今日，若不幸此次谈判破裂，则我一命之下，七十艘之运送船，搭载大军，舳舻相接，直往战地，如此则北京之安危，亦有不忍言者。再深切言之，谈判破裂，中国全权大臣一去此地，能否安然再出入北京城门，亦属不能保证，是岂吾人悠悠迁延会商时日之秋乎？故中国使臣关于我提案为大体诺否之确答前，即令几次面议，亦无何等利益。李经芳因此严重谈判，当已察知彼希望将偿金、割地二件让诸面议，以迁延其确答之方便，到底不能实行，然彼无专断之权，故曰俟归馆与父协议，再行提出答案。但其答案，万一有不能满日本全权大臣之意时，则希望不因此招日本全权大臣之激怒，谈判不调，致九仞之功，亏于一篑。李经芳临去时之一言，即足见彼已知顷日来笼络日本全权大臣，思多少减轻其提案，以避先发表自己意见之苦计绝不能行，故为预防刻下谈判之破裂，决意由彼提出一答案。至其答案不能使我满足，彼亦自知，唯李鸿章何故如此不敢提出其答案乎？彼不过务逃避其责任而已。彼数日前已与北京电报往复，乞该政府之训令，以避自己专断之责，北京政府照例诸事暧昧，不得要领，彼对内对外，已双方为难，彼与北京政府正互避责任之间，屡遭我之催促，若再迟延，谈判当告破裂，为弥缝一时计，同月九日对于我提案提出一修正案。兹举其修正案之重要者如下：

一、朝鲜国之独立由中日两国确认。

一、割地限于奉天省内安东县、宽甸县、凤凰厅、岫岩州及南方澎湖列岛。

一、偿金为一万万两，但系无利息。

一、中日通商条约，以中国与欧洲诸国间之条约为基础缔结，且由媾和条约批准交换之日起，迄新通商航海条约缔结之日，日本政府及其臣民在中国受最惠国待遇，中国政府及其臣民亦在日本受最惠国待遇。

一、中国为担保诚实履行媾和条约，许日本军队暂时占领威海卫。

一、为避将来中日两国间之纷议或战争，关于媾和条约及其他通商航海条约等之解释上，及其实施问题上，两国间有异议时，依赖第三友国，选定仲裁者任其裁断。

上修正之要点，彼自己亦不预期能得我承诺，但彼恐不暂行提出答案，不能继续谈判，故不待北京之训令，独断提出。彼提出该修正案于我，同时致电总理衙门，报告该案之大意，文中有"鸿章虽再三思维，而时机迫切，故姑以己见行之"等语。其电末有"若日本尚不满足，坚主张前议时，可否更加让步？尚乞预示。若以为不可，则唯有终止谈判归国之一途耳"。彼一方塞我催促之责，他方向北京政府具陈目下形势切迫之状，告以一时独断施权宜处置之不得已，尚乞将来之训示，以促北京政府之决意。中国使臣之修正案，在我固不能承诺，然我最初提案，系为会议之基础而提出者，故非谓毫无修正之余地，且我虽如何有战胜者之势力，对于我原案一切不许变改，不特失于苛酷，且亦属于此种会议之异例。故同月十日会合时，（是日余因病不能出席。）反驳彼之答案，同时更由我提出修正案，交付中国使臣。其概要如下：

第一，关于朝鲜之独立，不许变改我原案第一号之字句。

第二，关于土地之割让，台湾及澎湖列岛如原案，关于奉天省南部之地，减为由鸭绿江口溯该江以抵安平河口，又从该河口划至凤凰城、海城及营口而止，画成折线以南地方，所有前开各城市邑，皆包括在割界线内。辽东湾东岸及黄海北岸属于奉天省之诸岛屿，亦在割让之列。

第三，偿金减为二万万两。

第四，关于割让地住民各条，不许变更我原案。

第五，关于通商条约各条，不许变更我原案，但（一）新开港之数减为沙市、重庆、苏州、杭州四处。（二）日本国汽船之航路，修正为（甲）由扬子江上流湖北省宜昌至四川省重庆。（乙）由上海入吴淞江及运河至苏州、杭州。

第六，将来中日两国间所生之条约上之问题，任诸仲裁者仲裁之，新条项无加入之必要。

以上为我再修正案中之重点，伊藤全权与提出该再修正案同时，对中国使臣云：此次提案实我最后之让步，希望中国使臣对此单与诺否之决答。李鸿章问：在为诺否之决答前，何故不许彼此辩论？伊藤全权谓：此系我最后之提案，虽加辩论，亦绝不能翻吾侪之定见，故辩论无益。彼我以如此口调，再四问答后，彼分论端为三段：（第一）偿金之额尚过大，到底非中国财力所能支，故更望削减。（第二）乞由奉天省内割地之区域削除营口一所，盖营口为中国财府之一。今日本强求巨额之偿金，同时夺其财源，犹如欲养孤儿，而夺其乳哺。（第三）台湾尚未为日军所侵略，日本欲割取之，颇为非理。故台湾不应割让。伊藤全权对此逐一辩驳，关于偿金之额，已减至无可减之程度，故不能再减锱铢，况谈判破裂，再至交战，其结果更不能不要求巨额之偿金乎？又关于存留营口，则奉天之割地，已深察中国之内情，比诸我最初之原案，大加缩削，此后更无可退让。且对于该地为中国财府之一，孤儿乳哺之比喻，以"中国固不可比孤儿"之一冷语挫之。关于台湾割地之要求，谓不必限于攻取地方，唯顾战胜者之便宜如何耳。例如山东省虽已为我略取之土地，然不包括于此次割地部内。且中国先年割吉林、黑龙江地方于俄国，是岂俄国攻取之地乎？若然，何独怪我台湾全岛割地之要求乎？今休战之期仅余十日，已非迟延谈判之秋，希于三日内对我提案为确然诺否之决答。李鸿章谓：事苟彼我不一致，则尚须会商妥当，且如此重事，固非电禀北京请旨后，不能决行，故暂请勿限期日。伊藤全权谓：然则北京回答后，即当决答，但即待北京之回电，亦不得不以四日为期。于是此日之会见告终。然尚恐彼不能十分领会我决意，翌十一日伊藤全权以一半公式函，重论昨日所提出再修正媾和条件之要领，且述该提案已十分酌量中国使臣缕述之意见，关于割地、偿金及其他条件，已减至无可再减，更于函末附加"战争之为物，于其战斗上之措施，及因此所生之结果，皆进而无所底止，故日本国今日能承诺之媾和条件，希望不以为后日亦能承诺也"数语，使彼觉悟今日不处决，当遗后悔。然李鸿章尚来函辩驳我要求之苛酷不当。其概要即谓，关于媾和条件，迄未许十分言辞辩论，即接最后之提议，故未得开陈中国政府意见之机会，希望更减削偿金及割地区域，盖其经界已达日本军现占领之全部，若更要求割让日本军足迹所未到之土地（台湾），则难了解日本之诚意。又论及其他通商上之条件，虽缕述苦情，然无再行会见以斗彼我意见之勇气，其函末有"以上所述，本大臣非敢重请商议，唯为商议媾和条件仅予本大臣一回之会见时，即接最后之提议，故欲覆陈本大臣之意，兹特开陈所不同意之点，求阁下之熟考。而于阁下曾约本大臣次回会见时，希开陈阁下之意见，本大臣俟奉我皇帝旨意，对于最后提议，当为确答"等语。在彼并非有新说别案，唯重述十日会见时所述者，希望更减轻我要求而已。对此徒费会见辩论，亦不能得何等结局，故伊藤全权再发半公式函，断然排斥彼之谬见，略谓，来函中一面陈述无重行商议之意，他面对我最后要求条件及从来谈判上之手续加以批评，希望日本政府更加考虑，恐中国全权大臣完全误解日本政府之意向，因之对于尊函之唯一回答，即本月十日会见时所提出之日本政府要求条件，系最后的要求，非许永久讨议者。原李鸿章已由十日会见时，预料我最后回答当系如此，彼四月十一日向总理衙门打电云："昨日与伊藤会谈，其语意似已绝不能动，今日又送来此书简，似表示最后的决意，应更如何让步，乞速训示。"又总理衙门回电云："伊藤之口气甚为切迫，若更无商议之法，贵官一面电闻，一面可缔结条约，贵官奉此命令后，可安心论争，绝无破裂之虞。"参较两电，当系李已悟日本之决意不能动，故乞北京政府最后训令，北京政府亦不得已，许李鸿章便宜签押之权矣。其后谈判之进行，彼竟悟不能拒绝我要求。同月十三日，彼更向总理衙门打电云："明日午后四时面会议定，若过期则谈判不调，事态实为重大。若如日本之要求承诺，则京师尚可保，若不然，则事当出意想之外，故不得已不待训电，缔结条约。"是为彼之最后决心确定之时，而总理衙门对此电禀回电云："前所训令（此系指十二日总理衙门电李由我要求中争求种种减轻各节），原系出于期望，争得一分，则有一分之利益，然已无商改之法，可即照前次训令，缔结条约。"今也彼已领最后之训令，有能订结任何条约之全权，彼固非向吾侪表露此事之愚人，乃于十五日之会见（是日余亦因病缺席），彼尚对我要求争几多之轻减，除再四反复彼我连日继续之议论外，别无新异之论。会见时间虽颇长，散会时至点灯，而其结果，彼唯有全然承诺我之要求耳。盖李鸿章自来马关后，彼之刻苦辩论，以是日会见为最甚，彼已悟我决意之大体不能动，故本日谈判，关于其节目，苦苦争求不已。例如初请由偿金二万万两中削减五千万两，见其目的不能达，更乞减二千万两，竟向伊藤全权哀告，此些少之减额，请为吾人归途之盛仪。是等举动，由彼之位置言之，不免稍失体面，然当系出于所谓"争得一分则有一分之利益"之意。总之，彼以七十以上之老龄，奉命异域，连日会见，毫无疲困之容，可谓尚有据鞍顾盼之感也。十五日之会见，彼我商议之后，已预定签署我媾和条约，因之，十七日之会见（是日余力疾出席），不过仪式上实行之而已。自李鸿章三月十九日到马关后，谈判数回，彼我昔费无量之苦心，排除外交上种种之困难，兹签订媾和条约，发扬我国光，增进我民福，东洋之天地，再开泰平之盛运者，悉赖我皇上威德之所致也。当初以我政府提出之媾和条约原案为基础，尔后双方会商，更酌改修正之重要诸项，即奉天省割地中，原为"由鸭绿江口溯该江至三叉子，由三叉子亘北方榆树底下画一直线，由榆树底下向正西画直线达辽河，由该直线与辽河交汇点，沿该河流而下，达北纬四十一度之线，由辽河上北纬四十一度之点，沿同纬度达东经百二十二度之线，由北纬四十一度东经百二十二度之点，沿同经度至辽东湾北岸"。现缩减其东北部，变为"由鸭绿江口溯该江达安平河口，由该河口至凤凰城、营口达辽河口，画折线以南之地，并包含前开之城市，而以辽河为界之处，以该河之中央为经界"。其赔偿军额费原为库平银三万万两，分五年支付。第一回一万万两，余四回各支付五千万两，现改为库平银二万万两，分七年支付，其支付期限为八回，初回即本条约批准交换后六个月以内，第二回批准交换后十二个月以内，各支付五千万两，余额以后分六年支付。关于通商上之让与，原定开港地为北京、沙市、湘潭、重庆、梧州、苏州、杭州七处，现减为沙市、重庆、苏州、杭州四处。因之汽船航行之权利，亦随之缩短。至关于帝国臣民之输入品，纳原价百分之二之进口税时，又帝国臣民输出在中国购买之货物时，及供中国内地消费之中国货物，以我国船舶运送于彼开港间，纳沿海贸易税时，应免除一切税厘之要求，则自行撤回，只得一切最惠国待遇而止，纳予中国政府之诸赋税，得以日本银货纳付之条款，及开浚黄浦江口吴淞浅沙之款，亦并撤回。又为担保中国诚实履行条约，日本军队占领奉天府及威海卫之款，改为占领威海卫一处，由中国每年支付驻兵费三百万两，减为五十万两等条。要之，我媾和条件之大体，皆照我要求，使之承诺，媾和条约签字，同日午后，中国使臣由马关出发，就归国之途矣。因之，吾侪于翌十八日搭军舰八重山归广岛；即日参驾，复奏连日媾和谈判之次第，及条约签字之结果，皇上甚为满足，特赐下之诏谕：

> 中国曩简派全权大臣向我请和，朕认其切实，乃授卿等以全权，命与中国使臣会商，卿等折冲樽俎数日，竟得良善妥协，今卿等所奏之梗概，甚副朕旨，洵足显扬帝国之光荣，朕伟卿等之功，特此嘉尚。

吾侪感泣天恩之优渥，荷无限之光荣，由御前退出。该媾和条约及别约，同月二十一日经我皇上之批准，寻派内阁书记官长伊东巳代治为全权办理大臣，赍已批准之条约，特往烟台，与中国皇帝所批准之条约交换。五月二日，由京都出发，此时恰由俄、德、法三国政府对于《马关条约》提出异议，因之该条约之批准交换，亦将遭意外之妨碍，然幸我皇上锐意以东洋之治平为念，不喜祸机再发，虽有内外许多之困难，不摇动始终宽宏之圣谟，因之于既定日期之本年五月八日，批准交换，圆满终了，完成中日两国媾和条约之大局。对于中国恢复交谊，并得与列国保全和协，以济危机于一发，诚皇上盛德之所致也。

（〔日〕陆奥宗光著，龚德柏译：《日本侵略中国外交秘史》，
原名《蹇蹇录》，商务印书馆 1929 年版）

東京朝日新聞

日报记载的李鸿章一行随员名录（《东京朝日新闻》明治廿八年三月二十三日一版）

姚锡光：

东方兵事纪略·议款篇

　　光绪甲午七月朔，中国始班宣战书。于是高升轮舶已燔，牙山屯营已溃。其始固委蛇言款，盖不得已而出于战，当道原无战备之心；识者固知兵气之不振、战局之靡终，必无以善其后。而割地偿款之机，已兆于此。

　　方东事之起也，倭人盛兵渡朝鲜；而我乃始请英使调停（五月初六日，鸿章电总署略称：顷英欧使过谈，亦不以倭派兵为是；谓已致其驻韩领事、驻倭领事设法劝解云。十七日，又电总署略称：前英欧使过津，鸿面商电英劝阻日本进兵；昨英领事持欧函来告，已电其外部属驻英倭使转知，未知听劝否云。又是日，总署电鸿章略谓：昨英欧使来谈：倭兵在仁必不到汉；欧与倭署使小村密交，其言度非悬拟云），复倚俄使劝阻（五月十七日，鸿章电总署称：顷俄喀使过晤，鸿嘱其速电外部转电驻倭俄使，切劝与我约期同时撤兵。喀深为然；日内即电致其外部云。十八日，又电总署略称：俄使昨已电俄京七百余字，请饬其驻倭使力劝；如不听，则俄必从事于后。二十一日，又电总署略称：喀使接俄廷回电，令伊暂留津与鸿商办倭、韩交涉事；其如何商办，训条随后电寄云。二十六日，又电总署略称：喀使奉该国电复，即令巴参赞来告：俄皇已电谕驻倭使转致倭廷，勒令与中国商同撤兵；俟撤兵后，再会议善后办法。如倭不遵，电报俄廷，恐须用压服之法云。二十七日，又电总署略称：喀使派巴参赞及领事来称：驻倭俄使电谓：往晤陆奥，不肯撤兵。鸿谓喀前称俄皇电谕勒令撤兵，现俄廷意旨若何？巴谓：喀本日

姚锡光：《东方兵事纪略》，光绪
丁酉（1897）刊于武昌

又电请本国，俟回示再通知。据局报，喀电俄京五百四十字，似所言不虚云。六月初四日，又电总署略称：喀今午电俄京甚切实，大意谓我自始至今均照公法条约办事，无一错处；倭不但不撤兵，且又添兵围王京；务要外部定见，或办或不办，以免失信中国等语。想此电到俄，必有办法云。初六日，又电总署略称：顷喀使遣巴参赞及领事过晤，顷接俄廷电复：倭、韩事，俄只能以友谊力劝倭撤兵，未便用兵力强勒倭人。鸿诘以五月二十二日喀遣尔等来告俄廷要勒倭撤兵再议；如倭不听，尚有第二层办法，是前后语意不符。巴谓：我等亦觉不符；恐俄廷另听旁人间阻云。十三日，又电总署略称：接汪使本日电：顷驻倭俄使遣告，谓前此奉其国政府电，命劝倭将此事与华妥商；倭云华但约撤兵，别无他议，此时无可再商等语；此时在我劝既无益，须由贵政府另筹良策云。

六月二十日，又电总署略称：喀使遣巴参赞面言：接韦贝屯，屡商大鸟调处，不允；倭兵在汉城筑炮台、守城门，作据城状，商民尽逃，使馆不安，已电请国家派兵驱逐。喀拟亦电本国酌办，看倭人现在情势须动兵。鸿询俄水师提督现驻摩阔岁操，船几只？巴云：有大兵船十只，调往仁川甚便。鸿谓：贵国如派船，我海军提督亦可派往会办。巴云：甚好；俟本国回电即知会。似俄真动公愤，未必收渔人之利。好在巴驻津，尚有情理可说云），其间复要英舰以制倭（五月二十八日，鸿章电总署略称：顷英宝领事携欧使洋文函来称，该使屡电其国外部与驻英倭使商令日本撤兵，再议善后；皆未允。今闻俄廷出为排解，有诸？鸿答以有之。但俄虽韩近邻，未能无故动陆兵。若英水师雄天下，如我前在烟台看大铁甲船，实为东海第一。应请欧转电外部，速令水师提督带十余铁船快舰径赴横滨，与驻使同赴倭外署，责其重兵压韩无礼，扰乱东方商务，与英大有关系；勒令撤兵，再议善后，谅倭必遵。而英与中、倭交情尤显，此好机会勿任俄着先鞭。宝允详告欧；鸿并属人密告赫德怂恿。钧署见欧、赫，乞商催。如英肯出力，更可牵制俄，似为胜算云。二十九日，总署电鸿章略谓：连日英使来署述其外部来电，属令从中调停。又欧使已接宝电，英派兵舰赴倭之说，欧似不以为可，未电本国云），又虞英、俄之互忌（五月二十七日，总署大臣张荫桓电鸿章略谓：枢府喜俄压服说，曾宣诸赫德，使英欧使得闻；伊甚急，频来调处，拟先撤兵，商共保及内政，允则小村电请廷示来商，已婉却之。唯喀言太夸，抑我议不决，乞电示敝寓云。二十八日，荫桓又电鸿章云：欧调处，谓陆奥意，盖非专托；但伊调处，倭亦允。枢府候俄耗，遂宕之；要亦难凑拍。英、俄相忌，欧隐以先承钧嘱为说；前日求见甚切，因与邸徐便道访之，言不投机。见倭扶韩既急，喀有实心、无实力，恐膺欧消，颇难贯串，又太滑云。鸿章又电荫桓略谓：德璀琳接赫德函，谓欧不甚用劲；鸿令赫德复以鄙意劝欧云。二十九日，鸿章电总署略称：英使调停，语似含混；倭照会汪使文，今抄到三条，与倭领事署使译述者大异。是所谓整理内政，与英待埃及相同；何能遽允！连日与俄使商论，只允会议；至勿占据韩土地一节，俄已允载入会议款内。英最忌俄，盖指俄定无足虑也。望再与欧切言之。六月十八日，又电总署云：喀使适来，夸俄廷电告，仍愿从旁调处。如日本肯撤兵，中、日会商，俄不干预，免人疑谤；但不愿英居间，英似愿倭踞韩以阻俄云。是日，鸿章又电我驻俄使臣许景澄，略称：喀过津，商令调处，漏未知会其外部；喀顷称：俄廷疑非国家意，实则与喀同答，均电署代奏，初盼议成，倭忌俄，暗属英居间，俄益忌英，并未议妥。望赴外部声明系国家意，或更出力云），终且倚英、俄合力以言和（六月二十一日，鸿章电总署略称：前许使探俄廷意旨，顷接许效电云：遵电已见俄外部嘎声明，并询彼意。嘎言前劝倭退兵，未听；见英约同出调处，我意甚愿。二、三日如得其主覆信准办，即电给驻倭使训条并告喀云。二十二日，又电总署略称：顷喀使遣巴参赞来，言接俄廷电，已与英商明，同出调处，仍令倭退兵再议；并商法、德、美，尚未得覆。属喀先与欧使妥商；喀询在津抑回京？鸿告以此次枢译主择客，宜赴京就商云。二十三日，总署电鸿章云：顷欧使来说：已接喀电，愿与英国商令倭退兵再议；欧并言约德、法、意三国同办，均乐从。英外部责倭末后所索更甚，与前不符。现合五国加力责之，俾从公论云。二十四日，鸿章又电总署云：顷俄喀使遣巴参赞来称：已与欧商明，欧在京请署议，喀在津与鸿议。欧、喀皆奉国家训条，令各商其国驻使，使告倭廷，限令退兵再议，德、法、意皆由其国家公请。又询倭兵退仁川，距汉太近，请另筹妥处。鸿谓倭兵若退釜山，距汉五百里；我牙山兵即退平壤，距汉亦五百里，似尚公平。巴云：极好。请电署照此答欧；我即请喀电驻倭使，彼此勿再游移。鸿谓：倭不遵，奈何？巴云：英、俄已定见，必有办法；乞于见欧时论及云。六月二十四日，我牙山兵已败于成欢；而二十三日，我租英轮高升渡北塘兵，已为倭击沉于海。乃鸿章于是两日方倚英、俄使臣令倭退兵，且议中、倭退兵之地；从容坐谈于天津，真愦愦也）；而于专主英、俄以外更告法（六月初三日，我驻法使臣龚昭瑗电鸿章略称：法外部喀大臣晤我参赞庆常云：法颇愿调停；不知中国愿否？常云：足征睦谊。喀谓：但须两处立言其轻重，即往请总统酌定，准明午而告；又谓中国应确有备战之势云。是日，鸿章电照瑗略谓：法外部拟如何调停法，愿闻其详。各口现均备战守云。初四日，鸿章又电照瑗略谓：各大国催倭撤兵，再与华议善后；此是正办。我派兵二十营，备而不发。法议如何？仍电示云。是日，鸿章电总署略称：顷接龚使电谓：法喀外部晤庆常，谓已请总统示，即劝倭与中和商。英、俄先出调停者，缘商务、界务有关，皆议院善与闻；法出于睦谊，一面探商英、俄，再作办法，请勿宣云。初七日，又电总署略称：龚使歌电：法外部喀云：如英、俄强劝，倭亦不听；现英、俄相忌，倘法言过激，恐不利中。英、俄有关韩商界，望和结，语甚激；法若出公议，当随英、俄后，约初七日面晤云。六月初十日，又电总署略称：龚使于初九日晤法外部喀，据云已电其国驻中、倭两使探报；如倭固执，即商英、俄严催速了。其初八日又晤喀，云又电催驻京日使矣。其又晤驻法英使，谓英欲约法合催了结；昨倭在英购一快大轮船，留船主、水手，已开赴日云。十七日，又电总署略称：龚使十六日电云：法喀外部嘱庆常密告，谓倭改韩政条款中，不允劝，难了。其驻倭法使，电谓倭糜兵费，议绅多违言，以擅开衅攻之，不肯退兵，必俟得利云。如此，中欲保上邦权，非中朝谕令韩王整内政，兴利除弊，胪列失政各条，戒其改革，杜倭口，坚各国助华心，倭无借口，各国催退更得劲。请密电总署、中堂，以表睦谊、明真心云）、告德（六月初八日，鸿章电我驻德使臣许景澄略谓：俄喀使过津，电请俄廷令其驻倭使力劝撤兵再商，英、法亦出调处。德在东方商务有关，似未便坐视。望商德外部，电其驻倭、韩各使，力劝倭撤兵，再与华商办善后；否则，将开衅，恐扰大局云。十四日，鸿章又电总署略称：接我许使十一日电云：德外部已允电驻倭德使偕同调处云）、告美（六月初十日，鸿章电总署略称：前美国代办询鸿，应否电其国外部？鸿允行。顷接我杨使初八日电谓：晤美外部，据云已接驻华代办电，中堂请美约同各国劝倭撤兵；伊于未接电前，已饬其驻倭使告倭政府，劝早退兵，勿干韩政云。是日，鸿章又电我驻美使臣杨儒云：英、俄力劝倭照约撤兵再商，未允；望告谢外部，仍电催其驻倭使会各国力劝，共保和局。否则，势将决裂云。十三日，鸿章又电总署略称：顷接杨使十二日电，伊已晤美谢外部，据称中堂欲美排解，甚慰本怀；当电其驻倭使力劝共保和局。但美不愿会同英、俄各国，恐各国别怀意见，于事无益云），以求息肩，转以兵备为大忌。而倭使之驻朝者亦时示我以可和之情，摇我耳目（四月二十八日，鸿章电总署略称：袁道世凯屡电韩兵败于贼。电译员郑永邦以其使令来询匪情；并谓匪久扰，大损商务，韩人必不能了；愈久愈难办，贵政府何不速代韩戡之云。五月初一日，又电总署略称：袁道三十日电，顷倭署朝使杉村来晤谈，意亦盼华速代戡；并询华允否云。初十日，鸿章电我驻朝道员袁世凯云：汝既与驻朝倭使大鸟约定：已到汉之倭兵暂驻，即饬续来者毋登岸，原船回倭；未发者即电阻。华自应不加派兵来汉，即叶、聂前敌亦不添兵云。是日，鸿章电总署略称：袁道昨电称：大鸟来谒，谈论甚久。坚谓其兵实以护馆来，并相机帮韩御匪；凯婉与商订：今到仁川之八百兵，来汉暂驻即撤；现在汉之水师兵，候八百到齐即回船；续来者毋登岸，原船回倭；未发者即电阻。华亦不加派兵来汉。大鸟又称：我国视韩匪太重，骤遣大兵；我年逾六旬，讵愿生事。我兵除八百外，尽阻之；尔亦电止华加兵。我二人在此，必可推诚商办云。十五日，鸿章电世凯略谓：大鸟约屡变，我汪使电谓：倭意在留兵胁议善后；告以贼已渐平，则谓大鸟并无电至。我欲撤兵，彼狡愈谋逞等语，汝务力阻大鸟勿调新到兵赴汉为要云。是日，世凯电鸿章略称：倭至仁兵已四千余，势甚凶悍；各国员亦无可如何。再华嘱无多派兵，而竟派五千；嘱不入内地，而反请会剿。凯迭与商，均反复，极可恨；恐非口舌所能争云。六月初二日，总署电鸿章略谓：倭署使小村来署谓：甚愿两国相商，不欲他国干预，以免日后牵制。顷英欧使来言：英外部已电其驻倭公使，商允倭外部与我和商；

一开议，先商撤兵。闻小村已接其外部电，予以商议之权；日内必能开谈云。初十日，鸿章电我驻倭使臣汪凤藻，略谓：总署见与小村议商；据称候政府核覆。英、俄、法、美、德已各电其驻倭使力劝撤兵，如何云。按倭署使小村于十二日奉其外部电，已告绝于我总署。六月十三日，鸿章又电总署略称：本日唐绍仪来电：俄使韦贝来，适袁道出汗后稍爽，招晤卧室。彼云方见大鸟，据称整顿韩内治，前经商华会同办理；华未允，我国始独力为之。我告以日本兵来此过多，韩民骚动；且强催改革，恐无济。倘谓初次商华，华未允；宜再饬驻华倭使赴津商李中堂，或可挽回。大鸟以为然，拟电小村赴津云。十四日，总署电鸿章略谓：倭使小村如果赴津，似尚有转圜之意；但彼所谓，无论如何断不可轻允，仍电本署请旨办理云。是日亥刻，鸿章又电总署略称：本日未刻唐绍仪电：顷往晤韦贝，据称大鸟已电倭廷派小村赴津，未知允否？华应先许会议，再商撤兵；如先商撤再议，必不成。如华坚约小村往商，料妥等语。观韦贝意颇松，且以华先商撤为非。视此，倭未必令小村来津；若来，先商大略即撤兵，如何云。十八日鸿章又电总署略称：昨唐绍仪晤大鸟，谓我政府再三请华议韩事，华未允；今袁总理赴津，当有神。我与袁皆在汉，如韩事应由我二人会商，但恨我政府不与我权。仪答：贵政府初商汪使，未详一二，似难突允相助；倘欲商我国，何不直语？鸟笑谓：初不明我政府意，唯多时未接小村电，念甚等语。鸟言多诈难靠云。时已调世凯回华，以唐绍仪代理朝鲜商务总办）。我乃一误再误，游移前却，入其彀中而不之觉也。我方以口舌、文告，日劳精疲神于英、俄、德、法、美五国之交垂五十日，迄无要领；倭人正乐蹈是隙以渡兵朝鲜，争我先着。虽以牙山之求援、世凯之告急（五月十六日，世凯电鸿章略称：迭力阻鸟，毋令新兵来汉；伊已允。然前言屡食，后言何可信！况倭廷意在胁韩，鸟不自能主，难与舌争。似应失调南、北水师速来严备；续备陆军云。六月初三日，世凯又电鸿章略称：倭兵万人分守汉城四路各要害，倭日由水陆运弹丸雷械甚多。不但无撤兵意，且志甚奢。其蓄谋已久，倘英、俄以力勒令，或可听；如只调处，恐无益，徒误我军机。倭虽允不开衅，然狡；以大兵来，讵肯空返？欲寻衅，何患无衅。叶军居牙难接济，应迅派兵、商船全载往鸭绿或平壤，以待大举。若不行，恐衅端一成，即无归路云。是日亥刻，世凯又电鸿章云：倭昨又催韩派员议改革，限今午后；韩难终持。今又添兵五千五百至仁川，绝无和意。凯在此无办法，徒困辱；拟赴津详细面禀。倘蒙允，以唐守暂代之），而鸿章答之，辄曰：坚贞勿怯也；曰：静守勿动也；曰：已付各国公论；曰：英、法现已出场也。虽奉严旨备战（六月十二日总署电鸿章略谓：顷接倭使小村照会：中国仍举撤兵之言而不依更正内政之意，是无意息事；嗣后即有不测之变，政府不任其责等语，词意甚为决绝。本日已有廷寄，命决进兵之策。战事宜慎，必须谋出万全；希将如何分别先后次第布置之处，先行电复云。十四日，总署又电鸿章略谓：奉旨：见在倭、韩情事已将决裂，如势不可挽，朝廷一意主战。李鸿章身膺重寄、熟谙兵事，断不可意存畏葸；着懔遵前旨，将布置进兵一切事宜，迅筹复奏。若顾虑不前、徒事延宕，驯致贻误事机，定唯该大臣是问！钦此。遵即电知云），而固持和局，直于言款之外无措置。各国固知我以言款始、必以求款终，而知我兵之不足战也。倭人遂薄我于成欢（即我牙山兵）、乘我于丰岛（即高升轮船之沉），我始仓促以出于战。兵事既交，瑕衅百出。于是一败于平壤、再败于九连城，而凤凰、岫岩、金州诸城邑相继沦没，辽、沈大惊，大连湾且堕，而议款复起（十月初十日，鸿章电我驻英、法使臣龚昭瑗略谓：法使允出头力劝倭议和，已电其外部候复云。十一日，鸿章电总署略谓：接龚使初十日电，言：署电请英、俄、德、法、美、意议和，允韩自主、偿兵费，令瑗赴英、法、意外部婉言；当晤英外部金，谓前倭不允此议，见未便与倭再言；应先电商俄、再电商各国；昨晤法外部喀，谓即电商各国。又喀密嘱庆常：和议未成，战守事尽力支持则更易了。瑗即回英云。十三日，鸿章又电照瑗略谓：大连湾失似确，旅危急；倭水陆并进，救兵难渡，玛已回兵船，在威和议，须切劝英、法出力云。十五日，鸿章又电总署略称：伦敦电：中国请各国议和，俄、法已经允许；唯德国谓见时和议，无济于事，不肯允许云。十九日，鸿章又电总署略称：伦敦电：日本不允各国议和，其意俟旅顺占踞后再举议；见英国愿居间调停云）。

十月中旬，总署大臣侍郎张荫桓至天津，驻鸿章行署议款事；语秘，外不得闻。二十二日，遣津海关税务司英员德璀琳东渡言款（十月十六日，鸿章上恭亲王书称：十三日钦奉寄谕，仅于十四日电奏，覆陈大略。樵野侍郎、月汀观察来津，奉到赐椷，祗聆一是。鸿章筹办倭事将及半年，毫无寸效。当此咎愆山积之余，本不敢再参末议；唯既仰蒙垂问，但有所见，何敢稍存引避。窃意此时事机十分紧迫，诚如圣谕，须亟筹救急之方。六、七月间，曾闻倭人之意，非不愿款，但欲中国自与商办，而不愿西人干预；目下彼方志得气盈，若遽由我特派大员往商，转虑为彼轻视。鸿章与樵野等再三斟酌，唯有拣择洋员之忠实可信者前往，既易得彼中情伪，又无形迹之疑。查有津关税务司德璀琳忠于为我，六年俄事、十年法事，彼皆暗中襄助；十一年伊藤来京，从旁赞导，颇为得力。若令其前往，相机转圜；否则，暂令停战，以待徐商，亦解目前之急。如以为可，由钧处迅速请旨派往，以重事权。未尽之言，均由樵野面陈云）。璀琳遂赍鸿章致日相伊藤博文公文一、私函一，乘礼和商船（礼和即我招商局□□轮船）往日本。三十日，抵神户；日本兵库县知事周布公平诘之，为电达内阁。内阁谓：鸿章椷，非国书也；德璀琳西人，非中国大员也。苟非中国著望大员，且钦派来东，不与议也。斥璀琳归。十一月初一日，璀琳乃起碇回华；于是鸿章复有派员会议之请（十一月十一日，鸿章上书恭亲王略称：张侍郎来津恭传懿旨，仰荷皇太后矜全，优加策励，感激涕零。顷税司德璀琳自倭回津，鸿章与张侍郎面加询问；据称从旁探询，倭欲甚奢。略如赫德所云：唯既经美使居间请两国派员会议，此系欧洲通行之例；西例，会议即可停战。若事有转圜，两害相权取其轻，亦万不得已之所为。仍赖圣明主持于上，臣下方有所禀承。

不尽之言，已属张侍郎代陈云）。

德璀琳之未东渡也，美国任为我国居间；日本方昵于美，美总统（即民主，所谓伯理玺天德也）遂命某驻我、驻倭公使为中、倭介绍。时我旅顺既堕、璀琳复归，而栯木城、海城且陷，诸将久无功，议款益急；而倭人须割地并偿四万万元诸说，沸腾中外；朝廷遂决计派大臣东渡议款。倭人复要及国书款式并派全权使臣诸事，皆许之；均自美国公使道达，且聘其前任外部大臣福士达助订和约。遂命侍郎张荫桓、巡抚邵友濂为全权大臣，使日本会议。十二月十二日，荫桓等自山海关乘招商轮船赴上海（时天津口已封冻，绕道山海关），折而东渡。乙未正月初四日抵长崎，美员福世德已先至。初六日，荫桓、友濂抵广岛，登岸分驻春和园及洗心亭（时从行者为内阁侍读瑞良、郎中顾肇新、钱绍桢、道员伍廷芳、梁诚、黄承乙、知府沈铎、张桐华、知州罗庚龄、知县卢永铭、张佐兴、招汝济、布理问徐超、盐大使赵世廉、县丞徐铭、训导沈功章、学生三名、差弁四名、跟役二十四名），遂呈国书。日本亦令其内阁大臣伊藤博文、外务卿陆奥宗光为全权大臣，会荫桓等议约。初七日午刻，互校敕书于广岛县厅（我敕书全文：皇帝特命户部侍郎张荫桓、湖南巡抚邵友濂为出使日本议和大臣。即着前赴日本，与日本所派议和全权大臣妥商一切事件，电达总理衙门转奏裁决。所有随往人员，均归节制。此去务宜保全国体、辑睦邦交，竭力尽心速成和局，无负朕之委任！钦此。其倭敕书全文：朕帝国为维持东洋全局和平，回复大清国重结和好，兹以最信任之内阁总理大臣从二位勋一等伯爵伊藤博文、外务大臣从二位勋一等子爵陆奥宗光皆才能明敏，爰命为全权办理大臣，与大清国全权委员会同协议，便宜行事，缔结媾和预定条约，并予以记名调印全权。其所议定各条项，候朕亲加检阅；果真妥善，后即批准云）；其外务卿陆奥宗光复以函手致我使臣，询我敕书曾否载明使臣便宜行事，能否专主，毋须电请裁决（原函谓：本大臣等奉我国天皇陛下敕书载明：一切条规，准令便宜行事，毋须奏请裁决；是本大臣实有全权也。至贵大臣所执敕书，虽经捧读，其中文义未及深察，将来恐多误会；究竟敕书中曾否载明便宜行事全权字样，贵大臣等能否遇事自专，毋领电请裁决？特先函问云）？明日，荫桓、友濂以实有全权答之（书略谓：本大臣于会议处接贵大臣陆奥氏亲交手函，询问全权。本大臣等所奉敕书，已于会议时互易恭阅，是明授以商议条款便宜画诺之权。和议一成，即可电请大皇帝俞允，约期签字，带归敝国，恭呈御览，再相调换云）。日本终谓我使臣全权不足，非列国议款通例也。是日，复会议于广岛县厅；日人拒甚坚，遂以书告绝荫桓、友濂（正月初八日，伊藤原书略称：清国常以孤立不羁、猜疑刻薄为政，故于敦睦邻邦之道，公明、信实二者盖阙如也。由此而观，足征当日清廷意中并无诚实修睦之心。我政府有鉴于兹，故于清国欲来议和时曾声明所来使臣若无定议全权及一切便宜行事者，断不开议，免劳往返；故有清国所派钦差不可不加以定议和局、签名捺印之权一款。而清国已允恪遵此款，乃两阁下委任之权，殊不完全；足见清廷之意，尚未切于求和。两阁下携带之委任谕旨，与阁下等所应陈、应争之条款，亦不明载，又不与以立草约签名捺印之权；清国皇帝陛下于事后批准，亦未提及一语。然则所委阁下等之权职，不过探听本大臣与陆奥大臣陈述之言，归报贵国政府而已。今易干戈为玉帛，乃至重至大之事；若徒空谈、止成虚约之议，本大臣再不敢闻命。清国果切实求和，其使臣必须委以实在全权；且须择素有硕望之大员当斯重任，与所订立之约章确能保其实践无诈；则我帝国自可允其议和，再不坚却矣）。是役，日人接待我使臣甚傲，且绝其通华密电。及拒会议，荫桓等尚以实有全权固争，且谓文凭中有未备处，可电奏改正。倭弥不允；乃拒送荫桓等长崎（？），始罢议旋沪。

倭之绝荫桓合议也，曾照会驻我、倭美使，谓中国诚派有位望大员畀以全权，仍可随时开议；意盖专指鸿章。固策割膏腴、偿巨款，非鸿章不足肩此任也。方荫桓在倭，倭内阁伊藤博文曾私于参赞伍廷芳，有中堂大可主持和议，贵国何不遣之之语（伊藤私谓廷芳曰：贵国果欲求好乎？抑使诸公来侦虚实乎？廷芳曰：我朝实心求好；若贵国虚实，早已知之，何用侦探！伊藤曰：何以不遣重臣来？因为本大臣愿与贵道为朋友闲谈：请问恭邸何以不可来敝国？廷芳曰：亲王位重，向不出都门；安能渡海来！伊藤曰：然则中堂大可主持和议，贵国何不遣之？廷芳曰：本道今愿与贵大臣做朋友之闲谈：试问中堂如果衔命而来，贵大臣乐与订议否？伊藤曰：中堂如果来，敝国自乐与晋接；唯必须合例之敕书耳。廷芳曰：然则中堂亦须来广岛乎？伊藤曰：中堂年迈，似未便远适异国；以愚见论，其旅顺口乎？此敝国与贵国适中之地，特未知我廷议何如耳）。荫桓归及沪，遂以电告总署。会威海卫、刘公岛相继陷，海军尽覆，款局益急。十九日，以云贵总督王文韶调署直督、北洋大臣，命鸿章为头等全权大臣，与日本商订和约（军机大臣密寄鸿章全文：正月十九日奉上谕：前派张荫桓、邵友濂为全权大臣前往日本会议条款，讵日本意存延宕，借敕书有请旨之语，谓非十足分际，不与开议，送回长崎。迨令田贝再电询问，乃又答云：无论何时可以开商和议，总须中国政府派从前能办大事、威望甚尊、声名素著之员，给予十足责任，约可开办等语。现在倭焰嚣张，畿疆危逼。只此权宜一策，或可解纷纾急；亟谋两害从轻。李鸿章勋绩久著，熟悉中外交涉，为外洋各国所共倾服。今日本来文，隐有所指；朝廷深维至计，此时全权之任，实更无出该大臣右者。李鸿章着赏还翎顶，开复革留处分，并赏还黄马褂，作为头等全权大臣，与日本商订和约。直隶总督、北洋大臣，着王文韶署理。李鸿章着星速来京请训，切毋刻迟；一切筹办事宜，均于召对时详细面陈。该大臣当念时势阽危，既受逾格之恩，宜尽匡躬之义；谅不至别存顾虑，稍涉迟回也！起程日期，着即行电闻，以纾廑注。将此由六百里谕令知之。钦此。遵旨寄信前来云）；鸿章遂入都。其奉使敕文，先由美使田贝电倭议定，并言割地、赔款大略。二月初六日，鸿章复以割地请命，朝廷坚许之（鸿章奏略言：连日据美使田贝函称：日本来电：中国另派大臣议和，除先允偿兵费并朝鲜由其自主外，若无商让土地及办理条约画押之全权，即无庸前往等语；其注意尤在割地。见事机已迫，非此不能开议。当经总理衙门函复美使田贝，以日本电内欲商各节，均有此全权责任；尚未接准复电。顷军机大臣恭亲王等传奉皇上面谕，予臣以商让土地之权；闻命之余，曷胜悚惧。窃以戎狄窥边，古所恒有：唐弃河湟之地，而无损于宪武之中兴；宋有辽、夏之侵，而不失为仁宗之全盛。征以西国近事，普、法之战迭为胜负，即有割让疆场一事，一彼一此。此次日本乘屡胜之势，阅其致美使田贝两电，于兵费及朝鲜自主两节均认为已得之利，而断断争执尤在让地一节。此行事机之迫、关系之重、转圜之难，均在朝廷洞鉴之中；臣自应竭力以图之。倘彼要挟过甚，固不能曲为迁就，以贻后日之忧；亦不敢稍有游移，以速目前之祸。臣俟日本覆电定在何处会议，即行出都取道天津，乘轮东渡；再求面聆训诲，俾有遵循云）；而枢府王大臣亦公请懿旨促鸿章行（公奏略言：敌情叵测，时局阽危。皇上特遣重臣再申和议，而日本屡次延宕，李鸿章尚未成行。臣等伏思倭奴乘胜骄恣，其奢望不可亿计。现在勉就和局，所最注意唯在让地一节；若驳斥不允，则都城之危节在指顾。以今日情势而论，宗社为重、边徼为轻；利害相悬，无烦数计。臣等前日恳请召见，本拟详细面陈；旋奉传说：命臣等恭请谕旨遵办。皇上深维至计，洞烛时宜；今臣等谕知李鸿章，予以商让土地之权，令其斟酌重轻，与倭磋磨定议。昨据美使田贝送到日本复电，定于长门会议。李鸿章自应迅速起程，免致另生枝节云。时美员福世德亦至沪），旋赴天津。初九日，鸿章遂出都。十九日，鸿章挈其子经方并美员福世德、参赞罗丰禄等（参议李经方、参赞道员罗丰禄、马建忠、伍廷芳、医官林联辉、翻译卢永铭、罗庚龄、学生六人、供事一名、差弁九人、跟役厨丁三十八名）自天津乘礼裕、公义轮船（即招商局□□□商轮）东渡。二十三日，抵马关（即长门）。倭人仍以其内阁伊藤博文、外务卿陆奥宗光为全权大臣，俱集马关，以春帆楼为会议所（倭馆鸿章于□□寺）。二十四日，鸿章赴议，互戡敕书，遂将拟请停战英文节略付伊藤博文（此第一次会议）。二十五日，复会议。博文面交复文，要以大沽、天津、山海关为质，驻倭兵，乃停战。反复诘难，博文执愈坚。鸿章谓我为直隶总督，三处皆我辖境，此关我颜面；如东兵不即往攻直隶境土，则不必停战，专议和款。经方亦请限期议和，不停战，唯要定东兵不往攻三处（此为北洋停战权舆）；博文仍难之。鸿章遂请暂缓停战，先议和款；博文乃期以三日要复文（此第二次会议）。鸿章以停战要质甚坚，不可议；乃决计先议和款。二十八日，复会议。鸿章自以复文（华、英文各一分）付博文，博文许以议和条款明日交阅（此第三次会议）。是日鸿章自会议所归，途次中倭刺客（小山丰太郎）枪弹伤颧，创甚；日本国主遣医慰治。警问播欧、亚，议甚沸，倭亦惧。三月初三日，倭听停战不索质，限期议和款（初三日，陆奥宗光来函云：大日本大皇帝因二十八日之忧，抱歉殊深！特谕本大臣等即允停战，无庸苛求，唯须订明日期界域；此系本国前未允行者。贵大臣得便，随时可详订应办各节，以便早立停战条款）。初五日，订停战约：唯奉天、直隶、山东暂止战（南洋各省不在内），以二十五日为限。凡订约六款：

第一款：两国所有在奉天、直隶、山东地方各军，均确照以下停战条款办理。

第二款：两国军队停战期间内，不得互为前进。

第三款：两国前敌军队，停战期内并不添援兵及加一切战斗之力；唯两国分派新兵非遣往前敌助战者，不在此内。

第四款：海上转运兵勇、军需所有战时禁物，仍按公例随时查捕。

第五款：两国政府于此约签订后，限二十一日确照此项停战条约办理。

第六款：此停战条约约明于光绪二十一年三月二十六日，即明治二十八年四月二十日中午十二点钟届满，彼此无须知会。如期内和议决裂，此停战约亦即中止。

初七日，博文、宗光递鸿章缔和条约凡十款：

一、中国认明朝鲜确为独立自主之国。二、将奉天省内南部地方并台湾全岛及澎湖列岛，均割与日本；其地方所有堡垒、军器、工厂及一切属公对象，俱永远割让。三、割让后两国派员画界，限一年后竣事。四、中国赔偿军费库平银三万万两，分五期以三年为度交清。凡未经交付之款，俱按年加每百抽五之息。五、中国所割之地，其地方人民准变卖田产，迁退界外；逾限不迁者，即为日本人民。六、中国直隶顺天府、湖北荆州府沙市、湖南湘潭县、四川重庆府、广西梧州府、江苏苏州府、浙江杭州府俱开为通商口岸，日本皆得派领事官前往驻扎，日本臣民得往来侨寓。上所开各口，其水路可通者，日本轮船皆得驶入搭客运货。其日本入中国各口之子口税，每值百抽二；此外公私有捐，一概豁除。并日本臣民在中国所购土货一经声明保为出口，除不纳子口税外，公私捐亦一概豁除。又日本船所载中国土货运中国通商口岸一经纳口岸通商税钞，除勿庸纳进出口税外，其公私各捐亦一律豁除。且日本臣民在中国内地购中国土货或将进口商货运入内地欲暂行存栈，除不纳税钞、征派一切诸费外，得暂借栈房存货；中国官员，不得干预。而日本臣民在中国输纳税钞及规费，得以日本银元照官价输纳。又日本臣民得在中国任便从事各项工艺制造，又得将各项机器任便装运进口只交新订进口税；其所制造一切货物，即照运入中国商货税则，并沾及寄存栈房之益，一体办理。至享豁除优例，亦莫不从同。其中国黄浦江口吴淞沙滩，中国务速疏浚；虽落潮时，亦须深及二十幅。七、日本军队现住中国境内者，于本约批准交换之后三个月内撤回；但须照下款所订办理。八、日本军队须暂行占守奉天府、威海卫。俟收中国第一、二次赔款之后，撤回奉天军队；至赔款交完之后，撤回威海卫军队。但通商行船约章未经批准交换，日本仍不撤队。而日本军队占守之费，应由中国支办。九、互释俘虏；并中国臣民凡关涉此次交仗获罪者，概予宽贷，中国有司不得逮系。其由日本所还俘虏，中国亦不加虐待。十、本约批准交换日起，按兵息战；限四日议覆。

是日，鸿章两次电告总署，略言日本已将条款出示，其最要者：一、朝鲜自主；二、奉天南边各地、台湾澎湖各岛，均割隶日本；三、赔兵费库平银三百兆两。所欲过奢，恐难成议；请密告英、俄、法三国公使。其第六款商约节目甚繁：若添开口岸北京、沙市、湘潭、重庆、梧州、苏州、〔杭州〕七所，皆各国素所愿望不得者；且要减子口半税为值百抽二，并将一切税钞豁除；又机器进口、改造土货，俱夺我利权。请迅核允驳！或密商赫德，唯令勿告各国公使。总署奏之。十一日，鸿章先复博文、宗光说略，分四大端：一言朝鲜自主，应改日本所拟约文；二言奉天南境难割弃（台湾未言及）；三言赔款三万万非中国力所及；四言通商权利减子口半税、免内地厘洋、货入内地屯栈、机器进口造土货并所造土货入内地免税课诸事，颇碍中国国计民生；俱请更议。越日，伊藤博文复函，谓中国自家为难之处，非彼国所与闻；而要鸿章以按所交和约底稿逐条陈明允驳或更改之处，勿延缓。十五日，鸿章乃按和约稿条复，略如说略意；而允割奉天之安东、宽甸、凤凰城、岫岩四厅州及澎湖列岛诸地，赔库平银一万万两，通商条例一如中西各国成约。时鸿章创已愈，十六日复会议于春帆楼。博文面致尽头约稿，谓其此次节略，中国但允、不允两言而决，无多费时日。仍约十款；视其初送约稿，大端于割地内减去宽甸县地；而赔款减至库平银二万万两，分六期以七年归偿，未偿以先，给息五厘；质地，减奉天省城；而要减子口税及内地厘税与浚长江口拦沙，亦均删去。是日，反复（此第四次会议）互辩；越日，复函辩；传文执甚坚，且限四日答复。二十一日，复会议；仍互辩。博文乃于商约内日本人入内地租栈减去华官不得干预一语，并删以日本银元报关一事；而日本人在华制造货物，限以通商口岸；并言兵费三年偿清，停息；辽河口界线以河心为界及换约后台湾两月交割诸事，遂定议（此第五次会议）。鸿章之议约也，博文历私于经方（十四日事）及参赞伍廷芳（十九日事）。略言彼国武员欲分道攻北京，和议须速成；又言彼广岛兵船三十艘赴大连湾，其小松亲王等明日（指二十日）督队继进，若再商改约款，和议即决裂；且致书鸿章（十九日），言其国索款为尽头一着，唯问中国允不允二字，以示恫吓。鸿章屡电总署，总署不能坚持，许之（二十日总署电鸿章略谓：奉旨：李鸿章十九日三电均悉。十八日所谕各节，原冀争得一分有一分之益；如竟无可商改，即遵前旨与定约。钦此。二十一日，总署又电鸿章：遵旨办理，免延误云。鸿章抵倭后，与倭署互电甚多，不备录）。二十三日，遂互签约稿；展停战期二十一日（以四月十四日为限），约于烟台互换。

约文全稿：

大清帝国大皇帝陛下及大日本帝国大皇帝陛下为订立和约，俾两国及其臣民重修和平，共享幸福，且杜绝将来纷纭之端，大清帝国大皇帝陛下特简大清帝国钦差头等全权大臣太子太傅文华殿大学士北洋通商大臣直隶总督一等肃毅伯爵李鸿章、大清帝国钦差全权大臣二品顶戴前出使大臣李经方、大日本帝国大皇帝陛下特简大日本帝国全权办理大臣内阁总理大臣从二位勋一等伯爵伊藤博文、大日本帝国全权办理大臣外务大臣从二位勋一等子爵陆奥宗光为全权大臣，彼此校阅所奉谕旨，认明均属妥实无阙。会同议定各条款，开列于下：

第一款：中国认明朝鲜国确为完全无缺之独立自主国。故凡有亏损其独立自主体制，即如该国向中国所修贡献典礼等，嗣后全行废绝。

第二款：中国将管理下开地方之权并将该地方所有堡垒、军器、工厂及一切属公对象，永远让与日本。

一、下开划界以内之奉天省南边地方。从鸭绿江口溯该江抵安平河口，又从该河口划至凤凰城、海城及营口而止，画成折线以南地方；所有前开各城市邑，皆包括在划界线内。该线抵营口之辽河后，即顺流至海口止，彼此以河中心为分界。辽东湾东岸及黄海北岸在奉天所属诸岛屿，亦一并在所让界内。

二、台湾全岛及所有附属各岛屿。

三、澎湖列岛。即英国格林尼次东经百十九度起、至百二十度止及北纬二十三度起、至二十四度之间诸岛屿。

第三款：前款所载及黏附本约之地图所划疆界，俟本约批准互换之后，两国应各选派官员二名以上为公同划定疆界委员，就地踏勘确定划界。若遇本约所约疆界于地形或地理所关有碍难不便等情，各该委员等当妥为参酌更定。各该委员等当从速办理界务，以期奉委之后限一年竣事。但遇各该委员等有所更定画界，两国政府未经认准以前，应据本约所定画界为正。

第四款：中国约将库平银二万万两交与日本，作为赔偿军费。该款分作八次交完：第一次五千万两，应在本约批准互换六个月内交清；第二次五千万两，应于本约批准互换后十二个月内交清；余款平分六次，递年交纳；其法列下：第一次平分递年之款于两年内交清，第二次于三年内交清，第三次于四年内交清，第四次于五年内交清，第五次于六年内交清，第六次于七年内交清；其年分均以本约批准互换之后起算。又第一次赔款交清后，未经交完之款应按年加每百抽五之息；但无论何时将应赔之款或全数或几分先期交清，均听中国之便。如从条约批准互换之日起三年之内能全数清还，除将已付利息或两年半或不及两年半于应付本银扣还外，余仍全数免息。

第五款：本约批准互换之后限二年之内，日本准中国让与地方人民愿迁居让与地方之外者，任便变卖所有产业，退去界外。但限满之后尚未迁徙者，酌宜视为日本臣民。又，台湾一省应于本约批准互换后，两国立即各派大员至台湾限于本约批准后两个月内交接清楚。

第六款：中日两国所有约章，因此次失和自属废绝。中国约俟本约批准互换之后，速派全权大臣与日本所派全权大臣会同订立通商行船条约及陆路通商章程；其两国新订约章，应以中国与泰西各国见行约章为本。又，本国批准互换之日起、新订约章未经实行之前，所有日本政府官吏臣民及商业、工艺、行船船只、陆路通商等，与中国最为优待之国礼遇护视一律无异。中国约将下开让与各款，从两国全权大臣画押盖印日起，六个月后方可照办。

第一，现今中国已开通商口岸以外，应准添设下开各处，立为通商口岸；以便日本臣民往来侨寓、从事商业工艺制作。所有添设口岸，均照向开通商海口或向开内地镇市章程一体办理；应得优例及利益等，亦当一律享受：一、湖北省荆州府沙市，二、四川省重庆府，三、江苏省苏州府，四、浙江省杭州府。日本政府得派遣领事官于前开各口驻扎。

第二，日本轮船得驶入下开各口附搭行客、装运货物：一、从湖北省宜昌溯长江以至四川省重庆府，二、从上海驶进吴淞江及运河以至苏州府、杭州府。中日两国未经商定行船章程以前，上开各口行船务依外国船只驶入中国内地水路现行章程照行。

第三，日本臣民在中国内地购买经工货件若自生之物、或将进口商货运往内地之时欲暂行存栈，除毋庸输纳税钞、派征一切诸费外，得暂租栈房存货。

第四，日本臣民得在中国通商口岸、城邑任便从事各项工艺制造；又得将各项机器任便装运进口，只交所订进口税。日本臣民在中国制造一切货物，其于内地运送税、内地税钞课杂派以及中国内地沾及寄存栈房之益，即照日本臣民运入中国之货物一体办理；至应享优例豁除，亦莫不相同。嗣后如有因以上加让之事应增章程条规，即载入本款所称之行船通商条约内。

第七款：日本军队现驻中国境内者，应于本约批准互换之后三个月内撤回；但须照次款所定办理。

第八款：中国为保明认真实行约内所订各款，听允日本军队暂占守山东省威海卫。又，于中国将本约所订第一、第二两次赔款交清、通商行船约章亦经批准互换之后，中国政府与日本政府确定周全妥善办法，将通商口岸关税作为剩款并息之抵押，日本可允撤回军队。倘中国政府不即确定抵押办法，则未经交清末次赔款之前，日本应不允撤回军队；但通商行船约章未经批准互换以前，虽交清赔款，日本仍不撤回军队。

第九款：本约批准互换之后，两国应将是时所有俘虏尽数交还。中国约将由日本所还俘虏并不加以虐待若或置于罪戾；中国约将认为军事间谍或被嫌逮系之日本臣民，即行释放。并约此次交仗之所有关涉日本军队之中国臣民，概予宽贷；且饬有司，不得擅为逮系。

第十款：本约批准互换日起，应按兵息战。

第十一款：自本约奉大清帝国大皇帝陛下及大日本帝国大皇帝陛下批准之后，定于光绪二十一年四月十四日，即日本明治二十八年五月初八日在烟台互换。

为此，两国全权大臣署名盖印，以昭信守。

大清帝国钦差全权大臣太子太傅文华殿大学士北洋通商大臣

直隶总督一等肃毅伯爵李鸿章（押印）。

大清帝国钦差全权大臣二品顶戴前出使大臣李经方（押印）。

大日本帝国全权办理大臣内阁总理大臣从二位勋一等伯爵伊藤博文（押印）。

大日本帝国全权办理大臣外务大臣从二位勋一等子爵陆奥宗光（押印）。

光绪二十一年三月二十三日、明治二十八年四月十七日订于下之关（缮写两份）。

鸿章乃旋天津，称病不入都（鸿章驻津者凡□□日。及□月□□日始入京）；而遣美员福世德、参赞伍廷芳赍和约一（全文见前）、专条一（大清帝国大皇帝陛下政府及大日本帝国大皇帝陛下政府为预防本日署名盖印之和约日后有误会以生疑义，两国所派全权大臣会同议订下开各款：第一，彼此约明：本日署名盖印之和约添备英文，与该约日本正文、汉正文校对无讹。第二，彼此约明：日后设有两国各执日本正文或汉正文有所辩论，即以上开英文约本为凭，以免舛错而昭公允。第三，彼此约明：将议订专条与本日署名盖印之和约一齐送交各本国政府，而本日署名盖印之和约请御笔批准之时，此议订各款无须另请御笔批准；亦认为两国政府所允准，各无异论。为此，两国全权大臣欲立文凭，各行署名盖印，以照确实。衔名押印同正约）、附约一（第一款：遵和约第八款所订暂为驻守威海卫之日本国军队，应不越一旅团之多；所有暂行驻守需费，中国自本约批准互换日起，每一周年届期，贴交四分之一库平银五十万两。第二款：在威海卫应将刘公岛及威海卫口湾沿岸照日本国里法五里以内地方、约合中国四十里以内，为日本国军队驻守之区。在距上开划界照日本国里法五里以内地方无论其为何处，中国军队不宜逼近或驻扎，以杜生衅之端。第三款：日本国军队所驻地方治理之务，仍归中国官员管理。但遇日本国军队司令官为军队卫养、安宁、军纪及分布管理等事，其必须施行之处，一经出示颁行，则于中国官员亦当责守。日本国军队在驻守之地，凡有犯关涉军务之罪，均归日本国军务官审断办理。此附约所定条款，与加载和约其效悉为相同。为此，两国全权大臣署名盖印，以昭信守。衔名押印同正约）、停战条款一（大略同前）、停战展期专条一（第一款：光绪二十一年三月初五日，即明治二十八年三月三十日订约停战，从此签订日起，得更展二十一日。第二款：此约所订停战，于光绪二十一年四月十四日，即明治二十八年五月八日夜十二点钟届满，彼此无须知照；如在期内两帝国政府无论彼此不允批准和约，均毋庸告知，即将此约作为废止。为此，两帝国全权大臣欲立文据，即行署名盖印，印照确实。衔名押印同正约）入都。方荫桓既归、鸿章未发、朝命三品以上大员议和战；迨割地议起，朝野忧愤，台湾臣民争尤力。未几，鸿章成约归，割地、赔款、商利均从倭意；方称疾翱翔天津；于是京朝官之封章、疆臣之电奏凡百十上，会试公车在都者亦腾章力阻。朝意颇为动，令鸿章改议；鸿章不从（三月二十八日，鸿章电总署略称：来电敬悉。台多乱民，倘官为唆怂，徒滋口舌，贻累国家。俄、法、德各向日本理论，不允新约；想该驻使等已告知。何日复信，乞察示！倭催批准互换，或虑及此。倭甚倔强，非三国动兵，恐不肯听；若互换愆期，则责言及我，兵争又至，望慎筹之云。二十九日，又电总署云：赔款一事，鸿实已舌敝唇焦，磨到尽头处；伊藤两次函催，系哀的美敦书，谓无可商、无可改。鸿未敢擅允，迭经请旨定夺；旋奉十九、二十日两次电旨，饬即与之订约。若尔时早令分十五年归还，展宽年限、免入息银；亦必与伊等面议。如不允，即决裂西归，亦不辱命。今既遵旨定约，复令原使臣改议电商，彼必不允；和约既成，不可悔。应请简派重臣，候换约时与商，或有济。鸿病莫能兴，断难往烟台；且不可以一口说两样话，徒为外人訾笑。请代奏云），而军机大臣孙毓汶、徐用仪实主之。时中日和局，美国居介绍，英人依违其间，实阴袒倭；而俄、法、德三国恶倭人之攘我土地，法甚其索台湾，俄怒其据辽东，而俄阻尤力。四月朔，三国驻俄公使公阻其据辽东，送以公文致日本外务府；而俄舰队东来甚伙，分泊日本长崎及我辽海。日本畏之，初十日许以辽东归我。三国公使遂照会我总署：辽东地不毕归，毋批准换约。会我中外诸臣亦连章阻款议，朝廷意犹豫。乃鸿章遣伍廷芳迎驻津倭领事于大沽，密令其速电东京促我换约；而毓汶等亦以属驻我新倭使林董于京师，于是求御宝换约益急。上乃命王文韶、刘坤一议决和战；文韶等奏颇依违，且告海啸成灾（文韶奏略称：钦奉初一日电旨，以和、战两事饬臣与刘坤一各抒所见，据实直陈等因，钦此。臣唯旨意，以不和即战。计及沈阳、京师两地重大所关，务筹万全。臣在津言津，如提督聂士成、总兵吴宏洛、章高元、陈凤楼等军声气联络，必可一战；其榆关以迄辽、沈各路军营是否可靠，臣实不敢臆断。见在军事可胜、不可败，势成孤注，与未经议约以前不同。事关全局安危，应请饬下军机大臣、督办军务处、总理衙门通盘筹议，请旨定夺。臣与刘坤一昨至唐山晤商一切，意见大略相同；合并声明。再，初四日大风雨，天津南北路线俱断；谨另折由驿六百里驰陈云），和议遂决。乃以道员伍廷芳、联芳为换约使，赴烟台。十四日，倭换约使伊东美久治乘其兵舰八重山抵烟；语及更易割辽条约，谓未奉其国命，马关约不可改；持不下。时俄舰泊烟台港内者凡十舰，皆整衣理械、卸舱面碍战诸物，若即开战状；美久治大恐，鸿章等亦惶惧。旋得倭电从归辽议，夜午竟换约。是役也，倭人已允展换约期七日；而鸿章转促之。盖我使臣王之春（赴俄祭吊并贺新君即位专使）自俄归，道出法京巴黎，法方自憾其阻台湾之割而不得也，之春乘机说之，以台湾质诸法；法已许价□万万佛郎，其土地财货归法，而海关仍归我，凡质□□年任我赎还（是议我南洋实主之）。议垂成，法人谓其猝不及接收，已自电其驻倭公使，为我请诸倭展议约限七日，倭人亦允之。而我驻使龚照瑗侦知之，慗之春之独有其功也，遂急电鸿章；鸿章怙其弃台湾之成议也，遽报毓汶、且急电伊藤博文，故烟台换约亟以夜成，法议遂解。闻者惜之。

款局既定，给美员福世德薪劳十五万员。二十五日，派鸿章之子经方为割台湾使，辅以福世德；倭亦以其酋桦山资纪为"台湾总督"，经方乃即倭舶中交割。

于时倭队尚据辽东，俄、法、德三国诘之；倭乃索我赎费库平银一万万两，徐减及五千万两。八月下旬，三国公断以三千万两赎辽东，倭人听之；而要以赎价毕偿后三月兵乃撤。朝廷乃复派鸿章与倭使林董议还辽约，林董要我四款（一、中偿日银三千万两。二、俄、法、德永不得占东三省；华亦不割让。三、许日在大连湾任便通商。四、大东沟及大孤山俱开商埠）；不果议。九月四日，三国复责倭速撤辽东兵，还辽议乃定。二十二日，互换还辽约于京师；凡七款：

大清国大皇帝陛下、大日本国大皇帝陛下欲缔结条约，由日本交还奉天省南边地方，一切仍归中国管理。大清国大皇帝陛下特简大清国某官、大日本国大皇帝陛下特简大日本国某官，均作为全权大臣，互示所奉文凭妥当；议定各条，开列于下：

第一款：日本国自愿将光绪二十一年三月二十三日、即明治二十八年四月十七日订立之关和约第二款中国让与日本国管理之奉天省南边地方原画疆界地图，从鸭绿江口抵安平河口至凤凰城、海城及营口而止以南各城市邑以及辽东湾东岸、黄海北岸奉天所属诸岛屿，均永远交还中国，以后与日本无涉。因此将原约第三款并重订之各路通商章程之事，作为罢论。

第二款：中国为报酬交还奉天省南边地方，允给银三千万两；迫于光绪二十一年九月二十二日、即明治二十八年十一月初八日交与日本国政府。

第三款：中国允将第二款所开之酬款银三千万两交与日本国政府，自订立本约之日起三个月以内，日本军队从该交还地方一律撤回。又，自本约署自盖印之日起，该交还各地方内所有衙署、公所、工厂、船坞及一切属公对象，日本文武军队不得毁坏、搬迁，并俟某处城镇军队撤回时，由日本全权公使按约知照中国政府转饬中国收地印委各员验收。

第四款：中国约日本国军队占踞之间，所有关涉该国军队之中国臣民概予宽贷；并饬有司，不得擅为逮系。

第五款：中国倘不将本约第二款所开之酬款迫于光绪二十一年九月三十日、即明治二十八年十一月十六日交与日本国政府，其仍占踞交还地方之日本国军队需费全数，均归中国政府算给。倘款已照付，日本军队尚未如期一律撤回，应由日本代认三个月五厘息银。

第六款：本约缮写汉文、日本文及英文各二份，校对无讹，署名盖印；汉文与日本文遇有解释字义不同之处，以英文为凭。

第七款：俟本约钦奉大清国大皇帝、大日本国大皇帝批准，自署名盖印之日起二十一日内在北京互换。

为此，两国全权大臣署名盖印，以昭信守。

光绪二十一年九月二十二日、明治二十八年十一月初八日订于北京。

遂先输赎辽费银三千万两。十月，倭乃撤兵，奉南七州县诸城邑始归我，为款局之终（商约及行船章程订于明年六月、租界约订于明年九月；兹不备录）。

是役款议成，割膏腴（台湾全省并澎湖列岛）、偿巨款（其赔费银二万三千万两，其我国自用兵费及赔款息银不在内）；商利之失，尤为无穷漏卮。而辽东之归，俄、法、德三国方责报于我。于是俄西伯里利亚铁路经我黑龙江而达海参崴，法南安铁道逾我镇南关而达广西之龙州，德因展租界于我通商各埠；而我云南边地以让界于法遂让界于英，且开广东西江通商埠，直达广西之梧州。膏血竭于内、边防堕于外，岌岌不可终日。说者谓中国泰否通塞之机，或决于是云。

（姚锡光：《东方兵事纪略》，光绪丁酉刊于武昌）

中日《马关条约》[1]

讲和条约

大清帝国大皇帝陛下及大日本帝国大皇帝陛下为订定和约，俾两国及其臣民重修平和，共享幸福，且杜绝将来纷纭之端。

大清帝国大皇帝陛下特简大清帝国钦差头等全权大臣太子太傅文华殿大学士北洋通商大臣直隶总督一等肃毅伯爵李鸿章，大清帝国钦差全权大臣二品顶戴前出使大臣李经方；大日本帝国大皇帝陛下特简大日本帝国全权办理大臣内阁总理大臣从二位勋一等伯爵伊藤博文，大日本帝国全权办理大臣外务大臣从二位勋一等子爵陆奥宗光为全权大臣。

彼此较阅所奉谕旨，认明均属妥善无阙，会同议定各条款，开列于下：

第一款　中国认明朝鲜国确为完全无缺之独立自主，故凡有亏损独立自主体制，即如该国向中国所修贡献典礼等，嗣后全行废绝。

第二款　中国将管理下开地方之权并将该地方所有堡垒、军器工厂及一切属公物件，永远让与日本：

一、下开划界以内之奉天省南边地方，从鸭绿江口溯该江以抵安平河口，又从该河口划至凤凰城、海城及营口而止，画成折线，以南地方，所有前开各城市邑皆包括在划界线内，该线抵营口之辽河后，即顺流至海口止，彼此以河中心为分界。辽东湾东

---

[1] 1895年4月17日，中日两国全权大臣于日本马关春帆楼签订了给中国带来奇耻大辱的《马关条约》。共计讲和条约十一款，另约三款，议订专条三款，停战展期专条二款。《马关条约》日文版原文可参见中田敬义：《日清媾和记录》，伊藤博文：《秘书类纂27·杂纂其四》，东京：原书房昭和四十五年版。

岸及黄海北岸在奉天省所属诸岛屿，亦一并在所让境内。

二、台湾全岛及所有附属各岛屿。

三、澎湖列岛，即英国格林尼次东经百十九度起至百二十度止，及北纬二十三度起至二十四度之间诸岛屿。

第三款　前款所载及粘附本约之地图所划疆界，俟本约批准互换之后，两国应各选派官员二名以上，为会同划定疆界委员，就地踏勘，确定划界。若遇本约所订疆界，于地形或治理所关有碍难不便等情，各该委员等当妥为参酌更定。

各该委员等当从速办理界务，以期奉委之后，限一年竣事。但遇各该委员等有所更定划界，两国政府未经认准以前，应据本约所定划界为正。

第四款　中国约将库平银二万万两交与日本，作为赔偿军费。该款分作八次交完。第一次五千万两，应在本约批准互换后六个月内交清，第二次五千万两，应在本约批准互换后十二个月内交清。余款平分六次递年交纳，其法列下：第一次平分递年之款，于两年内交清，第二次于三年内交清，第三次于四年内交清，第四次于五年内交清，第五次于六年内交清，第六次于七年内交清，其年分均以本约批准互换之后起算。又第一次赔款交清后，未经交完之款应按年加每百抽五之息。但无论何时，将应赔之款或全数、或几分，先期交清，均听中国之便。如从条约批准互换之日起，三年之内，能全数清还，除将已付利息或两年半、或不及两年半，于应付本银扣还外，余仍全数免息。

第五款　本约批准互换之后，限二年之内，日本准中国让与地方人民愿迁居让与地方之外者，任便变卖所有产业，退去界外。但限满之后尚未迁徙者，酌宜视为日本臣民。

又台湾一省，应于本约批准互换后，两国立即各派大员至台湾，限于本约批准互换后两个月内，交接清楚。

第六款　中、日两国所有约章，因此次失和，自属废绝。中国约候本约批准互换之后，速派全权大臣与日本所派全权大臣会同订立通商行船条约及陆路通商章程。其两国新订约章，应以中国与泰西各国现行约章为本。又本约批准互换之日起，新订约章未经实行之前，所有日本政府官吏、臣民及商业工艺、行船船只、陆路通商等，与中国最为优待之国礼遇护视，一律无异。

中国约将下开让与各款，从两国全权大臣画押盖印日起，六个月后方可照办：

第一，现今中国已开通商口岸之外，应准添设下开各处，立为通商口岸，以便日本臣民往来侨寓，从事商业、工艺、制作。所有添设口岸均照向开通商海口或向开内地镇市章程一体办理，应得优例及利益等，亦当一律享受：

一、湖北省荆州府沙市。

二、四川省重庆府。

三、江苏省苏州府。

四、浙江省杭州府。

日本政府得派遣领事官于前开各口驻扎。

第二，日本轮船得驶入下开各口，附搭行客，装运货物：

一、从湖北省宜昌溯长江以至四川省重庆府。

二、从上海驶进吴淞江及运河以至苏州府、杭州府。

中日两国未经商定行船章程以前，上开各口行船，务依外国船只驶入中国内地水路现行章程照行。

第三，日本臣民在中国内地购买经工货件，若自生之物，或将进口商货运往内地之时，欲暂行存栈，除毋庸输纳税钞派征一切诸费外，得暂租栈房存货。

第四，日本臣民得在中国通商口岸城邑，任便从事各项工艺制造，又得将各项机器任便装运进口，只交所订进口税。

日本臣民在中国制造一切货物，其余内地运送税、内地税、钞课、杂派以及在中国内地沾及寄存栈房之益，即照日本臣民运入中国之货物一体办理，至应享优例豁除，亦莫不相同。

嗣后如有因以上加护之事应增章程、规条，即载入本款所称之行船通商条约内。

第七款　日本军队现驻中国境内者，应于本约批准互换之后三个月内撤回，但须照次款所定办理。

第八款　中国为保明认真实行约内所订条款，听允日本军队暂行占守山东省威海卫。又于中国将本约所订第一、第二两次赔款交清，通商行船约章亦经批准互换之后，中国政府与日本政府确定周全妥善办法，将通商口岸关税作为剩款并息之抵押。日本可允撤回军队。倘中国政府不即确定抵押办法，则未经交清末次赔款之前，日本应不允撤回军队。但通商行船约章未经批准互换以前，虽交清赔款，日本仍不撤回军队。

第九款　本约批准互换之后，两国应将是时所有俘虏尽数交还，中国约将由日本所还俘虏，并不加以虐待，若或置于罪戾。

中国约将认为军事间谍或被嫌逮系之日本臣民，即行释放。并约此次交仗之间，所有关涉日本军队之中国臣民，概予宽贷，并饬有司不得为逮系。

第十款　本约批准互换日起应按兵息战。

第十一款　本约奉大清帝国大皇帝陛下及大日本帝国大皇帝陛下批准之后，定于光绪二十一年四月十四日，即明治二十八年五月初八日，在烟台互换。

为此，两国全权大臣署名盖印，以昭信守。

大清帝国钦差头等全权大臣太子太傅文华殿大学士北洋通商大臣直隶总督一等肃毅伯爵李鸿章

大清帝国钦差全权大臣二品顶戴前出使大臣李经方

大日本帝国全权办理大臣内阁总理大臣从二位勋一等伯爵伊藤博文

大日本帝国全权办理大臣外务大臣从二位勋一等子爵陆奥宗光

光绪二十一年三月二十三日，明治二十八年四月十七日，订于下之关，缮写两份。

议订专条

大清帝国大皇帝陛下政府及大日本帝国大皇帝陛下政府，为预防本日署名盖印之和约日后互有误会，以生疑义，两国所派全权大臣会同议订下开各款：

第一，彼此约明，本日署名盖印之和约，添备英文，与该约汉正文、日本正文校对无讹。

第二，彼此约明，日后设有两国各执汉正文或日本正文有所辩论，即以上开英文约本为凭，以免舛错，而昭公允。

第三，彼此约明，将该议订专条，与本日署名盖印之和约一齐送交各本国政府，而本日署名盖印之和约请御笔批准，此议订各款无须另请御笔批准，亦认为两国政府所允准，各无异论。

为此，两帝国全权大臣欲立文凭，各行署名盖印，以昭确实。

大清帝国钦差头等全权大臣太子太傅文华殿大学士北洋通商大臣直隶总督一等肃毅伯爵李鸿章

大清帝国钦差全权大臣二品顶戴前出使大臣李经方

大日本帝国全权办理大臣内阁总理大臣从二位勋一等伯爵伊藤博文

大日本帝国全权办理大臣外务大臣从二位勋一等子爵陆奥宗光

光绪二十一年三月二十三日，明治二十八年四月十七日，订于下之关，缮写两份。

另约

第一款　遵和约第八款所订暂为驻守威海卫之日本国军队，应不越一旅团之多，所有暂行驻守需费，中国自本约批准互换之日起，每一周年届满，贴交四分之一，库平银五十万两。

第二款　在威海卫应将刘公岛及威海卫口湾沿岸，照日本国里法五里以内地方，约合中国四十里以内，为日本国军队驻守之区。

在距上开划界，照日本国里法五里以内地方，无论其为何处，中国军队不宜逼近或驻扎，以杜生衅之端。

第三款　日本国军队所驻地方治理之务，仍归中国官员管理。但遇有日本国军队司令官为军队卫养、安宁、军纪及分布管理等事必须施行之处，一经出示颁行，则于中国官员亦当责守。

在日本国军队驻守之地，凡有犯关涉军务之罪，均归日本国军务官审断办理。

此另约所定条款，与载入和约其效悉为相同。为此两国全权大臣署名盖印，以昭信守。

大清帝国钦差头等全权大臣太子太傅文华殿大学士北洋通商大臣直隶总督一等肃毅伯爵李鸿章

大清帝国钦差全权大臣二品顶戴前出使大臣李经方

大日本帝国全权办理大臣内阁总理大臣从二位勋一等伯爵伊藤博文

大日本帝国全权办理大臣外务大臣从二位勋一等子爵陆奥宗光

光绪二十一年三月二十三日，明治二十八年四月十七日，订于下之关，缮写两份。

停战展期专条

大清帝国大皇帝陛下所简大清帝国钦差头等全权大臣太子太傅文华殿大学士北洋通商大臣直隶总督一等肃毅伯爵李鸿章，大清帝国钦差全权大臣二品顶戴前出使大臣李经方；大日本帝国大皇帝陛下所简大日本帝国全权办理大臣内阁总理大臣从二位勋一等伯爵伊藤博文，大日本帝国全权办理大臣外务大臣从二位勋一等子爵陆奥宗光，会同订立和约，即妥行批准互换无碍，为此议定下开各款：

第一款　光绪二十一年二月初五日，即明治二十八年三月三十日，订约停战，从此约签订日起，得更展二十一日。

第二款　此约所订停战，于光绪二十一年四月十四日，即明治二十八年五月八日，夜十二点钟届满，彼此无须知照。如在期内，两帝国政府无论彼此不允批准和约，毋庸告知，即将此约作为废止。

为此，两帝国全权大臣欲立文据，即行署名盖印，以昭确实。

大清帝国钦差头等全权大臣太子太傅文华殿大学士北洋通商大臣直隶总督一等肃毅伯爵李鸿章

大清帝国钦差全权大臣二品顶戴前出使大臣李经方

大日本帝国全权办理大臣内阁总理大臣从二位勋一等伯爵伊藤博文

　　大日本帝国全权办理大臣外务大臣从二位勋一等子爵陆奥宗光

　　光绪二十一年三月二十三日，明治二十八年四月十七日，订于下之关，缮写两份。

　　[〔美〕林乐知编译，蔡尔康纂辑：《中东战纪本末》（一），台北：广文书局1972年版；阙名编：《中日议和纪略》，台北：文海出版社1975年版]

講和條約

光緒二十一年三月二十三日在日本馬關簽押條約

大清帝國

大皇帝陛下及

大日本帝國

大皇帝陛下為訂定和約俾兩國及其臣民重修平和共享幸福且杜絕將來紛紜之端

大清帝國

大皇帝陛下特簡

大清帝國欽差頭等全權大臣太子太傅文華殿大學士北洋通商大臣直隸總督一等肅毅伯爵李鴻章

大清帝國欽差全權大臣二品頂戴前出使大臣李經方

"中国将管理下开地方之权并将该地方所有堡垒、军器工厂及一切属公物件，永远让与日本"，图为《马关条约》中文件

选自阙名编：《中日议和纪略》，台北：文海出版社 1975 年版

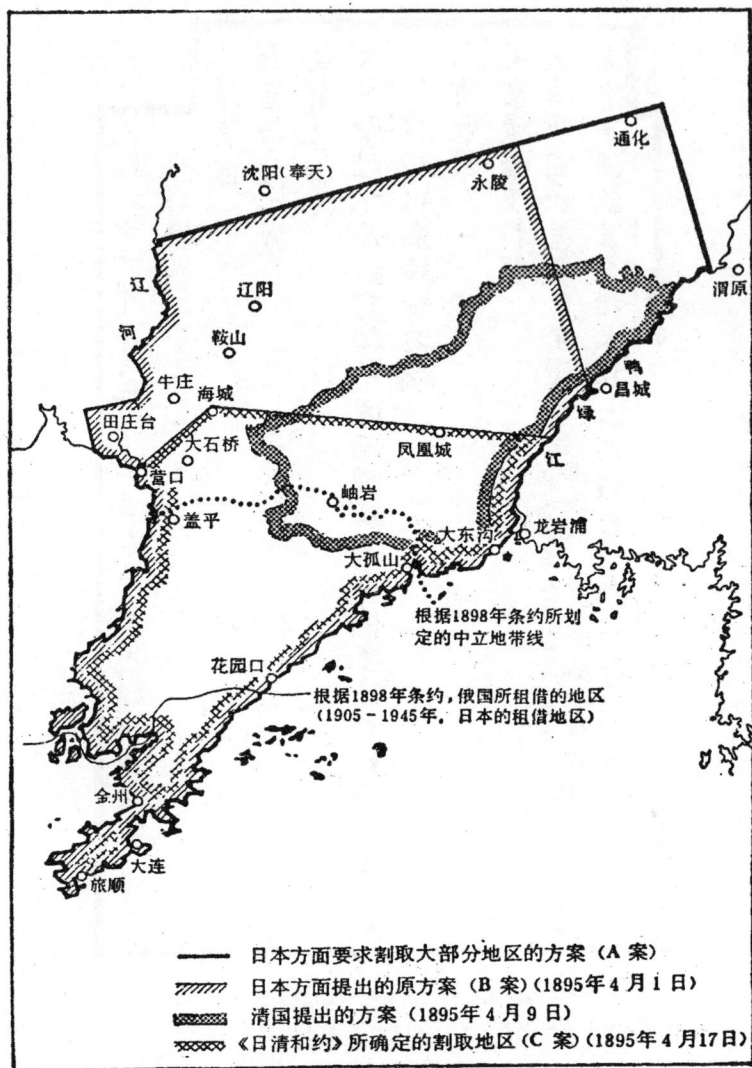

马关谈判中关于割让辽东疆域的方案变化图

图片选自〔日〕藤村道生著，米庆余译：《日清战争》，上海译文出版社1981年版

广岛问答

電報

●媾和使節の宇品上陸

三十一日〔廣島特發〕

媾和使の一行を載せたる尾張丸ハ今ヤ午前九時宇品に着せり、外交官ハ一人も出迎はず園田宇品兵站監寺田兵站副長、大本營附志波少尉本艦に赴きて問會す

午前十時五十分頃、邵を始め二十餘名の隨員、張を先にして宇品に上陸せり井上秘書官、〇友瀬友〇氏先づ吉川支店に入り熱茶を〇し休憩せり十五刃にて此處を發するより先ず北館にてn心得違の者をあつめて使節の御取扱若くあらんことを嚴しく〇戒〇し此地に在る憲兵警邏數十名巡査百餘名及び多數の憲兵を繰出し宇品より旅館まで道路を警衛せり

一行ハ人力車にて十一時半和園に入り夫よりフオスター氏の秘書官〔ヘンダルソン氏及び一名の支那通辨と共に其旅館芳野方に行く暫くして他の隨員廿二名を上陸し十二時半和園に着し各自部屋に分つ邵n風采揚れり一行總て四十九名邵n風采揚らず顏色蒼然として居たり〇邵に就くが如う〇るも憲兵甚だ嚴格なる爲めか、見物人n道路に充溢したれども靜肅なりり

●媾和使の旅館と資格

三十一日〔廣島特發〕

媾和使節邵及び隨員十餘名n午後三時和園を出で〇〇に入れり張邵二氏とも此に宿すとなれり又一行の荷物n荷車三十八臺に及び食器道具一式を裝したり〇邵n正副使の別ある如くなりしが今聞く所にては兩人とも全權大臣にて差別なしと云へり

媾和使張蔭桓、邵友濂等一行在宇品登陸（《东京朝日新闻》明治廿八年二月二日二版）

中国媾和使节会谈纪要[1]

第一次会谈

（一八九五年二月一日）

第一次会谈系于〔一八九五年〕二月一日在广岛县署楼上接待室举行。我方出席者为全权办理大臣伯爵伊藤博文、子爵陆奥宗光、内阁书记官长伊东巳代治、外务书记官井上胜之助、外务大臣秘书官中田敬义、外务省翻译官陆奥广吉。中国方面为钦差全权大臣张荫桓、邵友濂，参赞官伍廷芳、瑞良、梁诚，翻译官罗庚龄。张、邵两全权大臣等人于午前十一时到署，暂在另室休憩，后由井上外务书记官引领进入接待室。伊藤办理大臣等已先在座，及张、邵等人入室，乃互作握手礼。列席官经介绍后，均一同入座。此时已较规定时间过了十分钟左右。其会谈要旨如下：

伊藤伯爵：（用日本语说）今天首先进行互换全权委任状。

有谁做翻译？

（此时罗庚龄起座往前来，说：本职可做翻译。）

---

[1] 在举世皆知的马关谈判之前，1895年2月1、2日，中日分别举行两次"广岛会谈"。其间问答实况可见于伊藤博文的《秘书类纂27·杂纂其四·中国媾和使节会谈纪要》，原书房昭和四十五年版。译文见邵循正等编的《中日战争》第7册，新知识出版社1956年版。亦可见张荫桓、邵友濂的奏报《使日张荫桓邵友濂奏奉国书至广岛日以使权不足不能开议回沪钞呈廷敕书及问答电》（《清季外交史料》卷一〇六），本辑一并录入。

张：国书现已带来。

伊藤伯爵：那么，请先一看。

（此时将用黄绢包裹的卷形的文书置于桌上，请伊藤伯爵一览，伯爵立即翻阅，后仍置桌上。与此同时，陆奥子爵亦出一书，告以此系我皇帝陛下所赐与余等的全权委任状，向罗庚龄问道："台端能加翻译否？"罗答："可以。"陆奥子爵说："并且也有英文的译文。"伊藤伯爵乃取英文译文以示伍廷芳）

伊藤伯爵：（指彼所谓国书）这就是全权委任状吗？

张：（由伍代说，以下大概如此）是国书，就是 Credential……昨日所赐尊函二封已收到，当时并收到了贵全权委任状的誊本，已各做了答复。（此中在伍有些误解，经罗以日本语翻译后，判明所谓两封公文，一封是任命的通知，其他一封是关于本日两国全权大臣举行会晤交换委任状的通知。）

伊藤伯爵：贵国的全权委任状究竟如何？现在所看到的不是说是国书吗？

张：全权委任是包含在国书里面。

陆奥子爵：（张的话刚一完立即就说）在这个全权委任状之外，尚做了觉书，请对此速予回答。

伊藤伯爵：（向张和伍说）贵国没有遵照近来国际法的惯例，因为国书和委任状是有区别的，而不是同样的东西。所谓国书是在邦交继续存在的时候，由一国帝王向其他的帝王派遣使臣时，为 Accredit〔委派〕用的，是指在该国帝王准许谒见时所捧呈的东西而言；至于对某一特殊的事件，在特殊场合所用的 Full power〔全权〕则与通常亲和国之间所应用的国书，其性质完全不同。若是阁下在亲和时期来驻我国，则当然应携带 Credential，但今天两国正在交战中，阁下既然是为了特殊的目的，带着特殊的任命前来，那么，就有提出特殊的委任的必要。

张：阁下前以特派大使身份前来我国时，记得也是携带了国书，另外还携带了全权委任状吗?

伊藤伯爵:原来是国书和全权委任状两样全携带了的;当时本打算在北京拜谒时捧呈国书,但因皇帝幼龄的缘故,竟没赐谒见,我颇感遗憾,乃将原件带回;当回到天津,和到了天津的李中堂举行会谈时,是互阅了全权委任状,然后才开始谈判的。昨天曾经预先通知在今天开头第一件事是交换全权委任状,就是为了不要发生像这样错误的事。

伍:但是,因为国书中已有全权委任的事,所以考虑不需要另外的委任状了。

伊藤伯爵:前已说过,无论国书中包含意义如何,国书是在亲和国之间所用的,不是像今天两国间亲和已经破裂,为了特殊的目的而特派使臣所应携带的东西,所以对这次的使命,不可不互换特殊的全权委任状。

(此时张、伍互相作私语)

张:原来考虑只要有国书就够了,如一定要有全权委任状的话,可到旅馆去取去,本已准备了的,因未想到此事,所以现在没有带来。

(此时得伊藤伯爵许诺后,梁诚赴洗心楼旅馆去取委任状,暂时转为杂谈。)

伊藤伯爵(对伍说):为了不使有这样不妥当的事,昨天还特别用书面作了通知……

伍:实因我没有和全权大臣同宿一处,所以昨天贵函送来的事,我在到此地以前还不知道。想是我全权大臣等以为有国书就十分够了。

(四五分钟时间双方无语)

伍:前在天津拜别后,您一向都好吗?

伊藤伯爵:(一面微笑吹烟)幸尚健在。(仍吸烟如故)李中堂以后健康吗?李氏多大年纪了?

伍:(点头说)李中堂曾告以见着阁下时,代为致意。中堂年龄虽已七十有三,甚是老健,食欲不让于壮者。

伊藤伯爵：罗典〔丰〕禄氏起居如何？

伍：阁下还记得罗典〔丰〕禄吗？他也幸尚健康，好像远颇得意。

伊藤伯爵：（向张说）知道阁下曾到过美国。

张：是的，在美国任过公使。在那次赴任途中曾来贵国，得一见阁下，并蒙允许一看阁下赠给李中堂的枪，……那时是徐公使驻扎贵国。

陆奥子爵：（向张说）由美国归国以后，再到外国去过吗？

张：不，哪国也没有去。……记得和陆奥子爵在美国分别的时候，是在铁道车站上。

陆奥子爵：是由华盛顿到纽约偶然同车的。

张：（向陆奥子爵说）记得阁下在那以后一直就在外务省。

陆奥子爵：不，出入了两三个省，最后在阁下进入总理衙门前后，我才居于现职，一直到现在。

张：（向陆奥子爵说）阁下完成了孚众望的愉快事业，实在不胜钦佩羡慕，我国也想哪一天能照那样去做。

（陆奥子爵微笑不答）

伊藤伯爵：现在总理衙门的首座是谁？

张：是恭亲王。

伊藤伯爵：不是庆郡王吗？

张：庆郡王是副职，不是首座。

伊藤伯爵：恭亲王的年龄多大？

张：六十三岁。

伊藤伯爵：那么，比李中堂小十岁。

张：是的。

（约十分钟无语）

伊藤伯爵：由上海航海到长崎，不感觉特别辛苦吗？

张：虽有点晕船，但尚不感觉特别辛苦。我等于上月十一日起程（未指由何处起程），由山海关沿铁道到塘沽，由该处乘轮船赴上海，意外地节省了日子。若是由天津陆行，只到烟台，就得费二十天的时间。且因气候也略略相同，所以到此不感辛苦。

伊藤伯爵：北京的气候很冷，人民生活的状况也完全不相同……

张：北京的寒气虽甚，但在和贵国接近的地方，气候大概相同。

陆奥子爵：旅馆是否能适贵意？

张：厚意多谢，特别清洁，很是舒适。

伊藤伯爵：（向张说）阁下的故乡是什么地方？

张：是广东省。

伊藤伯爵：（向邵说）阁下是何处？

邵：是浙江省。

伊藤伯爵：李经方氏的近状如何？

张：彼因丁忧，回到出生地的芜湖，现在尚在闲居。

张：（向陆奥子爵说）记得曾向阁下介绍过李经方，他曾在贵国任驻扎公使很久。

陆奥子爵：李氏在我国任公使是一个短时期，但他在神户和其他地方客游的时间倒是很长，他日本语很好。

张：像李经方这样的人，现在闲居，我感觉可惜，已向我政府推荐，以应像今天国家危急之秋，迫切用人的需要。

（约经过十分钟无语。此时梁诚携两个黄绢所包文书入室，恭交与张，张将此放在伊藤、陆奥两全权大臣面前）

张：委任状虽是两份，因为是分别给我和邵的，其中一字一句都没有不同的地方。（参照另纸第三号）

陆奥子爵：全权委任状就是交换原本吗？还是……

张：两位阁下所携带的是原本吗？

伊藤伯爵：是的，是原本。（此时亲自展开委任状，恭示以至尊陛下的署名，张亦会意，将之捧戴，表示敬意。）

张：就是交换原本虽也没有异议，但事情完毕后是否返还？

陆奥子爵：如果希望返还，等事情完毕时怎样都……

伊藤伯爵：在两国全权大臣手中存在着交涉事件期间，不可不交换委任状。这是一般的办法，但在事情终局后，根据贵方需要，也可立将本书返还，尤其……

陆奥子爵：在返还原本时，需要交换誊本。

张：事情完毕后，退还证书，是我国的常例。

伊藤伯爵：不然，说是贵国的常例，这点我不能置信。我曾以全权大使身份前往贵国，与李中堂谈判时，曾将李中堂的全权委任状原件携回。

（此时为张翻译之伍廷芳呆然）

陆奥子爵：先互相交换了全权委任状后再说，对所提出的觉书，务请在今天回答。

张：好，以上均可回答。这回是否允许谒见贵国皇帝陛下？

伊藤伯爵：在现在的场合是不许谒见的，因为在平常和平继续存在的时候才进行谒见，现在交战中的贵国使臣，是带着特殊的使命前来，所以允许谒见是无谓的。

张：假使和议成功以后，这次是否也不许谒见？

伊藤伯爵：这次阁下等是为了特别的事件，被简派前来，不论其商议的成否如何，对敌国的使臣是不能允许谒见的。

张：既然如此，国书的原本应原件带回，但可另准备誊本，拟将誊本奉上。

陆奥子爵：拟等得到对觉书的回答以后，再决定第二次会谈的日期。

张：那么，是否今天就到此为止，不进行开谈了吗？

伊藤伯爵：在接到觉书的回答以前，应不进行开谈。

（此时，张、邵请求在今后会见时，将像今天穿制服一事省略，伊藤伯爵答以此可听从尊便）（谈判至此暂时停止，但梁诚用英语对伊藤伯爵说：有特请阁下注意的事，昨夜来曾为了拍发密码电报虽数次委托电信局，也不许发电，想或系为了密码的缘故亦未可知，但其中文意是专为希望恢复两国的和平，通电内容也全是关于这一问题，绝不涉及他事，至于使用暗号的原因，仅为了在到达本国总理衙门的中间，防此对报纸或其他有所泄露，所以特请允许给以发电的自由为盼云云。）

伊藤伯爵：或者也有这样的事情吧！像贵国虽在尚未启衅端前，当危机千钧一发之际，即曾杜绝一切由在北京公使、公使馆所拍发的密码电报，何况今天和平已破裂，现正在交战中，自不可与和平之日相提并论；今天就是余等与阁下等会见于一堂，也不能看作是和平的使臣，却不得不看作是敌国的使臣，此点阁下等亦不可不加以谅察。因此，阁下等如拟在我国通电，不可不得我的允诺。贵国在和平将破裂之际，亦曾不法地禁止发电，在今天交战中的形势之下，我方不许阁下等拍发密码电报，相信绝非不当。

张：在尚未开战以前，就禁止贵国在北京公使的发电一事，果是真的吗？我不得不稍有疑问，但因为当时我外出不在北京，所以难以知晓是否为事实。总之，在我回到北京以后，对各国公使馆是全都允许拍发密电的。

伊藤伯爵：阁下所说的是中立国的事。……对于中立国，我国也是同样的。……请阁下等首先要记着中日两国是正在交战中，当和平的时期有和平的交际，这点还用说吗？

张：我等不是为了求得恢复和平而来的吗？

伊藤伯爵：纵使是为了恢复和平，但对目下两国正在交战中，将作如何解释？

张：电报虽是密码，但并不出于为了和平之外的事。……

伊藤伯爵：事情的性质如何，非我所应问。在今天的形势下绝对难以许诺；若是一定希望拍发的话，请将该密码明白开示，如此亦可予以许诺。

张：虽说是密码，其实是单为与本国政府之间所用，而且因该符号本极为大册，很不容易誊写。

陆奥子爵：如不能将誊本缮制交来，则到底是难以许诺的。

张：今天到此告辞，对于觉书当尽速回答。

至此乃散会，时为午后零时三十分。……

第二次会谈

（一八九五年二月二日）

第二次会谈于二月二日午后五时起在广岛县署楼上接待室举行，中日两国方面的出席者均与前次相同。是日，张、邵二人着水色淡茶色衣服，盖为便服。一同互行握手礼就座后，已较规定时间约过二十分钟。

伊藤伯爵：经查核昨天所交换两阁下的委任状，发现较诸国际法上惯例之所谓全权委任状，实属不完备，余兹不得不作如下的声明，深感遗憾。（此时伊藤伯爵拿着置于左方的英译演说手稿，起立朗读，然后将该手稿交与伍廷芳，使翻译给张、邵二大臣。）〔演说文从略——原编者〕

（在伍氏翻译伊藤伯爵演说手稿中，张、邵二大臣频作密语）

陆奥子爵：关于现在由伊藤伯爵作了演说的问题，余拟提出此一觉书，并有英文译文，拟烦伍氏译述。（此时伍受取英译觉书，详加译述，原文如左）〔从略——原编者〕[1]

张：（由伍代言，以下大概如此）现在伊藤伯爵的演说中有"选择有名望官爵者使当此任"云云，请问贵意是否即因对本大臣一人有所不满，故作此言？

伊藤伯爵：（冷笑）不然。

张：那么，是指今后所派遣的人说的吗？

伊藤伯爵：是的。

---

〔1〕 此文省略的演说文和觉书内容，可参考后面《与日相伊藤问答节略》一节中的附录材料。

陆奥子爵：事到如今，何时起程出发固可听从贵意，我方在可能范围内并可尽量郑重保护，但阁下等知道，本市为大本营所在地，当然不得久留，阁下等除了从他处速觅便船而外，没有其他办法。无论如何我们可以准备轮船送到长崎，由该处归国，较为方便。这一段路程，我等将不辞烦劳。

伊藤伯爵：如赴长崎，该地有去上海的定期航海船，归国很为方便。

邵：如照您所说，现在如何均属为难。但仍拟作一言：本大臣等是奉我皇帝敕谕简派前来与贵国全权会同商议，所以本大臣等在离去此地时，也不可不奏请我皇帝的敕许，因此本大臣等希望速电北京，请得敕许后，再由此地出发。

伊藤伯爵：阁下等若没有贵皇帝的敕许，就要荏苒地留于此地吗？您说原来是带有全权为了会同商议而前来的，正因为所谓全权委任得不完全，所以没有会同商议的必要，今既如此，阁下等除了从速起程以外，似无他途吧！

张：按您所说，因全权委任得不完全，故不得会同商议，然本大臣等是为求和平而来此地，既然其目的已甚明白，现在可拍电给在北京美国公使，由该公使向我政府商议，将阁下所不满足事项加以增补。

伊藤伯爵：如您所说，谈何容易？阁下如何能够保证将全权立即做到完备？

伊藤伯爵：（向伍说）足下对国际法上的 Full power 是如何的东西，想能熟知。所谓全权委员，当然需要有皇帝的亲署。现在既然没有，所说经过北京美国公使，使不完备的全权委任状成为完备，能办得到吗？原来本大臣等通过美国公使，得到十分保证，相信阁下等是有全权，故予以接待，但其所谓全权委任，竟与保证相反，不是国际法上的所谓全权委任；既如此，故不能继续会谈。

张：总而言之，在由此地出发以前，须一度拍电给本国政府，不可不请得我皇帝陛下的敕许；不如此，我等不能不负恣意归国之责。

伊藤伯爵：(向伍说) 请足下将此等事理向两阁下详加解说：若作为全权大臣在此举行会见，其全权必须完备；对其所妥议事项，应立即缔结和平条约；而且，若不使该条约有实践的功效，则会同商议是没有意义的。这就是决定拒绝继续谈判的原因。像现在相会于一堂，两位阁下是代表中国，本大臣等是代表日本国，就是国与国的会商；然而阁下等所说不得到贵皇帝的敕许不能由此地出发一事，我想那只是贵皇帝与阁下等之间的关系，不涉及两国，阁下应知道，您所主张的这点，是你们自己的事。

张：然则是否许可拍电给在北京美国公使田贝校官〔Colonel Denby〕?

伊藤伯爵：若是打算拍电给北京美国公使的话，可以委托经由该国在日本的公使拍发。

张：是说拍电给在东京美国公使，使其转达给北京政府吗？

伊藤伯爵：我想这样办较好。

张：我等来贵国以前，在北京美国公使与我政府之间，曾经往复数次文件，现将该抄件提供尊览。

(此时由伍将汉文抄件递给伊藤伯爵)

伊藤伯爵：我亦拟将我政府与美国公使间的主要往复文件朗读一二篇。

(朗读之文从略)

张：因在北京田贝美国公使说：将全权包含在文书中即可，所以北京政府就按他所说的办理。

陆奥子爵：无论美国公使了什么，他并没将此事通知我方。我方曾对美国公使说过："如果是带有全权的人，则不拒绝与之会见。"我们现在仍然坚决信守此语。

张：因为美国公使不懂汉文，不得不一一加以英译后给他看，所以在此中间发生了这样的误会。

陆奥子爵：然而从明白议事、决事的点来看，〔全权〕就不是一面电达北京政府请旨施行的意义，这样解释，有何不可？

张：贵国的异议论点，似在于逐一电达北京请旨施行的问题上。果然是如此吗？

陆奥子爵：到现在已没有进行议论的必要。方才提供尊览的觉书中，已举出了我方异议的要点。请将之熟读，便可立即了解我方的意见。

张：事既至此，我等拟早晚起程，但仍想一言辩明。事情的误会，毕竟是起因于东京和北京之间的电报错误，结果我等虽然急于要求和平，但因不知贵国的要求究竟是在哪里，所以有必要先知道一个大概，只有一度得知大概后，委任的范围才能明确，正因为还不了解大概，所以不得不一一电达请旨施行。

伊藤伯爵：由于贵国近来不尊重国际法上的惯例，事乃至此，实深感遗憾。凡是国与国间进行这样的商议时，如不是互派确实的全权委员，实无必要进行会同商议。阁下等藐视国际法上的惯例，竟漫然说因不知大概的要求。现在两国正在交战中，其媾和条件将由于战争的进行如何而定，形势变化时，条件也不得不随着变更。因此在目前衔命前来的人，不可不有一经熟议立即订约的全权。然而根据阁下等所言，似仅是为了窥测我方意向；口头虽说切实让求和平，但是实没有议事、决事、行事的权能。

张：看到两阁下的全权委任状，其文末关于贵皇帝批准一节，有该事认为正当时云云，是否若认为不正当时，即不予批准？

伊藤伯爵：虽然已经没有议论的必要，但对尊言难以缄默，故作一言。原来批准权虽然应属于君王所掌握保有，其批准与否属于君主的特权，但若拒绝批准两国全权委员的议定事项时，不可不有明白重大的理由，不能随便拒绝批准，所以批准是尊重君主的权利，是不可不加以实践的正式手续。

张：我们对于这样的事情，因很少向外派遣使臣，所以对国际法上的惯例很迂阔，致有此错误，可请阁下稍加谅恕。

（此时伊藤伯爵露出微笑）

陆奥子爵：不论贵国的惯例如何，因现在涉及两国的事情，有关宇内观瞻，所以不得不遵从国际法上的惯例。

伊藤伯爵：贵国的惯例，是贵国内的惯例，不是列国的惯例。凡寰宇之间，国与国间的交际有他的法、有他的例。现在商议贵我两国的案件时，不能按照贵国内的惯例，想阁下等亦当能了解。

伍：尊言诚然。但希望谅解我等是专为求我国的和平而来，否则等于无使命而远来贵国。且张、邵二大臣在国内也是身居要职的人。

伊藤伯爵：这次的会议，实事属重大，但两阁下的全权竟如此不完备，实出我意料之外。琐碎问题可置而不论，然而主要的全权委任竟如此渺茫不可捉摸，是绝对不能加以宽贷容忍的。就是任何高位显官，若没有相当的全权，也绝对不能再行会见。这样，岂不是没有贵国皇帝车驾亲临，将不能进行商议了么？

陆奥子爵：十一日有由长崎开出的便船，可以搭乘该船。本市因是大本营所在地，不许无故使敌国的使臣在此驻留。阁下等若能准备好，希望明天或后天由此地出发，我政府为了相送到长崎，已经预先准备了一艘轮船。

张：如有到长崎的船，哪一天都可以。

伊藤伯爵：轮船已经准备了，任何时候都可听候尊意解缆开行。阁下等能立即准备好吗？

张：明天也好，后天也好，都可以出发，整理行李是很容易的。

（至此散会，时为午后六时四十分）

（以上两篇原文见伊藤博文：《秘书类纂27·杂纂其四·中国媾和使节会谈纪要》，东京：原书房昭和四十五年版；译文见邵循正等编：《中日战争》第7册，新知识出版社1956年版）

与日相伊藤问答节略

初七日，赍国书往。伊藤云：可不递，只须互换敕书，比较全权凭据，遂将国书抄稿示之。初八日，会晤。伊藤云：贵国敕书全权不足，不能开议。即将英文说帖诵译一过，告以中国既派全权，一切权利包括在内。伊藤云：这是中国自己所说，与公法不合。又取出东文节略云：全权不足之故，均在其内。告以贵国初复田贝电云：中国派全权大臣持有国书，本国亦派全权与议，中国即照此办法。兹贵大臣谓：仅有商议之权，定款画押仍须电署请旨，其权不足。答前此由田贝电询贵国欲商何款？贵国未复。既不知贵国何意？本大臣岂能不请旨遵行？伊藤云：本国敕书悉照公法办理，两相比较，自知不同，告以贵国敕书亦有亲加检阅，果能妥善，即便批准之句，是约本必候谕旨校阅，然后批行。两国所奉全权多是一样，若嫌简略，我可补请电旨。伊云：总以敕书为凭，不照公法，断不能行。贵国不过试探消息，此时既不开议，仍是仇敌，广岛为屯兵之所，不宜停留。答以仍须电告国家方能回去。伊云：若尚候敕书已来不及，发明电则可不必候回电。告以用美文电田使转告总署可乎？伊云：可。遂将敕书收回，伊藤复留参赞伍廷芳絮谈，据伍回述伊言，日本非不愿和，如中国再派大臣亦无须仍至广岛，询以沪港，伊皆云不可，沉吟久之，乃云：或在旅顺，我既肩任，我不辞劳，将来仍可由田贝电商妥定云。

附 节译伊藤英文说帖

今日本大臣所行之事，系不得已之举。中国向不讲外交，与邻相处不肯开诚布公，从前曾有与人定约不肯盖印，及条约已定，无故不批准之事，皆所派大员权力不足之故。本国恐蹈故辙，是以必须中国所派大员权足定和，方能与议。及闻中国业经派员，本国亦即派本大臣等为全权大臣商议。今贵大臣权力实系不足，可见并非真心讲和。彼此敕书不同之处甚多，本大臣敕书系照万国公法成式，贵国敕书大相悬殊。派贵大臣来商何事，敕书内并未载明，又无定约画押之权，与定约后批准之语，是贵大臣仅有将所商何事报明国家之权而已。本大臣断难与议。如云贵国向章如此，本大臣不以为然，既与本国商议要事，即应照万国公法，不能照中国向章。若既定约，不唯画押，且应遵守。此事本国并未向中国先说，如所议未必能成，及议定画押后，视同废纸，本国皆不肯为，盖议定之约，彼此均应照办。如果诚心讲和，所派大臣确有切实全权字样，其声名位望足将所议各款能邀批准，本国仍可与议云。乞呈览。

日使致辞（原文）

日本国明治二十八年二月二日，伊藤总理大臣向大清国钦命出使日本国议和全权大臣张樵野、邵筱村两星使致辞。

原文录下：本大臣与陆奥大臣等所作处置，非过事吹求，实于理上万不得已所致，不能归咎于本大臣等也。自来清国情形于列国势若水炭，全然离暌，或有时与列国连和，共享升平之福，揆其与二国守信之道，往往有不能克全者。盖清国常以孤立不羁、猜疑刻薄为政，故其于外洋交涉之端、敦睦邻邦之道，所必需之公明信实二者，其阙如也，宜矣。（清国钦差大臣交涉事宜，应立约书之件于公然允准之后，却不肯签名捺印，甚有于已立之约章并不声明详细情由，漫然中止者，历来实迹不一而足。）由此而观，足征当时清廷意中并无诚实修睦之心，所委钦差又不与以应行之权。历观往事，莫不比比皆然。我政府有鉴于斯，故与清国钦差若无定议全权及一切便宜行事者，绝不开议，免劳往返。当闻欲来议和时，已预先声明，清国所派钦差不可不加以定议和局签名捺印之全权一款，而清国已恪遵此款，准派全权大臣前来我国。我大日本天皇陛下确认无疑，故特派本大臣与陆奥大臣会同清国钦差全权大臣共商和局，并赐订立草约签名捺印之权。清廷既经允遵特派全权大臣，而两阁下委任之权殊不完全者，足见清廷之意尚未切于求和。观昨日两下对调之委任谕旨，殊不待判断。其悬殊之处，已彰明昭著。窃思今日之事非泛常可比，我帝国所派全权大臣系文宪诸邦通用之全权，毫无指疵之处。顾清国于全权委任应有诸项权利几乎全无，加之两阁下携带之委任谕旨，与阁下等所应陈应争之条款亦不明载，又不与以订立草约签名捺印之权，且与阁下议定和局应行事宜，清国皇帝陛下于事后批准亦未提及一语。然则所委阁下等之职权，不过探听本大臣与陆奥大臣陈述之言，归报贵国政府而已。事既如此，本大臣断不能再行续议也。或云，今番之事于向来成例并无不合，本大臣绝不能照如此解说，即足以重续前议。至于清国内地之例，本大臣原无容喙之权，然关系我国交涉之件，则清国向来成例，显违列邦公正交际之义，所有不洽正理之处，非独本大臣之权利，可以主张裁抑，亦本大臣之所应为也。况易干戈而为玉帛，系至重至大之事，今者重启辑睦，再续邦交，与订立和约，固有一定不易之意旨。至互相订立之后，犹期有克践斯盟之诚衷也。讲和之事，我帝国虽无反向清国求就之理，然我帝国重体上天好生之德，免致生灵涂炭之苦。清廷如履至当之道，以与我国言和，则我帝国亦当重修旧好。若徒托空谈，止成虚约之议，则本大臣再不敢闻命。至我帝国与所立之约章，必期实践，断不食言，故不得不向清国要以确实坚守盟约、永无爽信之据。故清国如果切实求和，其使臣必须委以实在全权，且须择素有硕望之大员当斯重任，与所订立之约章，确能保其实践无诈，则我帝国自可允其议和再不坚却也云尔。

照译伊藤、陆奥面递东文节略

大日本帝国政府曾由驻扎东京及驻扎北京之美国公使，谓讲和必须简命大臣带有全权足以缔结和好之事，屡经声明，然本月初一日，由大清帝国钦差全权大臣所知照之全权字样凭据，就其所发之趣意，不得不谓为欠臻妥当之极。何则以该字样与委畀全权，谕内不可缺之，要者有不完备者耳。大日本帝国政府之所见仍与前经美国公使所言明之处并无所异，因以带有大日本国皇帝陛下授予适正完全全权敕书之大日本帝国全权办理大臣与单带有会商事件咨报总理衙门请旨遵行敕书之大清帝国钦差全权大臣会议，敕书不同，不能应诺，是以大日本帝国全权办理大臣谓此回会议不得不于此为止云云。乞呈览。

节译驳复伊藤函

本日会晤贵大臣宣读说帖，并将节略备述不能开议缘由，属本大臣早日出境，本大臣出境之前应函达存案。昨互换敕书后，贵大臣属将所奉全权职任开明备文，本大臣已备汉、洋文，详言又面告，如条约议妥，本大臣即可画押。前日面交国书实为确据，此项国书原应面递，唯不见允，中国情谊不能遽达，至敕书所论电达请旨，亦与贵大臣画押之权毫无出入，但望速办所画之约而已。前贵国以此询驻京美使总署，即明言本大臣有商议画押之权。本日本大臣复面商，如以敕书简略，可电奏补足，贵大臣又不见允。查中国敕谕往外国议约，其格式向与此同，各国从未挑剔，贵大臣说帖多有讥讪之词，本大臣系欲仍复旧好，不烦置辩。本大臣竭诚将事，冀释两国之嫌，则我国家美意乃遽中止，诚为可惜。

议和大臣向有应得权利，本大臣不能照享，实出意外。贵大臣既不准发中国密电，又据贵外部官员来言：接有中国致本大臣密电，如不以电书送交译看，此电不能送来。本大臣未出京时，驻京美使谓公法不能阻止往返密电，今情形迥异。唯前荷贵国迎送接待，本大臣现将出境，理当鸣谢云。乞呈览。

（《使日张荫桓邵友濂奏奉国书至广岛日以使权不足不能开议回沪钞呈日廷敕书及问答电》，《清季外交史料》卷一〇六 ;《日使致辞》，选自《万国公报》1895 年 3 月号）

伊藤博文与伍廷芳问答节略[1]

（一八九五年二月二、三日）

总理衙门鉴：密红。节录参赞伍廷芳与伊藤问答。

初八〔即一八九五年二月二日〕广岛县厅散议毕，伊藤让廷芳坐云：此次不能开议，甚可惜。如贵国诚意欲和，既派员商议，必须给予切实全权字样。你熟谙公法，你们钦差所带敕书何以不照公法？

答以颁发敕书时，廷芳在津。

伊藤云：既欲议和，愈速愈好，如不欲到广岛亦可。

廷芳问：或在上海？

伊藤云：上海非会商之地。

又问或在香港？

伊藤云：亦不宜。

又商（问）何处为宜。

伊藤沉思半晌云：施丰口（旅顺口）或可，俟届时再定。

廷芳云：顷说帖内，中国既派大员，必须位望〔相埒〕等语。然则暗指二位钦差位望身未足乎？

伊云：非也，我不过泛说耳。乙酉年因朝鲜事，我往中国，即欲晋京，嗣李中堂得有全权字样，方允回津会议。此次中国无论派何员，必

---

〔1〕 1895年2月2日，日本广岛拒使，中国使节辞出时，伊藤博文独留伍廷芳谈话。次日，伍廷芳至日方递送公文，与伊藤再度谈话。伊藤明确提出"贵国何不添派恭亲王、李中堂，郑重其事"的建议。

须执有切实全权便宜行事字样，方允会商。盖我所议各事，必定照办，断不反复。

初九日〔即一八九五年二月三日〕午后奉谕往伊藤寓面交公文，寒暄毕。

伊藤云：你们此次远来，不能办事，非我国之过，中国何不颁发全权敕书，似只欲打听我国索款，并非真心议和。

答以如系假意，何必派两位大臣，奏带参随等员，跋涉重洋，即此具见诚心实据，请勿听外间浮议。

伊藤云：中国既有实心，何以不给切实全权？

答以中国给全权，向不多见，今两钦差带来国书敕书，在中国观之，系有全权办事。

伊藤云：敕书内并未予定约画押之权，即此已见全权不足。

答以既有商议之权，即能定约画押；如有疑窦，我们钦差可电奏请旨。今贵大臣竟不开议，未免拘泥。

伊云：此两国最大之事，不照公法办理，恐为各国所笑，咸丰戊午，英国派公使与桂花二大臣订约后，复又失和。前车可鉴，故不能不格外慎重。譬如一人欲买物，必先备银两，方可交易，今全权即银两也。无全权岂能开议？

答以凡买物亦必先以价值告人，以便议价备银。今贵国所欲，秘而不论，不知何意？如终不能秘，何不早言以得了结？

伊云：此系秘密要事，俟贵国派员果有切实全权，方可说出。贵国何不添派恭亲王、李中堂，郑重其事？

答以均有紧要职任，一时恐走不开。两钦差均系大臣，特派议和，亦是一样。

伊云：我不嫌两位钦差，唯此事最重，更添一爵位最崇之中人，会同定约，能负重，可期速成。然不论添派与否，但最要系全权办理之敕书，切实悉依公法款式。

答以照公法给予全权，原欲便宜行事。唯近来各国设有电线，出使西国，有事派全权与别国会议，亦随时电达本国政府。中国敕书如即照贵国敕书式样可乎？

伊云：如照此样，则合。贵国素以日本穷小，殊不知自开仗以来，并未向外国借贷，所需兵费均由本国自筹。已与本国商民借一万万元，兹又拟借数千万元。日本所费兵饷，较贵国数倍。现在兵攻威海，军情万变，早和为宜。至会议之所，或旅顺，或别处，届时可托美使代商云。乞呈览，桓友马。

（《出使大臣张荫桓邵友濂来电，光绪二十一年正月二十三日到》，
《清光绪朝中日交涉史料》卷三三）

马关问答

马关谈判绘图

图片选自小西四郎：《锦绘幕末明治之历史（11）·日清战争》，东京：讲谈社 1977 年版

五次问答节略〔1〕

第一次问答节略

光绪二十一年二月二十四日午后二点半钟，带同参议李经方及参赞官三人，乘轮登岸，赴会议公所，与伊藤、陆奥及书记官六人坐定寒暄毕。

〔1〕伊李马关五次问答节略，自1895年4月17日李鸿章签字归返后，约一个半月时间，就在《申报》上（1895年6月6日至20日）完整连载。这恐怕是马关和谈实录最早发表之处。连载结束的第二天，在6月21日的《申报》上，就可以看到此书成书出售的广告。"是为李傅相在日本与伊藤、陆奥议和问答要言，共五次，今辑印一本，取价二角，上海三马路格致书室寄售。"（《傅相问答节略出书》，《申报》1895年6月21日，6版）编者所见《五次问答节略》线装本系光绪二十一年（1895）出版，恐系此一版本。本篇整理亦依此为准。伊李五次问答自传世以来，因其系现场实录，极其重要，后为众多图书采录。其收录情况，可于以下书籍见到：（1）《五次问答节略》，光绪二十一年（1895）版，线装书，出版方不详。（2）〔美〕林乐知编译，蔡尔康纂辑：《中东战纪本末》，台北：广文书局1972年版，台北文海出版社出版的沈云龙主编的《近代中国史料丛刊续编》第七十一辑亦印有此书。此书系《万国公报》将该刊其时报道的与甲午战争相关的材料汇编而成。《万国公报》1895年6月号刊载《问答节略》（一至三回），题后云"记室志之"，1895年8月号载有《问答节略》（四、五回）。《万国公报》1895年11月上载有《新著中东战纪本末预启》的告白，可见书将成也。（3）阙名编：《中日议和纪略》，台北：文海出版社1975年版，亦可见大通书局印行的李毓澍主编的"近代史料丛书汇编第一辑"。（4）洪兴全：《中东大战演义》（又名《说倭传》），光绪二十三年（1897），系部分引录，可见文廷式等：《中日甲午战争》，台北：广文书局1967年版。（5）《中日议和纪略》，台北：大通书局1968年版。（6）东莞王炳耀辑：《中日战辑》，光绪二十一年（1895）版，后收入阿英编：《近代外祸史》，潮锋出版社1947年版。（7）王芸生：《六十年来中国与日本》第2卷，天津：大公报馆出版部1932年版。（8）左舜生选辑：《中国近百年史资料续编》，中华书局1938年版。（9）马建忠等著：《东行三录》，台北：广文书局1967年版。文前有云，"李中堂奉使日本与日本大臣问答语书记官志之"。（10）伊藤博文、李鸿章问答：《（台湾割让）中日谈判秘话录》，台北：西南书局1975年版。此书系中日文对照版本。（11）台湾银行经济研究室编：《马关议和中之伊李问答》，《台湾文献丛刊》第43种，台湾银行经济研究室出版。（12）邵循正等编：《中日战争》第5册，新知识出版社1956年版。

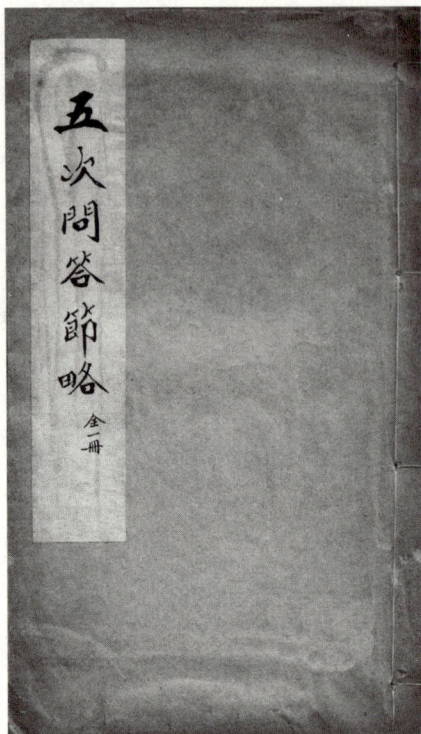

第一次問答節略

光緒二十一年二月二十四日午後二點半鐘帶同參議李
經方及參贊官三人乘輪登岸赴會議公所與伊藤陸奧及
書記等官六人坐定寒暄畢
伊云中堂此來一路順風否
李云一路風順惟在成山停泊一日承兩位在岸上預備公
館謝謝
伊云此間地僻並無與頭等欽差相宜之館舍甚為抱歉
李云笠散
伊云本日應辦第一要事係互換全權文憑當由參議恭奉
敕書呈中堂面遞伊藤伊藤亦以日皇敕書奉交中堂

五次問答節略 全一冊

《五次问答节略》，光绪二十一年（1895）版伊云：中堂此来一路顺风否？

李云：一路风顺，唯在成山停泊一日。承两位在岸上预备公馆，谢谢。

伊云：此间地僻，并无与头等钦差相宜之馆舍，甚为抱歉！

李云：岂敢！

伊云：本日应办第一要事，系互换全权文凭。

（当由参议恭奉敕书呈中堂，面递伊藤；伊藤亦以日皇敕书本交中堂。伊令书记官阅诵英文，与前电之底稿相较，陆奥令书记官将敕书与前电华文之底稿相较，中堂令东文翻译与罗道比较日皇敕书，并所附翻译英文底稿毕。）

陆云：日皇敕书是否妥协？

李云：甚妥。我国敕书是否妥协？

伊云：此次敕书甚妥。

中堂复令罗道宣诵拟请停战英文节略；诵毕，将节略面交伊藤。

伊略思片刻，答以此事明日作复。

旋问：两国敕书应否彼此存留？

李云：可以照办。

伊云：顷阅敕书甚属妥善，惜无御笔签名耳！

李云：此系各国俗尚不同；盖用御宝，即与御笔签名无异。

伊云：此次姑不深求；唯贵国大皇帝既与外国国主通好，何不悉照各国通例办理？

李云：我国向来无此办法，且臣下未便相强。

伊云：贵国未派中堂之先，固愿修好；然前派张、邵大人来此，似未诚心修好。中堂位尊责重，此次奉派为头等全权大臣，实出至诚；但望贵国既和之后，所有此事前后实在情节必须明白。

李云：我国若非诚心修好，必不派我；我无诚心讲和，亦不来此。

伊云：中堂奉派之事，责成甚大；两国停争，重修睦谊，所系匪轻。

中堂阅历已久，更事甚多，所议之事甚望有成。将来彼此订立永好和约，必能有裨两国。

李云：亚细亚洲，我中、东两国最为邻近，且系同文，讵可寻仇？今暂时相争，总以永好为事。如寻仇不已，则有害于华者未必于东有益也。试观欧洲各国，练兵虽强，不轻起衅。我中、东既在同洲，亦当效法欧洲。如我两国使臣彼此深知此意，应力维亚洲大局，永结和好；庶我亚洲黄种之民，不为欧洲白种之民所侵蚀也。

伊云：中堂之论甚惬我心。十年前我在津时，已与中堂谈及；何至今一无变更？本大臣深为抱歉！

李云：维时闻贵大臣谈论及此，不胜钦佩；且深佩贵大臣力为变革俗尚，以至于此。我国之事囿于习俗，未能如愿以偿。当时贵大臣相劝，云中国地广人众，变革诸政应由渐而来。今转瞬十年，依然如故；本大臣更为抱歉！自惭心有余、力不足而已。贵国兵将悉照西法训练，甚精；各项政治，日新日盛；此次本大臣进京与士大夫相论，亦有深知我国必宜改变方能自立者。

伊云：天道无亲，唯德是亲。贵国如愿振作，皇天在上，必能扶助贵国如愿以偿。盖天之待下民也，无所偏倚，要在各国自为耳！

李云：贵国经贵大臣如此整顿，十分羡慕。

伊云：请问中堂，何日移住岸上，便于议事？

李云：承备馆舍，拟明日午前登岸。

陆云：明日午后两点钟便否再议？

李云：两点半钟即来。

李云：我与贵大臣交好已久，二位有话尽可彼此实告，不必客气。此次责成甚重，本大臣诸多为难，唯望贵大臣相谅耳！

伊云：本大臣责成更重。

李云：贵大臣办事有效，整理一切，足征力大心细。

伊云：此系本国大皇帝治功，本大臣何力之有！

李云：贵国大皇帝固然圣明，贵大臣赞助之功为多。

李云：两位（按指伊藤与陆奥）同居否？

伊云：分居。

李云：何日来此？

伊云：陆外署三日前到此，本大臣昨日方至。平时往来于广岛、东京之间，乘火车有三十余点钟之久；办理调兵、理财、外交诸务，实属应接不暇。

李云：贵国大皇帝行在广岛几个月？

伊云：已七月矣。

李云：宵旰动劳，不胜钦仰！

伊云：诚哉万几无暇，凡一切军务、国事以及日行谕旨，皆出自亲裁。

李云：此处与各处通电否？

伊云：与各处皆通。

李云：本大臣有电回国。

伊云：前张大人等来此，本大臣未曾允电；此次自应遵命饬电局照发。

李云：当时未曾开议故耳。

即彼此相问年岁——伊藤五十五、陆奥五十二。

李云：我今年七十三矣，不料又与贵大臣相遇于此！见贵大臣年富力强，办事从容，颇有萧闲自在之乐！

伊云：日本之民不及华民易治，且有议院居间，办事甚为棘手。

李云：贵国之议院，与本国之都察院等耳。

伊云：十年前曾劝撤去都察院，而中堂答以都察院之制起自汉时，由来已久，未易裁去。

伊云：都察院多不明时务者，使在位难于办事。贵国必须将明于西学、年富力强者委以重任；拘于成法者一律撤去，方有转机。

李云：现在中国上下亦有明白时务之人，省份太多，各分畛域，有似贵国封建之时，互相掣肘，事权不一。

伊云：外省虽互相牵掣，都中之总理衙门当如我国陆奥大臣一人专主？

李云：总理衙门堂官虽多，原系为首一人做主。

伊云：现系何人为首？

李云：恭亲王。榎本与大鸟两位，现办何事？

伊云：榎本现任农商部，大鸟现为枢密院顾问官。请问袁世凯何在？

李云：现回河南乡里。

陆云：是否尚在营务处？

李云：小差使无足轻重。

李云：全权文凭既已妥善互换，所有应议条款祈即开示，以便互议。

伊云：当照办。

当即与订明日午后两点半钟会议，并订明日午前十点钟移住岸上馆舍即散。

第二次问答节略

光绪二十一年二月二十五日午后两点半钟，仍在原所与伊藤、陆奥会议。

李云：承备馆舍甚佳，有宾至如归之乐。谢甚！

陆云：前备行厨相待，乃中堂辞却，只得遵命。

伊云：中堂昨交停战节略，现已备复。

即将英文朗诵，另备华文交参议阅后转呈。

陆云：英文字句较为明晰。

罗道即将英文译诵一遍。

李云：现在日军并未至大沽、天津、山海关等处，何以所拟停战条款内竟欲占据？

伊云：凡议停战，两国应均沾利益；华军以停战为有益，故我军应据此三处为质。

李云：三处华军甚多，日军往据，彼将何往？

伊云：任往何处；两军唯须先定相距之界。

李云：两军相近易生衅端；天津衙门甚多，官又将何为？

伊云：此系停战约内之细目，不便先议；试问所开各款，可照办否？

李云：虽为细目，亦须问明；且所关甚重要，话不可不先说。

伊云：请中堂仔细推敲，再行作复。

李云：天津系通商口岸，日本亦将管辖否？

伊云：可暂归日本管理。

李云：日兵到津，将住何处？

伊云：俟华兵退出，即住华兵营盘；如不敷住，可添盖兵房。

李云：如此，岂非久据乎？

伊云：视停战之久暂而定。

李云：停战之期谁定？

伊云：两国互商，但不能过久。

李云：所据不久，三处何必让出？且三处皆系险要之地，若停战期满和议不成，则日军先已据此，岂非反客为主？

伊云：停战期满和议已成，当即退出。

李云：中、日系兄弟之邦，所开停战条款未免凌逼太甚！除所开各款外，尚有别样办法否？

伊云：别样办法，现未想及。当此两国相争，日军备攻各处；今若遽尔停战，实于日本兵力有碍。故议及停战，必须有险要为质，方不吃亏。总之，停战公例分别两种：一则各处一律停战，一则唯议数处停战；中堂所拟乃一律停战也？

李云：可否先议定哪几处停战？

伊云：可指明几处否？

李云：前承贵国请余来此议和，我之来实系诚心讲和；我国家亦同此心。乃甫议停战，贵国先要据有三处险要之地！我为直隶总督，三处皆系直隶所辖；如此，于我脸面有关。试问伊藤大人设身处地，将何以为情？

伊云：中堂来此，两国尚未息兵。中堂为贵国计，故议停战；我为本国计，停战只有如此办法。

李云：务请再想一办法，以见贵国真心愿和。

伊云：我实在别无办法。两国相争，各为其主；国事与交情两不相涉。停战系在用兵之时，应照停战公例。

李云：议和则不必用兵，故停战为议和第一要义；如两国尚相战争，议和似非诚心。

伊云：若论停战，应有所议之款；如不能允，不妨搁起。

李云：现如不议停战，议和条款可出示否？

伊云：中堂之意，是否欲将停战节略撤回，再议和款？

李云：昨日初次会议，我已说明。向来说话不作虚假，所议停战之款实难照办。

伊云：中堂先议停战，故拟此覆款；如不停战，何妨先议和款。

李云：我两人忠心为国，亦须筹顾大局。中国素未准备与外国交争，所招新兵未经训练。今既到如此地步，中、日系切近邻邦，岂能如此相争，久后必须和好。但欲和好，必须为中国预留体面地步；否则，我国上下伤心，即和亦难持久。如天津、山海关系北京门户，请贵国之兵不必往攻此处；否则，京师震动，我国难堪，本大臣亦难以为情。且此次争端，实为朝鲜起见；今华兵业已退至奉天，贵国之兵唯尚未到直隶耳。如贵国之兵不即往攻天津、山海关直隶地面，则可不必议及停战，专议和款。

伊云：局面竟至于此，非余之过也。战端一开，伊于胡底，讵能逆料？此次交战之始，本大臣无时不愿议和；而贵国向无议和之诚心。自今以往，局面又将大变。所以议及停战，必须以大沽、天津、山海关为质。

李云：以此三处为质，日兵不必实据；但立作质名目之条款如何？

伊云：设停战之限已满而和局未定，所指三处又将与日本开衅矣。

参议云：不必停战；但议和之时定一限期不往攻三处，可否照办？

伊云：如此办法，与交战无异；和局未定，彼此相攻，终当相拒。

李云：可否请先示议和条款？

伊云：然则停战之议如何？

李云：停战暂行搁起。

伊云：停战一节未曾定结，恐议和时又复重提。

李云：顷闻贵大臣谈及停战有两种办法：一为一律停战，一为指地停战；今不攻天津、山海关等处，即为指地停战之办法。

伊云：中堂停战节略，系指一律停战；本国之兵散处窎远，实难一律停战。而所指数处停战，本大臣细思无法可保。且指地停战，系于战场上会议而言；此处距交战之处甚远，所以不必议及指地停战。

李云：即请贵大臣出示和款！

伊云：此事业已说过，宜先将停战之议搁起。

李云：停战之款未免过甚，万做不到；但既请我来，必有议和条款。

伊云：议和之款，业经办好。

李云：即请见示！

伊云：现在停战之议不提及否？

李云：停战之款既难应允，且无别种办法，姑讲和款。

伊云：中堂所交停战节略是否撤退？抑或拟复，声明不能应允？

李云：照此办法之后，又将何为？

伊云：或再行议和。

李云：如此语气尚未定准，贵大臣不云和款已备乎？

伊云：看中堂复文如何？

李云：本大臣拟复文云：停战之款万难应允，姑且搁起；即请会议和款云云；是否如此办法？

伊云：中堂初见停战之款，云应先仔细推敲，以后再复；顷则遽云万难应允，还请中堂再想为是！

李云：迟数日再复。

伊云：几日？

李云：一礼拜后。

伊云：太久！

李云：假如复以不能做到，以后是否即商和款？

伊云：应请中堂将所呈停战之款仔细商量或节略抽回不提，然后再商量和款。唯本大臣不愿贵大臣已将停战之议搁起，于议和时又复提及。

李云：和款一定，战即不议自停。

伊云：贵大臣究竟几日答复？

李云：四日后答复。

伊云：三日须复，愈速愈妙。

李云：议和条款，不应如停战条款之太甚！

伊云：我想并不太甚。

李云：只恐过甚难以商办！

伊云：此正两国所以派使臣会商也。下次会议日期，可否先定？

李云：且待细想。复文办妥，或面交，或差送？

伊云：听便。

李云：复文办好，即遣人定期相会！

伊问陆奥，答应如此办理。

李云：唯愿贵大臣力顾大局，所拟和款务须体谅本大臣力所能办则幸矣。

伊云：本大臣亦愿力顾大局，有裨两国，但不知贵国以为何如耳？

中堂乃离席，各散。

第三次问答节略

光绪二十一年二月二十八日下午三点钟，与伊藤、陆奥第三次在原处会议；坐定，寒暄毕。

李云：前次会议停战要款节略，兹已作复。

即诵英文，由中堂将华、英文二份亲送伊藤。伊阅英文、陆阅华文数遍，即指后半篇交其书记译出东文。陆奥详阅，又与伊藤对换华、英文详校；复与伊东书记以东语相商甚久，似未能遽决之状。于是伊乃云：停战之议，中堂是否搁起不提？

李云：暂且搁起；我来时专为议和起见。

伊复将英文反复细看，伊东乃以东语解之。伊复取烟卷，延时细想。

乃云：中堂未动身之先，自已与贵国深明辰下战局情形，诚心讲和，重修旧好。

李云：我已年迈，从未外出；今本国目睹时艰，且知我与贵大臣有旧，故特派来此。此足证我国诚心讲和，我不能辞。

伊云：所议之事，一经议定，必须实力践行。查贵国与外国交涉以来，所允者或未照行。我国以此事所关重大，派我来办；凡已应允者，必能见诸施行。唯望贵国亦然。

李云：贵大臣所言，想系道光季年我国与外国初交之时；咸、同以后，所定一切约章皆经批准施行；即十数年前与俄国所办伊犁之约稍有龃龉，随后即派使妥结矣。

伊云：额尔金之约，固未批准。我两国既派头等大臣会商定议，若不施行，有伤国体，而战端必致复起；且所以议和者，不独为息战，且为重缔旧好计。我忝为敝国总理内阁大臣，凡所议定必能实践；亦望中堂实能施行议定之事为幸！

李云：我忝派钦差头等大臣，此次进京，召见数次，实因此事重大，奉有明白训条。前屡与贵大臣言及，日后和款，必须体谅本大臣力所能为。果可行者，当即应允；其难行者，必须缓商，断非三数日所可完议。请贵大臣即将和款出示！

伊云：请俟明日交阅！

李云：明日何时？

伊云：请中堂择定。

李云：十点钟可否？

伊问陆奥，首肯。

李云：所示和款，若与他国有关涉者，请贵大臣慎酌！

伊云：何意？

李云：如所示和款或有牵涉他国权利者，必多未便；我两国相交有素，故预为提及。

伊云：此次议中、东两国之事，他国皆在局外，未便掺越。

李云：去年曾请英国从中调停，贵国不以为然，自无须他人调处。我两人商议之事，如不能成，恐无人能成矣！

伊云：万一不成，则贵国大皇帝可以亲裁；欧洲各国议和，皆由国主亲议。

李云：中国则不然；即恭亲王总理译署多年，亦未亲议条约。两国暂行相争，终久必和；不如及早议定为妥。去岁战端伊始，本大臣即苦口劝和；今已迟矣！

伊云：战非幸事，亦有时不免。

李云：能免不更妙乎？前美国总统格兰德游历过津，与本大臣相好；云当我国南北交争，伤亡实多；后居总统，总不轻起争端，后常以此奉劝同志。中堂剿灭发、捻，卓著战争；我劝中堂，亦不可轻言战事。本大臣尝奉此语为圭臬。此次起衅，贵大臣岂不知非我本意！

伊云：兵，凶事也，伤人实多。有时两国时势交逼，不得已而用之。

之戰非仁人所為況今日罷械銳利殼威更衆我年邁矣

不忍見此罷大臣年歲富強尚有雄心

伊云此次爭戰之始議和甚易

李云當時我亦願息爭乃事多拂逆時會使然

伊云其時所求於貴國之條欲無甚關係未蒙應允大為可

惜初戰之始我兩國譬如兩人走路相距數里耳今則相距

數百遍回頭首難矣

李云終須回頭再邁回走又須數百遍矣

伊云相距數百遍貴大臣總理國事何難之有

李云少走幾邁不亦可乎縱令再走數千里豈能將我國人

民滅盡乎

伊云我國萬無此心所謂戰者乃兩國將一切戰具如兵船

礮壘器械等攻此攻滅以相弱耳與兩國人民毫無關涉

李云現國家己願和矣自可不戰

伊云我兵現駐金州等處所有華民皆朝鮮之民易聽調

度且做工勤哲中國百姓誠易治也

李云朝鮮之民向來懶惰

伊云朝鮮民招為長夫皆不願往我國之兵現往攻台灣不知

李云台灣之民如何

伊云台灣係潮州漳泉客民遷往最為強悍

李云台灣尚有生番

李云：少走几迈，不亦可乎？纵令再走数千里，岂能将我国人民灭尽乎？（《五次问答节略》，光绪二十一年版）

马关问答　137

李云：战非仁人所有；况今日器械锐利，杀戮更众。我年迈矣，不忍见此；贵大臣年岁富强，尚有雄心。

伊云：此次战争之始，议和甚易。

李云：当时我亦愿息争；乃事多拂逆，时会使然。

伊云：其时所求于贵国之条款，无甚关系；未蒙应允，大为可惜！初战之始，我两国譬如两人走路，相距数里耳；今则相距数百迈，回首难矣！

李云：终须回头；贵大臣总理国事，何难之有！

伊云：相距数百迈，回走又须数百迈矣。

李云：少走几迈，不亦可乎？纵令再走数千里，岂能将我国人民灭尽乎？

伊云：我国万无此心。所谓战者，乃两国将一切战具如兵船、炮垒、器械等彼此攻灭以相弱耳，与两国人民毫无关涉。

李云：现国家已愿和矣，自可不战。

伊云：我兵现驻金州等处，见所有华民较朝鲜之民易听调度，且做工勤苦；中国百姓诚易治也！

李云：朝鲜之民，向来懒惰。

伊云：朝民招为长夫，皆不愿往；我国之兵现往攻台湾，不知台湾之民如何？

李云：台湾系潮州、漳、泉客民迁往，最为强悍！

伊云：台湾尚有生番？

李云：生番居十之六，余皆客民。贵大臣提及台湾，想遂有往据之心；不愿停战者，因此？但英国将不甘心，前所言恐损他国权利，正指此耳。台湾不守，则又如何？

伊云：有损于华者，未必有损于英也。

李云：将与英之香港为邻。

伊云：两国相敌，无损他国。

李云：闻英国有不愿他人盘踞台湾之意。

伊云：贵国如将台湾送与别国，别国必将笑纳也！

李云：台湾已立一行省，不能送给他国。二十年前，贵国大臣大久保以台湾生番杀害日商动兵，后赴都议和，过津相晤云：我两国比邻，此事如两孩相斗，转瞬即和；且相好更甚于前。彼时两国几乎战争，我立主和局；倡议云：生番杀害日商与我无涉，切不可因之起衅！

伊云：我总理庶政，实甚烦冗。

李云：我来相扰，有误贵大臣公务；但此事商办，恐需时日。

伊云：我国一切事务，由皇帝签名后，本大臣亦须签名为证；至一切未经呈奉之件，本大臣亦应过目。我今来此，日行公事另有大臣代理，唯大事尚须自办。

李云：如是，贵大臣在此，可久居相商矣。

伊云：各部办事，仍在东京；唯公文办成，即寄广岛。本大臣因此事所关至重，故一切国务暂由他人代办；此地实未便久居。

李云：且待贵大臣所议和款如何。倘易于遵行，和议即可速成；否则，仍须细商，需时必多，唯望恕罪！

伊云：和款一事，两国人民盼望甚殷；愈速愈妙，万不能如平时议事延宕。且两军对垒，多一日则多伤生命矣。

李云：闻贵国皇帝将往西京？

伊云：尚未定；广岛天气不甚相宜，或徐往耳。

当即起席，各散。

第四次问答节略

光绪二十一年三月十六日午后四点钟，至春帆楼与伊藤会议。

伊云：今日复见中堂重临，伤已平复，不胜幸甚！

李云：此皆贵国医生佐藤之力。

伊云：佐藤医治中堂，其效甚速，可喜！

李云：闻佐藤谓陆奥大臣身热，是否？

伊云：陆奥大臣身子本不甚健，现患春温，至为惦念。

李云：服药当可有效。

伊云：今日身热稍平。

李云：曾进食否？

伊云：无多，一月前本大臣亦患此症，现已愈矣。中堂身子今日好否？

李云：甚好，唯两腿稍软耳。

伊云：我父母年皆八十，尚健旺。

李云：何在？

伊云：现在东京，我生长此处。

李云：是长门否？离山口县多远？

伊云：约二十英里。

李云：长门乃人物荟萃之地。

伊云：不比贵国湖南、安徽两省所出人物。

李云：湖南如贵国萨斯马，最尚武功；长门犹安徽，然不能相比，所逊多矣！

伊云：此次败在中国，非安徽也。

李云：我若居贵大臣之位，恐不能如贵大臣办事之卓有成效！

伊云：若使贵大臣易地而处，则政绩当更有可观。

李云：贵大臣之所为，皆系本大臣所愿为；然使易地而处，即知我国之难为有不可胜言者。

伊云：要使本大臣在贵国，恐不能服官也。凡在高位者都有难办之事，忌者甚多；敝国亦何独不然！

李云：贵国上下交孚，易于办事。

伊云：间亦有甚难为之事。

李云：虽有难为，赖贵皇能听善言。

伊云：皇上圣明，当登极之时，即将从前习尚尽行变易，故有今日局面。

李云：如是则诸臣之志愿得舒矣！

伊云：此皆皇上圣明，故有才者得各展所长。现谈应办之事：停战多日，期限甚促，和款应从速定夺；我已备有改定条款节略，以免彼此辩论，空过时光。中堂两次节略，一则甚长，一即昨日拟改约本。中国为难光景，我原深知；故我所备节略，将前次所求于中国者力为减少；所减有限，我亦有为难之处！中堂见我此次节略，但有允、不允两句话而已！

李云：难道不准分辩？

伊云：只管辩论，但不能减少。

李云：既知我国为难情形，则所求者必量我力之所可为。

伊云：时限既促，故将我所能做到者直言无隐，以免多方辩论；否则，照我前开约款所开，必须辩论到十日之久，方能减到如此。

李云：节略有无华文？

伊云：英文、东文已齐，但华文未全。

伊交英文，另有要款华文三纸。

伊云：只赔款、让地与占守地方三节，译有华文。

中堂阅后云：即以此已译三端开议；第一，赔款二万万为数甚巨，不能担当。

伊云：减到如此，不能再减；再战，则款更巨矣。

李云：赔款如此，固不能给；更巨更不能给，还请少减！

伊云：万难再减。此乃战后之事，不能不如此。

李云：前送节略，核计贵国开销之账，相离不远。此次赔款，必借洋债；洋债为数既多，本息甚巨，中国将有何法以偿之？

伊云：前节略云：计二十年还清洋债；何不远至四十年？为期愈远，

本息即不见重。此非我事，偶尔言及，切勿见怪！

李云：四十年拨还本息，尔愿借否？

伊云：我借不起；洋人借债，为期愈远愈妙。

李云：自开战以来，国帑已空；向洋人商借，皆以二十年为限。尔所言者，乃本国商民出借耳。

伊云：即非本国之民借债，皆愿远期。

李云：外国借债，但出利息；有永不还本者。

伊云：此又一事也；但看各国信从否？外人借债，皆愿长期；银行皆争愿借。

李云：中国战后声名颇减！

伊云：中国财源广大，未必如此减色。

李云：财源虽广，无法可开。

伊云：中国之地十倍于日本，中国之民四百兆，财源甚广，开源尚易；国有急难，人才易出，即可用以开源。

李云：中国请尔为首相何如？

伊云：当奏皇上，甚愿前往。

李云：奏如不允，尔不能去。尔当设身处地，将我为难光景细为体谅！果照此数写明约内，外国必知将借洋债方能赔偿，势必以重息要我；债不能借，款不能还，失信贵国，又将复战，何苦相逼太甚！

伊云：借债还款，此乃中国之责。

李云：不能还，则如之何？

伊云：已深知贵国情形为难，故减至此数，万难再减！

李云：总请再减！

伊云：无可再减。

李云：第一次款交清后，余款认息五厘；德之于法，固然如此。但中国自道、咸以来，三次偿给英、法军费，皆未加息；不过到期未还，始行认息。贵国岂能以西国之事来比！

伊云：如可全还，自不计息。

李云：但二万万实偿不起；如出息五厘，可允不还本否？

伊云：是犹向日本借款，日本无此巨款。

李云：不必贵国出本，但取息耳。

伊云：此办不到！

李云：余款加息，唯有出息不还本；如此办法，请为细想！

伊云：战后款应全给；所以分期偿者，亦以纾中国之力也。

李云：全行偿还，向无此办法；德之于法亦分期。现在中国先出息银，待中国筹到款项，再行还本可否？

伊云：亦办不到。

李云：既办不到，余款当不认息；款巨而又加利，不啻两次赔款。

伊云：偿款如不分期，即分期而年限尚短，当可免息。

李云：国库已空，势必借债；待债借到，再酌减年限何如？

伊云：约内不得不定明年限。

李云：约内可加活语：如能早交，自当从免。

伊云：能交清，息可全免。

李云：先期交清则应免息，自不论先交若干。

伊云：初次应交五千万云云；批准后一年，再交五千万；如第二年全交，则可免息。

李云：如不全交，第二年余款可免息否？

伊云：视余款之多少，少则免息。

李云：息不能认。日本虽胜，总不能强于英、法；英、法之于中国，战后尚未强以认息。今日认息，华人闻之必大骇异；且为数甚巨，加息不更重乎？

伊云：如能全数清偿。

李云：免息自不烦言而解。

伊云：所谓全数清还者，非一时也；乃分两年之期。期内清还，自可免息。

李云：我未能答应；借债之权在人不在我，能借到自能早还。日虽得胜，何必逼人太甚，使人不能担当！

伊云：不能担当，是否不允之说？

李云：我诚愿修和，但办不到之事，不能不直说。

伊云：照我节略，已是竭力减少矣！

李云：再讲让地一节，历观泰西各国交兵，未有将已据之地全行请让者。以德国兵威之盛，直至法国巴黎都城，后将侵地让出，唯留两县之地。今约内所定奉天南部之界，欲将所据之地全得，岂非已甚；恐为泰西各国所訾笑！

伊云：如论西国战史，不但德、法之战而已。

李云：英、法兵亦曾占据中国城池，但未请割寸土尺地。

伊云：彼另有意在，不能以彼例此。

李云：即如营口，中国设关纳税，乃饷源所在；贵国又要偿款，又要夺关税，是何情理？

伊云：营口关税，乃地生之货所出。

李云：既得地税，尚要赔款，将如之何？

伊云：无法！

李云：譬如养子，既欲其长，又不喂乳，其子不死何待！

伊云：中国岂可与孩提并论。

李云：现贫瘠实甚，犹如小孩。且营口贵国得之无益，营口之北地面甚广，货所从出，汝既据关，从来货从内地运出，中国必加税、加捐，既到营口，又纳关税，如是货贵必滞销，关税必少；且货在内地，华官或劝商人从他处出口，或重加厘税，华商断无不从之理。

伊云：此可彼此相商，且中、日可与各国商酌；况将来陆路通商章程所当议及者。

李云：加捐乃中国自主之权，外人岂能相强！所以据有营口无益贵国，不如退出再商别处。

伊云：营口以北业经退让，万难再让。

李云：台湾全岛日兵尚未侵犯，何故强让？

伊云：此系彼此定约商让之事，不论兵力到否。

李云：我不肯让，又将如何？

伊云：如所让之地必须兵力所到之地，我兵若深入山东各省，将如之何？

李云：此日本新创办法。兵力所已到者，西国从未企据；日本如此，岂不贻诮西国？

伊云：中国吉林、黑龙江一带，何以让与俄国？

李云：此非因战而让者。

伊云：台湾亦然，此理更说得去。

李云：中国前让与俄之地实系瓯脱，荒寒实甚，人烟稀少；台湾则已立行省，人烟稠密，不能比也！

伊云：尺土皆王家之地，无分荒凉与繁盛。

李云：如此岂非轻我年耄不知分别？

伊云：中堂见问，不能不答。

李云：总之，现讲三大端：二万万为数甚巨，必请再减；营口，还请退出；台湾，不必提及！

伊云：如此，我两人意见不合。我将改定约款交阅，所减只能如此。为时太促，不能多辩。照办固好；不能照办，即算驳还。

李云：不许我驳否？

伊云：驳只管驳，但我主意不能稍改；贵大臣因愿速定和局，我亦如此。广岛有六十余只运船停泊，计有二万吨，今日已有数船出口，兵粮齐备；所以不即运出者，以有停战之约故耳。

李云：停战期满，可请展期。

伊云：如和约已签押，限期可展；否则，不能！

李云：不许我驳否？伊云：驳只管驳，但我主意不能稍改。(《五次问答节略》，光绪二十一年版)

李云：德、法停战，曾再展十日。

伊云：时势各别，其时法国无主，因召民选议员开议院、选总统、派使臣等事，故多需时日。

李云：尔所欲者，皆已大概允许，意见不合者唯此数端；如不停战，何能畅议？

伊云：期限唯有十日；今日条款即请决定可否！三日后四点二刻，当候回信。

李云：事有不谐，尚须会议。

伊云：三日后如蒙允许，即请复函，尚须预备约章；彼此签押，又须多延数日。

李云：不必复函；一经面允，自可定议。三日断来不及；我明说，尚须电报请旨，不能限以时日。

伊云：接到回旨，即可决断。

李云：请旨后如何，再与贵大臣面议；俟接到回电，再来相请。

伊云：不能多待，必有限期方可。

李云：至多四五天后，尚在停战期内。

伊云：三天内当有回旨。

李云：此事重大，必须妥酌；今日所言各节，皆有训条，我不能专主。

伊云：五天，过久，急不能待。

李云：停战之期，尚有十天。

伊云：我须及早知照前敌。

李云：停战有期，前敌岂有不知！

伊云：前敌诸将，随时探知此地会议之事。

李云：尚有十天，再会一次，即可决定。且节略甚多，译华文者只有三节，其余今夜译齐，方可发电；第四日当有复旨，至迟五天。

伊云：北京回电，我想三天足矣。

李云：一有复音，即请相会；是否在此，抑请贵大臣来寓相会？

伊云：随中堂便；来此会议更好！

李云：赔款还须请再减五千万，台湾不能相让！

伊云：如此，当即遣兵至台湾！

李云：我两国比邻，不必如此决裂！总须和好！

伊云：赔款、让地，犹债也；债还清，两国自然和好。

李云：索债太狠，虽和不诚。前送节略，实在句句出于至诚，而贵大臣怪我不应如此说法；我说话甚直，台湾不易取，法国前次攻打尚未得手，海浪涌大，台民强悍。

伊云：我水师兵弁，不论何苦皆愿承受。去岁北地奇冷，人皆以日兵不能吃苦；乃一冬以来，我兵未见吃亏，处处得手。

李云：台地瘴气甚大，前日兵在台伤亡甚多；所以台民大概吸食鸦片烟，以避瘴气。

伊云：但看我日后据台，必禁鸦片。

李云：台民吸烟，由来久矣。

伊云：鸦片未出，台湾亦有居民；日本鸦片进口，禁令甚严，故无吸烟之人。

李云：至为佩服！

伊云：禁烟一事，前与阎相国言及，甚以为然。

李云：英人以洋药进口，我国加税，岂能再禁！

伊云：所加甚少；再加两倍，亦不为多。

李云：言之屡矣，英人不允。

伊云：吸烟者甚懒，兵不能精。

李云：此事迫于英人，难以禁止。

伊云：当先设法自禁，洋烟自不进口。

中堂起席，与伊藤作别。握手时，再请将赔款大减；伊藤笑而摇头，云不能再减而散。

第五次问答节略

光绪二十一年三月二十一日两点半钟，至春帆楼与伊藤会议。

李云：陆奥大臣今日身子如何？

伊云：稍好，本愿来此会议，佐藤医生戒其外出。

李云：佐藤今晨言及陆奥身子尚未痊愈，不可以风。昨日我派经方至贵大臣处面谈各节，一一回告，贵大臣毫不放松，不肯稍让。

伊云：我早已说明，已让至尽头地步；主意已定，万不能改，我亦甚为可惜。

李云：现已奉旨，令本大臣酌量办理。此事难办已极，还请贵大臣替我酌量，我实在无法酌量！

伊云：我处境与中堂相似。

李云：尔在贵国所论各事，无人敢驳。

伊云：亦有被驳之时。

李云：总不若我在中国被人驳斥之甚。

伊云：我处境地，总不如中堂之易。中堂在中国位高望重，无人可能摇动；本国议院权重，我做事一有错失，即可被议。

李云：去岁满朝言路屡次参我，谓我与日本伊藤首相交好；所参甚是，今与尔议和立约，岂非交好之明证？

伊云：时势彼等不知，故参中堂；现在光景彼已明白，必深悔当日所参之非。

李云：如此狠凶条款，签押又必受骂，奈何？

伊云：任彼胡说。如此重任，彼亦担当不起，中国唯中堂一人能担此任！

李云：事后又将群起攻我。

伊云：说便宜话的人到处皆有，我之境地亦然。

李云：此固不论。我来议和，皇上令我酌定，如能将原约酌改数处，方可担此重任。请贵大臣替我细想，何处可以酌让？即如赔款、让地两端，总请少让，即可定议。

伊云：初时说明，万难少让。昨已告明伯行星使，已尽力让到尽头；不然，必须会议四五次方能让到如此。我将中国情形细想，即减至无可再减地步。盖议和非若市井买卖，彼此争价，不成事体。

李云：前临别时请让五千万，当时贵大臣似有欲让之意；如能让此，全约可定。

伊云：如能少让，不必再提，业已让矣！

李云：五千万不能，让二千万可乎？现有新报一纸在此，内载明贵国兵费只用八千万；此说或不足为凭，然非无因。

伊取报纸细看。

答云：此新闻所说，全是与国家作对，万不可听！

李云：不必深论，但望减去若干亦好！

伊云：我国之费，多于此数。

李云：请让少许，即可定议，当电明国家志感。

伊云：如可稍让，尽已让出。

李云：贵国所得之地甚多，财源甚广；请从宽处着想，不必专顾目前！

伊云：所有财源皆未来事，不能划入现在赔款。

李云：财源甚多，利益甚薄。

伊云：将来开源之利，皆用在地面上，万无余款。

李云：财源不仅如此，必定兴旺。

伊云：欲开财源所费甚大。

李云：即以台湾而论，华人不善经营；有煤矿、有煤油、有金矿，如我为巡抚，必一一开办。

伊云：矿产一开，必以贱价售诸华人。

李云：华商不能白得。

伊云：未开之地必须经营，所费不赀。

李云：所费愈大，得利愈溥；何妨赔费略减若干，他日利源所补多矣。即我中国借债，亦稍容易。我在北京，洋人肯将台湾押借二千万金镑；后我东来，皆知日人强索台湾，此事即搁起不提。所押已如此之多，出卖则其价更巨。

伊云：中国财源甚大，借债不难。

李云：无论如何，总请再让数千万，不必如此口紧。

伊云：屡次说明，万万不能再让。

李云：又要赔钱、又要割地，双管齐下，出手太狠；使我太过不去。伊云：此战后之约，非如平常交涉。（《五次问答节略》，光绪二十一年版）

李云：又要赔钱，又要割地，双管齐下，出手太狠，使我太过不去。

伊云：此战后之约，非如平常交涉。

李云：讲和即当彼此相让，尔办事太狠，才干太大！

伊云：此非关办事之才，战后之效不得不尔；如与中堂比才，万不能及！

李云：赔款既不肯减，地可稍减乎？到底不能一毛不拔。

伊云：两件皆不能稍减；屡次言明，此系尽头地步，不能少改。

李云：我并非不定约，不过请略减，如能少减，即可定约。此亦贵大臣留别之情，将来回国，我可时常记及。

顧改因念中堂多年交情故減萬萬
李云如此口緊手辣將來必當記及
伊云我與中堂交情最深故已多讓國人必將罵我我可擔
肩請於停戰期前速即定議不然索款更多此乃舉國之意
李云賠款既不肯少減所出之息當可免矣
伊云日前會議說明換約後一年內兩期各還五十萬又一
年將餘款一萬萬還清息可全免
李云萬一到期款借不到但出息可乎
伊云不能此與日前所說相同但認息不還本只算日本借
錢我國無此力量日本開戰以後未借洋債中國已借數

伊云：所减之数，即为留别之情；昨已告伯行星使，初约本不愿改，因念中堂多年交情，故减万万。李云：如此口紧手辣，将来必当记及！（《五次问答节略》，光绪二十一年版）

伊云：所减之数，即为留别之情；昨已告伯行星使，初约本不愿改，因念中堂多年交情，故减万万。

李云：如此口紧手辣，将来必当记及！

伊云：我与中堂交情最深，故已多让；国人必将骂我，我可担肩。请于停战期前速即定议；不然，索款更多，此乃举国之意。

李云：赔款既不肯少减，所出之息当可免矣！

伊云：日前会议说明，换约后一年内两期各还五千万，又　年将余款一万万还清，息可全免。

李云：万一到期款借不到，但出息可乎？

伊云：不能；此与日前所说相同，但认息不还本，只算日本借钱，我国无此力量。

李云：中国更无力量。日本开战以来，未借洋债；中国已借数次，此日本富于中国之明证。

伊云：此非日本富于中国，日本稍知理财之法。

李云：中国将效日本理财；现在甚贫，借债不易。

伊云：我看甚易，断不为难。

李云：现在毫无头绪，俟我回国再议；如三年之内本还清，可免息否？

伊云：三年内果能还清，息可全免。

李云：约内可添明若三年后清还云云。此乃活语；如此写法，不过少有体面，所有便宜无多。

伊云：约内写明第一次交清后，余款认息云；如三年不能交清，则以前之息必须一体加添。

李云：三年内清还免息，如不还，一并加息。

伊云：一并加息，甚为纠葛。

李云：莫若二万万内减去二千万以抵偿息。如此一万八千万即照约内所载办法，更简捷？

伊云：不能，且三年内交清免息，应于约内载明，以免误会。

李云：如此巨款，岂能预定？

伊云：我亦恐两年内交清难以预定，故将还期延至七年之久。

李云：少去二千万，中国可少借二千万。

伊云：万万不能！

李云：三年内清还免息，不必写入约内；可另立专条。

伊云：此事不能另立专条，应于约内写明。

李云：你将第四款反复观看，可另有主意？

伊云：或三年内还清免息，或应否写明一定办法。

李云：无妨加一活语，倘三年内云云。

伊云：必须写出一定办法。

李云：借钱之权在人，借到方可写明。

伊云：只好照原约写。

李云：中国前赔英、法兵费，但写明过期不还，方认利息；今即加息，亦太不情！

伊云：英、法甚富，故可免息。

李云：尔想钱太过，索款又巨、利息又大！

伊云：其时英、法之兵，不如日本之多。

李云：英国其时调有印度兵。

伊云：取调不多。

李云：两年清还免息，可添入原款乎？

伊细想多时。

乃云：如有停息，只有一样办法：三年内照旧认息；若三年之内果真清还，可将所认之息抵作本款。

李云：是否三年将本全还，并认利息，则将已偿之息作本？

伊云：此为换约后六个月交五千万，再六个月又交五千万，其时应交一万万之息；第三、第四等期，照算。如三年届满将余款交清，则前二年半所认之息即可划算应交余款。唯三年，当自换约之日起算。

李云：即写如三年之内能将全款清楚云云；请贵大臣看后，即可添入第四款。

伊与属员互商；即云：添入。

李云：尚有数条相商，并非与原约有所增减，不过将约内之意声明，以免将来误会。如辽河口界线，该线一到营口之辽河后，当顺流至海口止，彼此以河中心为界；此乃公法，凡以河为界者莫不如是。

伊云：将来勘界时可定。

李云：即可照此添入第二款内之第二条下。

伊云：甚是，可照行。

李云：第五款，两年后让地内尚未迁出之华民，可视为日本臣民；但有产业在让地内而人远出者，两年后应请日本保护，视同日本臣民之产业。

伊云：此事难允；现在日本与西国所订条约，不准外人在日本地内置买产业。

李云：我所说的，乃原有之产业，与外人新置之产业不同。

伊云：此与日本律法有异，不易办理；外人必将借口。

李云：此乃祖先留传之产业，可照章纳税，有何难办？中国人民皆可在别县置产。

伊云：华民在中国隔县置产，非外人可比；如日本听华人在内地有产，则外国必将援一体均沾之例以要我。

李云：台湾华人不肯迁出，又不愿变卖产业，日后官出告示，恐生事变，当与中国政府无涉。

伊云：日后之事，乃我国政府责任。

李云：我接台湾巡抚来电：闻将让台湾，台民鼓噪，誓不肯为日民。

伊云：听彼鼓噪，我自有法。

李云：此话并非相吓，乃好意直言相告。

伊云：我亦闻此事。

李云：台民戕官聚众，视为常事，他日不可怪我！

伊云：中国一将治权让出，即是日本政府之责。

李云：不得不声明在先。

伊云：中国政府只将官调回、兵撤回而已。

李云：绿营士兵不可他往，驻防之兵可撤回。

伊将所译免息一条英文阅过，与华文相对不错。

李云：即可照此添入。

李云：台湾官绅交涉事件纷繁，应于换约后六个月方可交割清楚；

此节添入约款内。

伊云：我意：批约后数礼拜即派兵官赴台收管。

李云：可派人与台湾巡抚共商，以清经手事件。

伊云：换约后请华官出示台民，我派兵官前往将一切军器暂行收管。

李云：所派有文官否？

伊云：文官亦派。

李云：交割是大事，应先立简明章程；日后照办，方免纠葛。

伊云：我不能延至六月之久再议交割；换约后，立即派人前往。

李云：约内可改云：换约后，两国互订交接简明章程。

伊云：有一专条在此，专为台湾之事。

即将东、英文交阅。

李接看东文不懂，令译英文。其略云：一切堡垒、枪炮与公家对象，皆交日本武官收管；所有华兵行李私物，准其自携。日官指定一处，令华兵暂住，直至调回内地。中国政府，限日撤回；一切费用，中国自认。兵撤回后，日官将洋枪送还。然后派文官治理地方，公家产业由彼收管。其余细节，皆由两国官兵彼此商定等语。

中堂听毕云：此系换约后之事，我无权先定。

伊云：中堂改期有权，此条与和约均重，何为无权？

李云：此皆换约后应商之件；如通商水陆章程诸事，皆可同时商酌。

伊云：此乃最要、最急之事。

李云：换约后方可定；我无权管台湾巡抚，总理衙门方有此权，应在总理衙门商议。现议之约，不过将台湾让与日本而已；抑或俟互换本约时，另立让台简明章程。

伊云：耽误时日。

李云：约不互换，尚不算准，台湾仍系中国之地。

伊云：是也。

李云：可写明至台湾一省，俟本约批准互换后两国再行互议交接章程。

伊云：我即派兵前往台湾；好在停战约内，台湾不在其内。

李云：本约内可将台湾删去，候贵国自取！

伊云：交接之时何不限定？

李云：此事我难专主。

伊云：六月为期太久，换约后总理衙门可否即定简明章程？此约一经互换，台湾即交日本。

李云：虽交日本，交换之时应另议简明章程。

伊云：无须章程，中国当将驻台之兵撤回而已。

李云：如不要章程，何以有此专条？

伊云：专条之内不过数款，单讲撤兵之事；唯延至六个月之后再行交接，未免过迟。

李云：何不云换约后，两国派员议定交接章程？

伊云：应否限定日期？

李云：不必。

伊云：换约后即行交接。

李云：不议章程乎？

伊云：限定一月足否？

李云：可俟条约批准互换后一个月内两国派员妥议交接章程。

伊云：一个月内应交接，不必议章程。

李云：你说要派文官，何不令文官与台抚相商？

伊令伊东写出英文：一俟换约后一月内两国各派大员办理台湾交接。

李云：一月之限过促。总署与我远隔台湾，不能深知情形；最好中国派台湾巡抚与日本大员即在台湾议明交接章程，其时换约后两国和好，何事不可互商？

伊云：一月足矣。

李云：头绪纷繁，两月方宽，办事较妥；贵国何必急急，台湾已是

李云：头绪纷繁，两月方宽，办事较妥；贵国何必急急，台湾已是口中之物！伊云：尚未下咽，饥甚。（《五次问答节略》，光绪二十一年版）

口中之物！

伊云：尚未下咽，饥甚。

李云：两万万足可疗饥；换约后尚须请旨派员，一月之期甚促。

伊云：可写一月内奉旨派员云云。

李云：不必写明奉旨等语。

伊云：一月内即可派员否？

李云：月内即可派员；至交接一节，应听台抚随时酌定。

伊云：当写明两月内交割清楚。

李云：月内各派大员妥议交割，不必限定何时。

伊云：当写明两月交割，免生枝节。

李云：但写一月内两国各派大员议定交割。

伊云：月内派员妥议，两月内交割清楚。

李云：两月内派员交割。

伊云：不如一月内派员，再一月交割。

李云：各派大员，限两月内交接清楚。

伊云：为何不允一月内派员，再一月交割？

李云：不如写两国速派大员，限两月内妥议交割。

伊云：可改互换后立即派大员云云。

李云：可写又台湾一省，应于本约批准互换后，两国立即各派大员至台湾，限本约批准互换后两个月交接清楚。

伊接看云：可照办。

李云：第六款内第二条日本国臣民租栈一节，末有官员勿得从中干预字样。此条本意，原为华官不能强索日商规费等事，但如此写法太混；假如日商犯案逃匿所租栈房，本地方官即无权入栈搜查。所以，应请将前项字样删去！

伊云：可删去。

李云：第四条中国海关皆用关平纳税，今此条内改用库平，不能一律；又日本银圆在通商各口皆与鹰洋照市价通用，此条何必写明？全条可删！

伊云：全可删。

李云：第五款原文日本臣民准在中国制造一切货物等语，意未清楚；如此，日商亦可前往内地制造。应写明日本臣民准在通商口岸、城邑制造一切货物等语，以示限制。

伊与其属员往返细商，方允添入。

李云：第八款威海卫留兵，日本究派多少？

伊云：一万。

李云：无处可住。

伊云：将添盖兵房。

李云：刘公岛无余地。

伊云：在威海卫口左近。我武官初意，想派二万住盛京、二万住威海。

李云：款内各费由中国支办等语，可将此节删去；前英、法亦曾驻兵，我国皆未偿费。

伊云：驻兵偿费，仍欧洲通例。

李云：既已割地，又赔兵费，而且加息；留兵之费，应在赔费内划出。

伊云：赔费乃我战事所用之费；留兵之费，又是一事。

李云：中国认不起。

伊云：此照欧洲通例。

李云：现在亚细亚，何云欧洲！且英、法未曾支办，中国约章俱在，可查照也。

伊云：何时？

李云：英国留兵在广东、舟山、大沽等处。

伊云：彼留兵非为抵押赔偿。

李云：英、法于同治初年留兵大沽、上海，皆为赔费之质，中国并未给兵费；本约皆已全允，些许小事何不相让？

伊云：一年之费不赀。

李云：已赔兵费，数年之利又数百万；何必如此算小，此甚小事！

伊云：本约何时签订？

李云：约本抄定，即可签订。

伊云：此次英文不必签押，唯将中、东两文签押而已。不过英文句意清楚，万一误会，可用解明；为此有一专条请看！

中堂将专条华文阅后云：此华文可行。

伊云：我处各写本约英、东文两份，请贵处写华文两份！

李云：贵处英、东文何时可齐？

伊云：明晨即有；至威海卫驻兵一节：另有华文专条在此，请看！

中堂接看云：皆可照办；唯须将支办军费一条删去！

伊云：自签约起、至换约时，限十五日可否？

李云：批准换约皆系大皇帝之事，本大臣不能专主；必须请旨可定。

伊云：明日签押时，当定明互换之日。

李云：本大臣到津，当专员赍约晋京，送与总理衙门；然后进呈皇上，方可择日批准。转折甚多，难以限定日期。

伊云：约内必须写明换约日期。

李云：约内写定换约之期，皆在签押后多则一年、少则六月。

伊云：此约签后，十日换约足矣。

李云：前已言明，转折甚多；或者十五日之先，亦未可知。但此系皇上之事，不能预定。

伊云：两国大皇上皆应如此。

李云：不能写定。

伊云：凡约皆应写明换约之期；我国主现在广岛，即可批准。

李云：此近我远，不能相比。

伊云：换约之地何处？

李云：当在北京。

伊云：北京我无使臣驻扎，如派人往，当派兵护送，不便。

李云：此次我来，所费实多；签押之后，两国即系友邦，批约后更加和好，可在天津换约。我国换约，向在北京、天津两处。

伊云：此非成例。

李云：议约我来贵国，换约贵国当派人来华；有来有往，方称和好。

伊云：换约之前，我兵在旅顺口、大连者有二十万，两处皆无营房可住，故皆在船上听候换约，方能撤回。故换约之期，愈速愈妙；可否即在旅顺口换约？

李云：日兵即可撤回，此约将必批准。

伊云：不换约，和局尚未定。

李云：何不派武员来津换约？最好派川上。

伊云：派人皆由皇上定夺，川上未必能去。

李云：川上为人和气，与津郡文武人员相好。

伊云：他尚难离营。

李云：签押后必不开衅，营中无事，川上可来。

伊云：万一不准，又将如何？

李云：一经批准，我即电告尔处；电报用何密本？

伊云：电报可用英语，无须用密码；但换约之时与换约之地应定。

李云：此皆我皇上之事，难定。

伊云：凡约，皆定明换约之时，故请定十五日。

李云：十五日为时太促，一月稍从容。

伊云：我兵太多，住一月太久。

李云：一月之内可否？

伊云：三礼拜内。

李云：约内从未写"礼拜"两字。

伊云：不写"礼拜"，写"二十"。

李云：一月之内。

伊云：多至二十日。

李云：天津换约可定否？

伊云：应派兵护卫，不便。

李云：派十兵船足矣。

伊云：兵船不能过拦江沙，何不在烟台换约？

李云：烟台换约，亦当请旨。

伊云：换约之地有定，约方可定。

李云：天津换约可定！

伊云：何故不在烟台？

李云：签约之后，可到天津，必不生事；所贴兵费，可定否？

伊云：现已议过；定约之时与定约之地，是否即在烟台，期以二十日为限？

李云：总须一月之内。

伊云：此约谅可批准；万一不准，又将开衅，故愈速愈妙。

李云：此约谅可不驳，但请放心。

伊云：总须定明换约之时！

李云：敕书内写明如果详阅各条妥善，再行批准，所以，我不能做主。

伊云：我国敕书亦是如此写法。

李云：批准在先，换约在后；一经批准，当即电告。

伊云：总须订明；一经批准，接电后方可派员。

李云：尔已许二十日；我说一月之内，所差十日，无多。

伊云：明日签押，后日中堂登程，到津即可专差将约本赍京，为时甚速。

李云：我到津后尚须请假，另派员将约本送至总署进呈。中国做事转折甚多，期限不能过促。

伊云：此讲和之事，非寻常可比，故愈速愈妙。

李云：平常约章换约，皆在一年之外。

伊云：去岁我国与英国新立约章，在七月十七日画押，十八日英君主即已准批。

李云：中国之事，不能如此。比如批准后，又须派员至津候船至烟台，皆不能克期；烟台换约从尔，日期当由我定。

伊云：二十日足矣。所差九日所费实多，六十只运船在大连湾，兵皆在船守候。

李云：据我看，签押后即可将兵调回。

伊云：不能。

李云：我在下关三十日定约，不为不速。他日约本由津送京呈进，盖用御宝，然后派员来津守候船只到烟台；此中耽误日期不少，何必匆促为此不情之请！

伊云：十天所差太多。

李云：此甚小事，岂可因此龃龉！中国办事，向来延缓；比如正月十九日奉旨，即速料理，来此已二月二十三矣。换约之期，写明签押后一月内；我当能催早。限定二十日太促，万一不及，又将失信。

伊云：西国议和皆皇上自定，立即批准互换。

李云：现在亚细亚，何必常以欧洲之事相比！换约之地从尔，期限当从我。

伊云：一月究竟太远。

李云：留兵贴费，究竟可去否？

伊云：不能去。

李云：何法？

伊云：中国为难情形，无论如何，兵费总须各认一半。

李云：二百万兵费太多；一百万各半，不问所费若干，每年我净贴五十万，一应在内。

伊云：此费只可养一营。

李云：何必多派留兵？与贵国甚近，万一有需，即可调来。

伊云：留兵为抵押赔款，非为别事。

李云：英、法留兵皆无兵费，贵国应宽大办理！

伊云：换约之期，究竟二十天定否？

李云：已讲明一月。

伊云：太远，签约应从速，批准互换亦然。

李云：转折甚多。

伊云：二十日足矣。烟台甚近，如能准二十天，我即准贴费五十万；不然，必要一百万。

李云：换约之期总须请旨，每年贴费五十万，自换约之日起。

伊云：如能允二十日！

李云：我不能做主。

伊云：能允一月，何不允二十日？

李云：写明一月，我可催及早互换。会议已久，当派参赞将约本校对清楚，后日签押。

伊云：何不明日签押？我处明早即可写齐。

李云：我处必须明晚方齐，后日签押。

伊云：即定后日十点钟。

李云：仍在此处当面签约否？

伊云：然也，但两件事应定明。

李云：我回去请旨，换约日期可空。

中堂起席，伊又谆谆以二十日为请，方可允贴费五十万；中堂答以言定不必多议而别。时已七点钟。

（《五次问答节略》，光绪二十一年版）

使相遇刺纪实

　　西报记李中堂遇刺事，照译之曰：光绪二十一年二月二十八日，中堂自会议处言旋，将至行馆，忽有日人自人丛中走出，距舆前五尺许，以手枪击中堂，倏逸去。警察追捕之，刺客奔入店中，与捕相拒，旋为所擒。查验手枪，有已放枪子一枚，未放者四枚。当中堂之被击也，眼镜带稍低，以便瞻望。枪子击破左镜，中左颧，深入左目下，碎镜纷落衣襟及舆内，幸创口与目无之。舆夫见刺客所为，骇惧，逡巡不能进，警察促之行，拔剑逐路人，拥舆至行馆，舁入寝室，中堂晕眩几不省人事。随即两医官奔至，见流血甚多，方取止血药，而裹创手帕，血已满矣。止血裹创后，中堂略息片时，医官乃探枪子所在。日本医士亦驰至，互商方药。中堂谓，被刺时，唯仿佛见一人持手枪来，距舆前数尺，忽闻枪声，即觉左颧痛甚，以手抚之，知左目下受伤流血，遂以手帕拭之。血洒袍服殆遍，自料必死，幸心神镇定不乱，唯晕眩难支云。其时，日官来问伤状者络绎不绝，寝室前后甬道游廊皆满。俄而伊藤、陆奥两大臣躬诣慰问，谢罪甚恭，忧惧之情，见于辞色。地方文武大小员弁，纷至沓来，慰问甚周。众医探取枪子，穷极心力，不得其处。行馆随使员役，无不恐惧。行馆外派警察甚众，四围防守，出入稽查，兵士巡逻街道，以备非常。境内，申行军律，颁示保安条例，如是者。数日，卒无他变，乃知行刺之事，仅一狂病丧心者之所为，非有乱党约期举事也，众始稍安。山口县知事及警察长，同时解职。巡查加严，凡入境者，人与行李，无不搜查，行旅苦之。

翌日，日皇遣御医一人，军医二人，来视疾，探取枪子甚久，亦不得其处。被刺之三日，众医既不能决伤之致命与否，乃共议割取枪子，以免日久变生。然恐年迈创剧，流血已多，震动全体，终归无益。于是定议，暂缓数日，以观其变。厥后，伤不增剧，日有起色，渐次复原。众乃窃喜，以从缓观变之议为是也。初，众医之议取枪子也，请命于中堂曰："割取枪子，子出，则创愈，然难保无虞，且取出之后，尚须静养多日，尤不能稍劳心力。"中堂慨然曰："国步艰难，和局之成，刻不容缓，予焉能延宕，以误国乎？死生有命，我宁死无割。"遇刺之明日，见血满袍服，或言曰，此血，所以报国也。中堂潸然出涕曰："舍予命而有利于国，予亦不之靳也。"当是时，日人方图远略，无停战意，举倾国之师，逼我和。款所索既奢且不愿遽和，而我全权大臣复被刺，随使各员，罔不忧惧。中堂忧劳伤心，创亦难速愈，然中堂心虽忧而气不馁，力疾筹商一切，虽创剧偃卧，犹口授事机，一若未经受创也者，力谏，不听，众医苦之。迨停战之约就和，局有转机，中堂心稍安，创亦渐愈。伤之速痊，停战之力居多是，停战之举，胜于医者之药石也。日人目击中堂年高受创，寝疾不能起，无以自解于天下，幡然有悔过之心，故允停战，而合约条款，亦酌改从轻，此口舌所不能争而借一枪子之伤以得之者也。唯中堂不避艰险，不畏劳瘁，虽身受重创，犹扶病从公，不惜一身支撑危局，忍辱负重，危身奉上，为人所不能为，卒能化干戈为玉帛。纾朝廷宵旰之忧，拯生灵涂炭之厄，使时局危而复安，则一子之伤而定难回天，实权舆于此，岂天下之小故哉，是可纪也。

日本外部送到日皇明降谕旨云：中国现在虽与我国兵争未息，而按照仪节格式，钦派头等全权大臣，前来缔结和局，经朕遣派全权大臣等，前赴马关会议，我国应有责成，确遵万国通例，优待中国钦使，方与国家体面相符。并应优予护卫，以资保安。朕业已迭降特旨，饬令文武官员，懔遵办理去后。现查据有不法凶徒，下贱已极，竟敢伤及中国头等全权大臣之身，朕心深为忧愁惋惜。其凶犯，自应饬吏按照国律内最严之刑办理，兹特明降谕旨。通饬官民，钦遵旨意，保我国家荣耀声名，庶不致再有此等狂悖不法情事，而损我国之光誉也。

照录预审判语云：犯人小山丰太郎，即六之介，明治二年三月所生，住郡马县邑乐郡大岛村大字北大岛第四十二番，平民，无事业。右小山丰太郎，系犯谋杀未遂罪名，由检事请办前来。兹将预审口供，录开于下。被告小山丰太郎，因去年日清两国，生此葛藤，至交干戈，皆中国大臣直隶总督李之所为。非去此人，则不能保持东洋之平和，故欲前往中国行刺，因此事不能允准，今兹三月，闻李为议和全权大使，来山口县赤间关，有此好机会，似不可失，因生杀意。于明治二十八年三月十一日，在神奈川县横滨市金丸谦次郎处，买得短铳一挺，于是月十二日午后，由东京陆路动身，是月二十四日抵赤间关，是日午后四点四十分钟时，在赤间关市外滨町，用该铳欲击大使胸部，由轿外放击，误中左下眼窝去方外中央一寸许之所在，致不能遂其杀害之意。以上事实凭证十足，应照法律刑法第二百九十二条第百十二条及第百十三条，移请山口地方裁判所，归重罪审判。被告人于此判，得以上控，其期日由判文交付之日起三日以内。明治二十八年三月二十五日，山口地方裁判所赤间关分局预审判事远山嘉，又裁判书记仁泽金平。

日本外务大臣来函云：启者，罪犯小山丰太郎，今由山口地方裁判所，定以无期徒刑，即终身徒罪，由该裁判所检事长野，寄电报前来。先此奉达，即祈查照。外务大臣子爵陆奥宗光。（光绪二十一年三月初五日到）

照录结案判文云：小山丰太郎预审之后，照谋杀未遂，定案审结判断，被告丰太郎，因我帝国与中国启衅致动干戈，皆中国现任钦差头等全权大臣李，暗为主持。思非绝其生命，则我国不能得志，难保东方之平和，适闻其奉命来我帝国山口县赤间关议和，遂决意行刺。于明治二十八年三月十一日，在神奈川县横滨街上金丸谦次郎店中，买得五响短枪一支，并弹子。于是月十二日，由东京起旱，至二十四日，到赤间关觇机会。适是日午后四点四十分钟时，李大臣坐轿经过该市外滨町，遂装置弹子五个，用短枪由轿前欲打其胸部，误中左眼窝下，距中央约有一寸许之部位，弹子深入约四寸，不能损其命。以上事实，系该被告当堂自供。查证人宪兵上等兵阿部恒次郎之预审供词，并陆军二等军医止古宇田信近之诊视医案，征以现在之短手枪弹子，凭证十足。照法律，被告之所为，系预谋杀人。虽已行其事而因意外舛错，以致未遂。照刑法第二百九十二条第百十三条一项第百十二条并第六十七条之例，由死刑一等，议以无期徒罪。犯人所用短枪，并装置弹子四个，照第四十二条第二例，收没入官，其他物件，照刑事诉讼法第二百二条，交还被告，照上理判定如下。被告小山丰太郎，办以无期徒罪，短枪一个弹子四个收没入官。此外，不收没物件，皆交还被告。明治二十八年三月三十日堂判。检事黑部陈平，书记市川保雄。

译录日本西字报云：马关信息，传至本国枢桓，及各当道之时，罔不大为震动。闻中国使臣，与伊藤相国执别仅数分钟，即遭非常之害。相国闻信，震怒惊天，并对左右言及，倘该犯以和为非，应将本大臣枪击，不应戕害中国使臣。盖议和一事，所有条款，专靠本大臣定夺，非靠中国行成使臣也。言迄，随即前往华使馆慰问。回辕，则抑郁难申，并称此事虽出自狂悖之徒，实大玷我国声望。若该枪子非伤及华使，而伤及本大臣，则事体较细，盖本大臣即遭此而毙命，于我国无关轻重也。又闻兵部尚书山县有朋接电之时，正值批览要公，一阅电文，不胜烦恨，立即离案大呼，该匪罔顾国家大计，旋唤马车，驱赴大营。又水师继统桦山资纪，闻此信息，即由客寓，奔往大营，迨旋寓，则深为焦灼，竟夜筹思云。

照译陆奥三月初三日来文云，大日本国大皇帝，因二十八日之忧，抱歉殊深，特谕本大臣等，即允停战，无庸苛求，唯须定明日期界域。

此系本国前未允行者，敝同寅伊藤，目下不在马关，贵大臣之所知也。贵大臣得便，随时可与详订应办各节，以便早立停战条款。

[〔美〕林乐知编译，蔡尔康纂辑：《中东战纪本末》（一），

台北：广文书局 1972 年版]

上图：李鸿章在日遇刺报上刊载的病情诊断书（《东京朝日新闻》明治廿八年三月二十七日一版）

左下图："当中堂之被击也，眼镜带稍低，以便瞻望。枪子击破左镜，中左颧，深入左目下，碎镜纷落衣襟及舆内。"图为井上胜之助在家书中随手所绘李鸿章受刺像，选自吉辰：《昂贵的和平：中日马关议和研究》，生活·读书·新知三联书店 2014 年版

右下图：李鸿章于 1896 年摄影，其左眼下弹痕即为 1895 年马关被刺时所留，选自吴汝纶编：《李鸿章全集》第 1 册，海南出版社 1997 年版

书　愤

上諭忠憤錄八
子二
普天忠

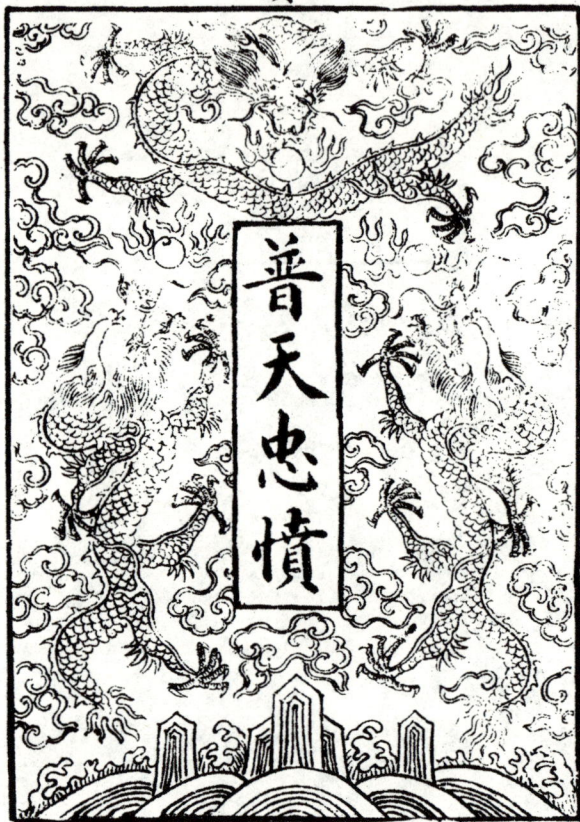

上諭忠憤錄恭集是二字題名

普天忠憤

"近日和约定议，廷臣交章论奏，谓地不可割，费不可偿，仍行废约决战，以冀维系人心，支撑危局，其言固出于忠愤，而于朕办理此事熟筹审处不获已之苦衷有未深悉者。"（光绪二十一年四月十四日上谕）图为乙未和约后，时人编印的关于甲午战争的文献《普天忠愤集》书影。图片选自孔广德编：《普天忠愤集》，台北：文海出版社1975年版

丘逢甲：台事诗〔1〕

离台诗六首〔2〕

其一

> 宰相有权能割地，孤臣无力可回天。
> 扁舟去作鸱夷子，回首河山意黯然。

其二

> 虎韬豹略且收藏，休说承明执戟郎。
> 至竟虬髯成底事？宫中一炬类咸阳。

其三

> 卷土重来未可知，江山亦要伟人持。
> 成名竖子知多少，海上谁来建义旗？

---

〔1〕 丘逢甲念台诗很多，这里仅选择少数几首脍炙人口的诗。
〔2〕 1895 年，《马关条约》签订后，举国激愤，台人奋起抗日。5 月，丘逢甲被推为大将军，与
敌周旋，7 月，兵败内渡。此系他乘舟离台时所作。诗前有"原序"云："将行矣，草此数章，
聊写积愤。妹倩张君请珍藏之。十年之后，有心人重若拱璧矣。海东遗民草。"

其四

从此中原恐陆沉，东周积弱又于今。
入山冷眼观时局，荆棘铜驼感慨深。

其五

英雄退步即神仙，火气消除道德编。
我不神仙聊剑侠，仇头斩尽再升天。

其六

乱世团圆骨肉难，弟兄离别正心酸。
奉亲且作渔樵隐，到处名山可挂单。

送颂臣之台湾二首[1]

其六

亲友如相问，吾庐榜"念台"。
全输非定局，已溺有燃灰。
弃地原非策，呼天倘见哀。
百年如未死，卷土定重来。

其七

王气中原在，英雄识所归。

---

[1] 谢颂臣，名道隆。台湾廪生，义军"壮字营"统带。1896 年，谢重返台湾，图谋举事，作者有诗相赠。

为言乡父老，须记汉官仪。
故国空禾黍，残山少蕨薇。
渡江论俊物，终属旧乌衣。

重送颂臣

恻恻重恻恻，行人适异域。
华夷忽易地，何处为乡国。
车马多离声，川原带行色。
同来不同往，欲语涕沾臆。
论交本世好，古谊吾所式。
结发论文字，廿载忘形迹。
海氛忽东来，义愤不可抑。
出君箧中符，时艰共戮力。
书生忽戎装，誓保台南北。
当时好意气，灭虏期可刻！
何期汉公卿，师古多让德。
忽行割地议，志士气为塞。
刺血三上书，呼天不得直。
北垣遽中乱，满地潲兵贼。
此间非死所，能不变计亟。
亲在谋所安，况乃虏烽迫？
乾坤巳中变，万怪竞荒惑。
人情易翻复，交旧成鬼蜮。
君亦挈家来，航海期不忒。
得君意中慰，归粤途始即。
卜居家再迁，山中事稼穑。

与君此偕隐，山水况奇特。
君言："暂归视，尚有旧庐室。
来如潮有期，信在期不失。"
闻君言未毕，哀泪弗能拭。
翘首沧海东，苍波渺无极。
昔时干净土，卵育长鲸匿。
吾兄去秋往，三春阻消息。
因君速归驾，异类安可昵？
愿君信如雁，勿竟誓成鳓。
归途逼炎景，珍重慎眠食。
到时常寄书，千里若门阈。
书来君不来，累我长相忆。
形影为君单，语言为君默。
我欲从君往，天不假羽翼。
时因西风夕，吹梦到君侧。
送君诗盈幅，难展肠结辖。
诗成复自写，不辨泪和墨。
愿君置怀袖，长鉴此悃愊。

春愁

春愁难遣强看山，往事惊心泪欲潸。
四百万人同一哭，去年今日割台湾。

往事

往事何堪说，征衫血泪斑。

龙归天外雨，鳌没海中山。

银烛鏖诗罢，牙旗校猎还。

不知成异域，夜夜梦台湾。

（丘逢甲：《岭云海日楼诗钞》，台北：文海出版社1970年版）

像遺生先海倉

百年如未死，卷土定重来。丘逢甲像。

"倭人每见刘军绝无动静,三五成群,潜探要塞,辄被人劫杀如羊豕然,立时分食,或携归作羹,日必数起。"(《番食倭肉》,《点石斋画报》)

刘永福：离台

流落天涯四月天，尊前相对泪涓涓。
师亡黄海中原乱，约到马关故土捐。
四百万人供仆妾，六千里地属腥膻。
今朝绝域环同哭，共吊沉沦甲午年。

（上思县地方志编纂委员会：《上思县志》，

南宁：广西人民出版社 2000 年版）

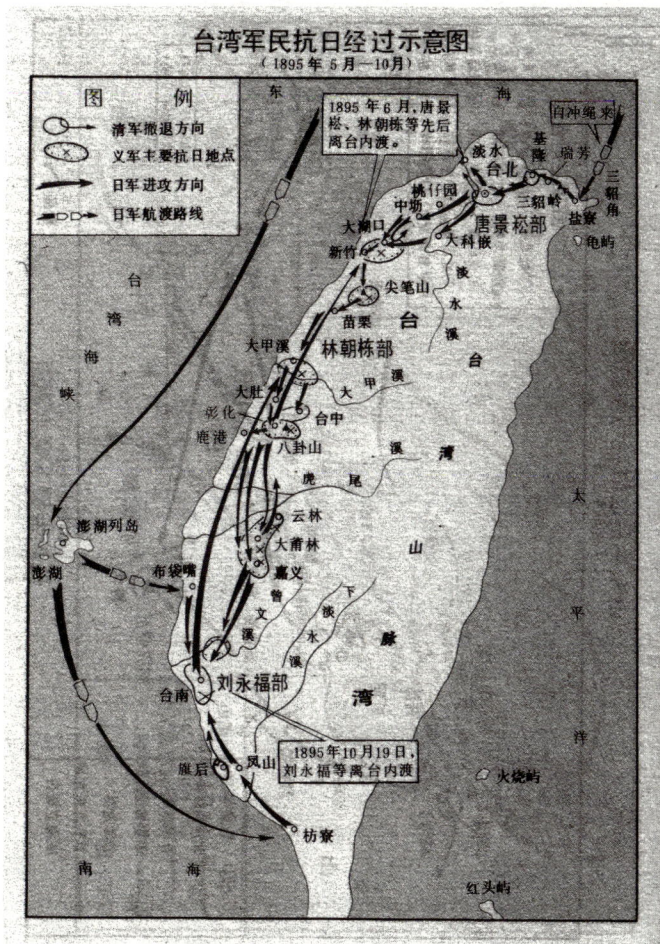

台湾军民抗日经过示意图
(1895年5月—10月)

1895年日本占台时，台湾军民抗日经过示意图。资料来源：军事科学院
主编：《中国军事通史》第17卷，军事科学出版社1998年版

康有为：中日和约书后

（一八九五年）

　　呜呼噫嘻！万里之广土，四万万之众民，而可有此约哉！夫今非战败之损也，非有开罪之失也，而一纸书来，取南满、东蒙、山东、福建万里之地，及国命之铁，甚至蹴而踏之，蹙而缚之，以财政、军政顾问相要，以全国之要地、警察、国命所记之兵工厂相索，是以我为保护国也。保护国者，亡国之别名也，高丽、安南、印度、巫来由诸国是也。凡人闻而怵惕伤心，岂有万里之广土、四万万之众民，能闻之受之，而今若罔闻知者哉？

　　夫以土地人民十倍之大而受扎焉，如巨象、肥牛之遇乳虎，不待磨牙，闻声俯伏，甘并吞噬，岂非天下古今所未有者哉？不闻一矢，不见一卒，但畏人之哀的美敦书而坐割，谓国力弱，不得已听敌之命，则狡焉思启，何国蔑有？今何以不治械修武备也？今南满、东蒙、山东、福建万里之地，铁冶之重已与人，已矣，无可救矣。若不惊不忧，不畏不修，不改厥谋也，哀的美敦书之来无穷也，不日不月皆可来也。而军、警、财政、兵厂之国命，许以容日协商，他日再有哀的美敦书来提议，又不得不以畏而许之，则中国不得不亡矣。致此约乎，伤心惨目，是可忍也。而竟有以为胜利者，庆贺者，今又大忘矣。举国纷纷，不知何云，人各有心，召敌不怠。列国睹吾国民之若是也。其谁不亟来？安其危而利其灾，乐其所以亡之者。呜呼！有觍面目，安能与共此大宇哉！

（姜义华、张荣华编校：《康有为全集》第 2 集，

中国人民大学出版社 2007 年版）

邹增祜：闻和议订约感赋三首

其一

早有忧时语，（倭谋高丽，十年前即见于出使日记）无如幕燕嬉。

南溟弃屏翰，（倭灭琉球后，安南、缅甸相继沦陷，今日之事，知者早已见及）东道失藩篱。

曲突薪谁徙，危楼木岂支。

舐糠须及米，深悔补牢迟。

其二

圣主终神武，其如国贼何。

元戎甘割地，上将竟投戈。

漏瓮焦难沃，诶台债愈多。

向来无一策，富贵只求和。

其三

委肉当饥虎，虚名说善邻。

金缯罗掘尽，匕鬯丧亡频。

刑马要盟汉，输龙柽誓秦。

徒闻天帝怒,（四月六日定约用御玺时,晴明忽变阴雾,不雨而雷声震）
麟阁尔何人。

（文廷式等:《中日甲午战争》,台北：广文书局1967年版）

顾森书：马关和方退庐作二首

其一

扶桑弓劲海东头，元老和戎域外游。
可异身遭曹沫劫，遑言口伐可汗谋。
作翁原已痴聋久，怯敌弥教华裔羞。
私计熟权公谊薄，由他官谤出清流。

其二

属国句骊已陆沉，天南割地复何心。
铸兹大错六州铁，竭我余膏九府金。
衮衮诸公劳补救，茫茫四海益愁深。
圣朝宽典包容广，犹许黄扉擂笏临。

（阿英编：《甲午中日战争文学集》，中华书局 1958 年版）

吴德功：割台有感

军书旁午割全台，数日奇闻遍九垓。
约议马关权相定，敕交燕埠使臣来。
西清谏士图恢复，东土遗民欲挽回。
太息淡江花锦地，尸横遍野哭声哀。

（《台湾诗钞》卷 11，台北：台湾大通书局 1987 年版）

陈季同：吊台湾七律四首

其一

忆从海上访仙踪，今隔蓬山几万重。
蜃市楼台随水逝，桃源天地付云封。
怜他鳌戴偏无力，待到狼吞又取容。
两字亢卑浑不解，边氛彼此正汹汹。

其二

金钱卅兆买辽回，一岛如何付劫灰。
强谓弹丸等瓯脱，却教锁钥委尘埃。
伤心地竟和戎割，太息门因揖盗开。
聚铁可怜真铸错，天时人事两难猜。

其三

鲸鲵吞噬到鲲身，渔父蹒跚许问津。
莫保屏藩空守旧，顿忘唇齿借维新。
河山触目囚同泣，桑梓伤心鬼与邻。
寄语赤嵌诸故老，桑田沧海亦前因。

其四

台阳非复旧衣冠，从此威仪失汉官。
壶峤居然成弱水，海天何计挽狂澜。
谁云名下无虚士，不信军中有一韩。
绝好湖山今已矣，故乡遥望泪阑干。

（文廷式等：《中日甲午战争》，台北：广文书局1967年版）

张秉铨：哀台湾四首

其一

无端劫海起波澜，绝好金瓯竟不完。
阴雨谁为桑土计，忧天徒作杞人看。
皮如已失毛焉附，唇若先亡齿必寒。
我是贾生真痛哭，三更拊枕泪阑干。

其二

记曾巨舰赤嵌开，早识东夷伏祸胎。
海外晴天难补恨，人间劫火忽成灰。
险随虎踞龙蟠失，忧逐山穷水尽来。（唐总统前十年台道楹帖云：山
穷水尽，忧来无奈倚阑干，遂成恶谶）
枉议请缨旧儒将，沐猴终竟是庸才。

其三

开门揖盗已难支，况复纷纷错着棋。

太息群才皆竖子，何曾一个是男儿。
河山风景伤无异，锁钥东南付与谁。
笑煞谈兵均纸上，浪传都护策无遗。

其四

瓯脱中朝本不存，可怜浩劫满乾坤。
苍生蹂躏伤盈野，红女伶仃禁闭门。（倭人夜不许闭户）
真宰诉天应掩泣，哀魂动地尚呼冤。
黄金不共辽东赎，枢部分明近寡恩。

（文廷式等：《中日甲午战争》，台北：广文书局 1967 年版）

毛乃庸：赤嵌城〔1〕

赤嵌城头鬼夜哭。白骨如山压城麓。

炮雷一震城门开，长须虾夷海上来。

马前酋长发新令，文物衣冠更旧政。

峨峨大岛悬南天，狴榛一启三百年。

诗书礼乐沐王化，奈何从此污腥膻。

虾夷得意肆荼毒，日日括金还括粟。

姬姜憔悴执盘匜，王谢流离溷厮仆。

横行淫掠复何堪，轻乃拘囚重诛戮。

城中碧血化青燐，城外狐狸饱残肉。

天寒日暮哀遗民，北望神州泪盈掬。

泪盈掬，鬼夜哭。

不恨虾夷不诉苦，但恨生不得为中国民，死不得葬中国土。

（阿英编：《甲午中日战争文学集》，中华书局 1958 年版）

---

〔1〕 题下注"哀台民也"。

朱国华：与友谈乙未事有感

一

黑蜮嘘烟漫海隅，东南片壤失膏腴。
割鸿和局知输楚，封豕贪心未靖吴。
铁错已成无再铸，珠崖虽弃岂全图。
自今善后须长策，莫更因循玩负嵎。

二

风声鹤唳骇凭虚，战事当年恨太疏。
岂是红羊真换劫，于今元菟隔征书。
输金未免劳头会，填壑何时塞尾闾。
失计东隅谁任咎，诸公应共鉴前车。

（阿英编：《甲午中日战争文学集》，中华书局 1958 年版）

王松：排闷（三首）

其一

中朝将相惯和戎，劫火无端到海东。
懒看人情翻羡瞽，怕闻时事不妨聋。
酒逢世异偏难醉，诗到穷途转不工。
但愿一编常在手，时清敢说老无功。

其二

海疆何日报平安，绝好金瓯更不完。
河朔已非唐土地，蛮乡尚有汉衣冠。
传抄奏草惊心读，岂料沧桑袖手看。
时节一杯难强进，背人独自泪阑干。

其三

疆场日蹙想何堪，上下偏安痛剑南。
世事已如唐不振，时文犹作晋清谈。
心伤麦秀生原苦，眼见瓜分死岂甘。
官尚爱钱兵惜命，遗民闻着也深惭。

（潘国琪、蔡清富选注：《近现代爱国诗词选注》，
北京师范大学出版社 1990 年版）

谢道隆：割地

和议书成走达官，中原王气已凋残。
牛皮割地毛难属，虎尾溪流血未干。
傍釜游鱼愁火热，惊弓归鸟怯巢寒。
苍茫故国施新政，挟策何人上治安。

（潘国琪、蔡清富选注：《近现代爱国诗词选注》，

北京师范大学出版社 1990 年版）

吴昌言：口占

自强全在议和中，得失何须问塞翁。
厌听耳边谈将略，丧师辱国尚称雄。

（潘国琪、蔡清富选注：《近现代爱国诗词选注》，
北京师范大学出版社 1990 年版）

曹润堂：有感

不信中原力已疲，忍将和局误师期。
谁知辽海消兵日，正是军民痛哭时。

（潘国琪、蔡清富选注：《近现代爱国诗词选注》，
北京师范大学出版社 1990 年版）

谭嗣同：有感[1]

世间无物抵春愁，合向苍冥一哭休。
四万万人齐下泪，天涯何处是神州。

（谭嗣同：《谭嗣同全集》，
生活·读书·新知三联书店 1954 年版，第 488 页）

---

[1] 此诗系谭嗣同于 1896 年春所写。

黄遵宪：马关纪事五首[1]

一

既遣和戎使，翻贻骄倨书。
改书追玉玺，绝使复辎车。
唇齿相关谊，干戈百战余。
所期捐细故，盟好复如初。

二

卅载安危系，中兴郭子仪。
屈迎回鹘马，羞引汉龙旗。
正劳司宾馆，翻惊力士椎。
存亡家国泪，凄绝病床时。

三

括地难偿债，台高到极天。

---

〔1〕 本书收录的黄遵宪的《马关纪事五首》和《台湾行》皆选自黄遵宪的《人境庐诗草》卷八，
卷八收录其光绪二十年至二十三年（1894年至1897年）的诗作，此诗及下首系戊戌年补作。

行筹无万数，纳币一千年。

（辽、金岁币银二十万两，以今计之，合一千年，乃有此数）

恃众忘蜂虿，惊人看雀鹳。

伤心偿博进，十掷辄成枭。

四

竞卖卢龙塞，非徒弃一州。

赵方谋六县，楚已会诸侯。

地引相牙犬，邻还已夺牛。

瓜分倘乘敝，更益后来忧。

五

蕞尔句骊国，群知国必亡。

本图防北狄，迁怒及西皇。

患转深蝉雀，威终让虎狼。

（朝鲜自主后，日本公使三浦某合党谋乱，扰及王宫。王避居于俄罗斯使馆半年）

弟兄同御侮，莫更祸萧墙。

黄遵宪：台湾行

城头逢逢雷大鼓，苍天苍天泪如雨。
倭人竟割台湾去，当初版图入天府。
天威远及日出处，我高我曾我祖父。
艾杀蓬蒿来此土，糖霜茗雪千亿树。
岁课金钱无万数，天胡弃我天何怒。
取我脂膏供仇虏，眈眈无厌彼硕鼠。
民则何辜罹此苦？
亡秦者谁三户楚，何况闽粤百万户。
成败利钝非所睹，人人效死誓死拒。
万众一心谁敢侮，一声拔剑起击柱。
今日之事无他语，有不从者手刃汝。
堂堂蓝旗立黄虎，倾城拥观空巷舞。
黄金斗大印系组，直将总统呼巡抚。
今日之政民为主，台南台北固吾圉。
不许雷池越一步，海城五月风怒号。
飞来金翅三百艘，追逐巨舰来如潮。
前者上岸雄虎彪，后者夺关飞猿猱。
村田之铳备前刀，当辄披靡血杵漂。
神焦鬼烂城门烧，谁与战守谁能逃？
一轮红日当空高，千家白旗随风飘。

搢绅耆老相招邀，夹跪道旁俯折腰。

红缨竹冠盘锦绦，青丝辫发垂云髾。

跪捧银盘茶与糕，绿沉之瓜紫蒲桃。

将军远来无乃劳，降民敬为将军犒。

将军曰来呼汝曹，汝我黄种原同胞。

延平郡王人中豪，实辟此土来芬茅，今日还我天所教。

国家仁圣如唐尧，抚汝育汝殊黎苗，安汝家室毋诮诮。

将军徐行尘不嚣，万马入城风萧萧。

呜呼将军非天骄，王师威德无不包。

我辈生死将军操，敢不归依明圣朝。

噫嘻吁！悲乎哉！

汝全台，昨何忠勇今何怯，万事反复随转睫。

平时战守无预备，曰忠曰义何所恃？

（陈铮编：《黄遵宪全集》上，中华书局 2005 年版）

康有为：过马关^[1]

碧海沉沉岛屿环，万家灯火夹青山。
有人遥指旌旗处，千古伤心过马关。

（姜义华、张荣华编校：《康有为全集》第12集，
中国人民大学出版社2007年版）

---

〔1〕 此系1899年康有为自美洲东归，途经日本赴香港时过马关所作，题目系编者拟。原题为
"九月二十四夜至马关，泊船二日，即李相国议和立约遇刺地也，有指相国驻节处者，伤
怀久之"。

吴汝纶：过马关^{〔1〕}

愿君在莒幸无忘，法国摧残画满墙。

闻道和亲有深刻，欲移此碣竖辽阳。

（吴汝纶：《吴汝纶全集》第 1 卷，施培毅、徐寿凯校点，

黄山书社 2002 年版）

---

〔1〕 此系任京师大学堂总教习的吴汝纶于 1902 年考察日本教育时路过马关所作。

严修：马关遗恨[1]

莫过引接寺，
莫登春帆楼，
恨来天地莫能载，
藐尔东海焉容收！

（严修：《严修东游日记》，武安隆、刘玉敏点校，
天津人民出版社1995年版，亦可见岳麓书社2016年版）

---

[1] 此系严修于1902年东游考察日本教育时，10月26日的日记中所记，标题系编者拟。此诗
前云，"由山下街往，由海岸街归。过引接寺不入，春帆楼亦然。引接寺前立牌署：'清国
请和大使李鸿章旅馆'"。（严修：《严修东游日记》，武安隆、刘玉敏点校，天津人民出版社
1995年版，第126页）

张謇：东游纪行[1]

是谁呕续贵和篇，遗恨长留乙未年。

第一游人须记取，春帆楼上马关前。（乙未定约在马关春帆楼旅馆）

纪功炮弹卓碑题，月岁征清字可稽。

底事不随风雨去，化为圆屋遍巴黎。

（张謇：《张謇全集》第7卷，李明勋、尤世玮主编，

上海辞书出版社 2012 年版）

---

〔1〕 此系 1903 年张謇赴日本实业考察时所作《东游纪行二十六首》其中之两首。张謇癸卯东游日记，光绪二十九年四月三十日记有，"晨三时至马关，关人复来验病如前"。（张謇：《癸卯东游日记》，岳麓书社 2016 年版，第 7 页）

吴保初：乙巳游日本绝句[1]

万顷云涛玄海滩，天风浩荡白鸥闲。
舟人哪识伤心地，惟指前程是马关。

（曹南房：《伤心之地》,《申报》1927年6月3日，16版；
持佛：《伤心之地》,《申报》1931年12月9日，13版）

---

[1] 此系1905年，吴长庆之子吴保初东游日本时所作。阿英编的《甲午中日战争文学集》（中
　　华书局1958年版）将该诗误置为吴汝纶名下。

于右任：舟入马关再咏[1]

苍翠湾复湾，舟行入马关。
红旗翻碧海，白浪拥青山。
痛定行人血，羞开壮士颜。
况兼亡国恨，触处泪潸潸。

（潘国琪、蔡清富选注：《近现代爱国诗词选注》，

北京师范大学出版社 1990 年版）

---

[1] 此诗作于 1906 年。此年春于右任赴日考察新闻事，同时也为创办《神州日报》筹募款项。

剥果：舟过马关有感

船前山好青如黛，浪里花开白似绵。

雨霁鱼吞沧海日，云开鸟断蔚蓝天。

舟人指点谭遗事，竖子声骄祝凯旋。

且莫临风矜啸傲，神州回首倍凄然。

（《寰球中国学生报》1906 年第 1 卷第 3 期）

悔余：过马关望春帆楼感赋

昔年上相此停骖，一发青山水蔚蓝。

往事曾无人解忆，春帆楼外度春帆。

（《国风报》1910 年第 1 卷第 9 期）

马小进：过基隆有感[1]

一代雄风今已矣，江山如昨主人非。
伤心怕听渔樵语，指点山前赤日旗。

（潘国琪、蔡清富选注：《近现代爱国诗词选注》，
北京师范大学出版社 1990 年版）

---

[1] 此诗作于 1910 年。

梁启超：二十五日舟泊马关[1]

明知此是伤心地，亦到维舟首重回。

十七年中多少事，春帆楼下晚涛哀。

[陈汉光编：《台湾诗录》(下)，

台北：台湾省文献委员会1971年版]

---

[1] 此系1911年梁启超自日本赴台考察访问，路过马关时所写。原题为《辛亥二月二十四日，
偕荷庵及女儿令娴乘"笠户丸"游台湾，二十八日抵鸡笼山，舟中杂兴》十首之一。该首
题下自注"二十五日舟泊马关"，且以此为题。

一雁：过马关

红日生东海，波涛撼马关。
双峰相对立，一水曲如环。
战迹怀前代，笳声出远山。
秋高兵气肃，愁恨我方闲。

（《民权素》1914 年第 3 期）

佛矢：马关

暮雨滋神户，春涛入马关。
由来非故国，无处不愁颜。
岛影寒涵海，人家远负山。
曾闻某相国，来此议和还。

（《民权素》1915 年第 12 期）

度青：过马关

一撮马关开海市，鳞鳞楼阁出青苍。
低昂具有凭虚意，栖息都穷凿空方。
终见大波能迫促，宁容余地与回翔。
潮头问讯安期子，且待斯须看种桑。

（《新中国》1919 年第 1 卷第 2 期）

步其诰：马关望春帆楼[1]

也信拳槌碎却难，斯楼惊眼尚丸丸。

一杯风雨酬今昔，十笏烟云异暑寒。

花气骄人浮槛外，渔歌得意起檐端。

凭高欲揽当前景，春水遥帆不忍看。

别有伤心怀抱人，触怀往事痛如填。（诗仓兄填兮填收真韵，吾师吴挚父先生东游日本，日人款先生于春帆楼，强书楼额，先生乃大书"伤心之地"四字）

龟阴似说盟归鲁，鹑首何年醉赐秦。

骤欲放声同一哭，哪知恤纬夜惊邻。

踏翻东海君休怪，久是浮花梦里身。（先生《东游丛录》有即席诗云：只恐醉中无检束，踏翻东海奈君何）

（《四存月刊》1922 年第 10 期）

---

[1] 原题注：为甲午之役李文忠公与日本订约处。

连横：东游杂诗 [1]

过马关

两山突兀拥严关，海国金汤岂等闲。
落日荒涛望天末，不堪回首是台湾。

泊马关

新柳青青不可攀，扁舟荡荡水云间。
廿年三过春帆下，独自无言对马关。

（《台湾诗荟》1924 年第 12 号）

---

〔1〕 1922 年，连横游日，吟有《东游杂诗》39 首，其中两首系与马关相关。

龙赓言：马关

马关昔是议和地，祖国如今积弱何。
二百年来成苦恨，三千里外独悲歌。
未堪日久人忘战，莫恃风平海不波。
尝胆卧薪聊复尔，深宫岁月易蹉跎。

（龙赓言：《蜕庵诗存》，1925 年版）

孙景贤：马关东发

孤舟轻与海鸥齐，回首苍凉白日低。
思客梦飞千里外，远山青过九州西。
鄂君拥被谁相慰，徐市乘空自欲迷。
却记五湖风物好，悔抛桃榔两分携。

（《华国》1925 年第 2 卷第 3 期）

闻一多：七子之歌·台湾[1]

我们是东海捧出的珍珠一串，
琉球是我的群弟我就是台湾。
我胸中还氤氲着郑氏的英魂，
精忠的赤血点染了我的家传。
母亲，酷炎的夏日要晒死我了；
赐我个号令，我还能背城一战。
母亲！我要回来，母亲！

（闻一多：《闻一多选集》，四川文艺出版社 1987 年版）

---

[1] 闻一多的《七子之歌》最初发表于《现代评论》第 2 卷第 30 期（1925 年 7 月 4 日）。

靳云鹏：春帆楼留别日本诸友时值大风雪

茫茫沧海正横流，无限烟波一望收。
千古兴亡缘底事，满天风雪独凭楼。

（《辽东诗坛》1927 年第 22 期）

柯劭忞：马关春帆楼[1]

海上伤心地，要盟在马关。（外舅吴挚甫先生题马关旅馆曰"伤心之地"）

徒闻收旅顺，已见割台湾。

敌忾终虚愤，输平益懦孱。

老成忧国泪，地下尚余潸。

（崔建利校注：《柯劭忞诗集校注》，中国社会科学出版社
2017 年版）

---

[1] 此系柯劭忞的《日本杂诗》十首之五。这十首诗中有两首诗曾发表于《辽东诗坛》1927 年第 24 期。标题系编者拟。

王晋卿：马关

尘市如云四面环，千岩万壑锁雄关。
当年一击伤心泪，大好山川掷不还。

（《国闻周报》1928 年第 5 卷第 6 期；
《文字同盟》1928 年第 18—20 期；《雅言》1941 年第 4 期）

苏绍章：八月六日抵马关凭眺景色口占三截句

往事何堪说马关，遗民今尚哭台湾。

卅年防海飞军舰，轮甲如何总不还。（甲午之役为日所败，马关约成遂割台湾，北洋海军经营三十年，不堪一战，哀哉！）

相公当代诩人豪，割地和戎计亦劳。

却怪倭奴好身手，空飞一弹落鸿毛。（李合肥相国赴马关定约，为日人用枪暗击伤颊）

来日谁知益大难，中原犹有好河山。

此行滋味同尝胆，风景无边强解颜。

（《学术世界》1935 年第 1 卷第 2 期）

马为珑：登马关春帆楼

偶来怎识伤心地，提起平戎泪已枯。

秋草离离苔绿绿，求和碑字未模糊。

（《大道》1935 年第 3 卷第 6 期）

石屋：百字令

日本马关春帆阁，甲午中日议和订约处也，经由有感，歌以当慨。

海天一阁，是当年宰相和戎之地。敌国重排燕支阵（日相伊藤博文张声妓以会我使李鸿章），输了岩疆千里。红豆春生，白蘋秋老，忽忽廿年矣。鸡鸣风雨，唤来难醒春睡。回首故国，江山灿然如绣，却付儿曹戏。海上鱼龙方曼衍，室里沉沉死气。吴市吹箫，燕都屠狗，空想其人耳。长歌斫地，目中安有余子。

（《民生》1936 年第 19 期）

熊希龄：基隆港远望不胜感愤口占二绝[1]

其一

晓色蒙蒙倚碧阑，风声激岸早潮寒。

楼台如故山河异，触目伤心不忍看。

其二

四十三年割地羞，谁知国难复临头。

遗民血泪流成海，海有枯时泪未休。

（周秋光编：《熊希龄集》第 8 卷，湖南人民出版社 2008 年版）

---

[1] 此诗原题为《与彦文夫人出席爪哇禁止贩卖妇孺远东会议 1 月 21 日舟入基隆港口远望大好山河沦为异域不胜感愤口占二绝记之》。题目系编者拟。1937 年 2 月，国联在万隆召开远东禁贩妇孺会议，包括中国政府及私人团体在内的 9 个国家、14 个私人团体参加了这次会议。

庄玉坡：马关

关门临海势豪哉，万顷波涛撼怒雷。
问俗船过文字市，欧风亚雨趁人来。

（《南社湘集》1937 年第 7 期）

许世英：廿六年七月返任十八日过马关

破浪乘风过马关，春帆楼外夕阳殷。
天南遗恨今犹在，河北征师不可班。
烛使退秦纾郑难，曹生卫鲁却齐患。
卢沟晓月终无恙，揽辔闲看海上山。

（《民族诗坛》1938 年第 2 期）

鞠普：过马关

逝水滔滔去不还，洪涛余怒尚如山。

凭君莫说当年事，无语伤心过马关。（此地为李鸿章订约处）

（《新亚》1940 年第 3 卷第 5 期）

李元晖：过马关望春帆楼追怀先文忠公[1]

尽瘁艰危表血襟，低回祖德痛袍簪。

谤伤一掷争孤注，发系千钧鉴赤心。

父老犹传旌节盛，海山长绕屋楼深。

灯船一瞥虚垂涕，来去栖皇认远林。

（《国艺》1941 年第 3 卷第 1 期）

附　安倍留治：读过马关望春帆楼追先文忠公诗寄李君弥广

春帆楼外暮烟飞，船过马关灯影微。

垂涕无端思祖德，回天有力运神机。

千戈倒载期犹远，玉帛寻盟事未违。

闻说文忠昌厥后，雄才达识似君稀。

（《华文大阪每日》1941 年第 7 卷第 4 期）

---

[1]　此系李元晖于 1941 年随侍王揖唐"访日"时所作。

梁寒操：志愤[1]

岭云海日久衔愁，（丘仓海先生在岭云海日楼诗集大半皆写亡台之痛）
沦我台湾卅八秋。

客帝颟顸轻授敌，遗民沉痛不忘仇。

国门两眼嗟都挖，（谓台湾与琼崖也）疆土千年誓必收。

今日莫挥闲涕泪，神州光复待从头。

（《台湾先锋》1942 年第 10 期）

---

[1] 标题系编者拟。诗前有数语云，"民族圣战将及五年，国人更誓志，他年当收复台湾，定四月五日为'台湾日'，以示不忘，赋此志愤。梁寒操，卅一年四月三日"。

启明：过马关

碧水无情万古流，当年曾此媾和谋。

伤心又见伤心地，怕过马关东渡头。

（阿英编：《甲午中日战争文学集》，中华书局1958年版）

明　耻 [1]

---

[1]　本节部分内容得益于"中国国民党中央委员会党史委员会"编的《台籍志士在祖国的复台
　　　努力》(台北："国民党党史会"出版社 1990 年版)和张瑞成编的《抗战时期收复台湾之重
　　　要言论》(台北："国民党党史会"出版社 1990 年版)两书较多。

《四十年的忿怒》(《马关条约》纪念·檄侵略者之歌),施谊作歌,
沙梅作曲。《永生》1936年第1卷第7期;亦可见于《教育短波》
1936年第61期

"四一七" 国耻

全台绅民致中外文告

（一八九五年五月十六日）

窃我台湾隶大清版图二百余年，近改行省，风会大开，俨然雄崎东南矣。乃上年日本肇衅，遂至失和，朝廷保民恤民，遣使行成，日本要索台湾，竟有割台之款。事出意外，闻信之日，绅民愤恨，哭声震天，虽经唐抚帅电奏迭争，并请代台绅民两次电奏，恳救改约，内外臣工，俱抱不平，争者甚众，无如势难挽回。绅民复乞援于英国，英泥局外之例，置之不理。又求唐抚帅电奏恳由总理各国事务衙门商请俄法德三大国，并阻割台，均无成议，呜呼惨矣！查全台前后二千余里，生灵千万，打牲防番，家有火器，敢战之士，一呼百万。又有防军四万人，岂甘俯首事仇，今天已无天可吁，无人肯援，台民唯有自主，推拥贤者，权摄台政。事平之后，当再请命中国，作何办理。倘日本具有天良，不忍相强，台民亦愿顾大局，与以利益。唯台湾土地政命非他人所能干预。设以干戈从事，台民唯集万众御之，愿人人战死而失台，决不愿拱手而让台，所望奇才异能，奋袂东渡，佐创世界，共立勋名。至于饷银军械，目前尽可支持，将来不能不借资内地，不日即在上海、广州及南洋一带埠头开设公司，订立章程，广筹集款。台民不幸至此，义愤之伦，谅必慨为倾助，泄敷天之恨，救孤岛之危。并再布告海外各国，加肯认台湾自主，公同卫助，所有台湾金矿煤矿，以及可垦田，可建屋之地，一概租与开辟，均沾利益。考公法让地为绅士不允，其约遂废，海邦有案可援。如各国仗义公断，能以台湾归还中国，台民亦愿以台湾所有利益报之。台民皆籍闽粤，凡闽粤人在外洋者均望垂念乡谊，富者挟赀渡台，台能庇之，绝不欺凌；贫者歇业渡台，既可谋生，兼同泄愤。此非台民无理倔强，实因未战而割全省，为中外千古未有之奇变。台民欲尽弃田里，则内渡后无家可归；欲隐忍偷生，实无颜以对天下。因此捶胸泣血，万众一心，誓同死守。倘中国豪杰及海外各国能哀怜之，慨然相助，此则全台百万生灵所痛哭待命者也，特此布告中外知之。

（王晓波编：《台胞抗日文献选编》，台北：帕米尔书店1985年版）

余清芳谕告文[1]

(一九一五年)

　　大明慈悲国奉旨本台征伐天下大元帅余　　示谕三台万民知悉：天感万民，笃生圣主，为民父母，所以保毓乾元，统驭万邦，坐镇中央。古今中华主国，四夷臣卿，边界来朝，年年进贡。岂意日本小邦倭贼，背主欺君，拒献贡礼，不遵王法，藐视中原，侵犯疆土，实由满清气运衰颓，刀兵四起，干戈振动，可惜中原大国，变为夷狄之邦。嗟乎！狂澜既倒，孰能挽回？彼时也，天运未至，虽有英雄，无用武之地，忠良，无操身之处。豪杰义士，屈守彼时，忍观颠倒，吾辈抱恨。倭贼猖狂，造罪弥天、怙恶不悛。乙未五月，侵犯台疆，苦害生灵，刻剥膏脂，荒淫无道，绝灭纲纪，强制治民，贪婪无厌，禽面兽心，豺狼成性，民不聊生，言之痛心切骨，民命何辜，遭此毒害。今我中国南陵，天生明圣之君，英贤之臣，文有经天济在（世）之才，武能安邦定国之志，股肱栋梁，贤臣辅佐，三教助法。

　　圣神仙佛，下凡传道、门徒万千，变化无穷。今年乙卯五月，倭贼到台二十有年已满，气数为终，天地不容，神人共怒。我朝大明国运初兴，本帅奉天举义讨贼，兴兵伐罪，大会四海英雄，攻灭倭奴，安良锄暴，解万民之倒悬，救群生之性命。天兵到处、望风归顺，例（倒）戈

---

[1]　本文系 1915 年"倭贼到台二十有年已满"之际，台湾爆发余清芳、罗俊抗日事件时的谕告文。原文有明显错误字，据台湾省文献委员会编的《台湾省通志》第 47 卷（台北：众文图书 1971 年版）一书在括号中改正。原文标点错误颇多，本文径改。

投降，本帅仁慈待人，怜恤性命，准人归顺，倘若控拒，沉迷不悟，王师降临，不分玉石，勿贻后悔。本帅率引六军，战将如云，谋臣如雨，南连北越，北尽三河，铁骑成群，玉轴相接，海陵红粟，仓储之积无穷，江浦黄旗，匡复之功何远。班声动而北风起，剑气冲而南斗平，暗鸣则山岳崩颓，叱咤则风云变色，以此制敌，何敌不摧？以此图功，何功不克？但愿尔等万民细思，有犯前过者，切速着鞭，回头猛省，革面洗心，改悔前愆，去恶从善，勿假倭奴之势。本帅慈悲施仁，为世深怀，度众行善，谅人改悛，望尔等良民听从训示，遵守王法，早引归顺，勿生异心，尔等有志，意愿投军建功立业者，本帅收录军中效用，但愿奋勇争先，尽忠报国，恢复己台（台湾），论功封赏，本帅言出法随，为国荐贤，执法如山，绝无偏私，尔等万民，各宜懔遵而行，毋违特（于）天。

（许进发编：《台湾重要历史文献汇编》一，"国史馆" 2004 年版）

中国台湾同志会在厦第一次宣言[1]

（一九二五年四月十八日）

　　五月九日已迫近了，大逆非人道之"二十一条"，尚未撤废；旅大满期后，也已经两年了。中国的同胞们！我们台湾人也是汉民族。我们的祖先：是福建、漳州、泉州、广东、潮州的出身者。为脱离满清虐政，图谋发展汉民族，而移住台湾。光绪二十一年，清日战役之结果：清朝把台湾割让予日本，使东洋第一宝库，竟归于倭人之手。

　　日本是专制君主国。领台以来，于兹三十年。剥夺我们开垦的土地、森林、陆产、海产及人民应受的权利。用着恶毒的经济政策，加以魔鬼一样的手段，使我们精神、物质都受压迫。请看！官吏五万余人，占全岛日本人十分之四。行使暴政，聚敛苛税，毒施酷刑，剥夺言论、出版等自由；且又抱有并吞福建的野心。日本自领有台湾以来，限制台湾人回祖国，连亲戚间也不得往来，妨害同胞间的相爱互助。更有侵略福建的恶劣手段：即利用台湾人中的败类，于厦门开娼寮、设赌场、卖鸦片、紊乱社会，无恶不作。我们正在讲究补救方法。

　　在厦台湾人同胞啊！我们台湾人并不是日本人。日本人是我们的仇敌，应该排斥，不该亲近。我们台湾人是汉民族，是中国人的同胞。应该相提携，不该相残害。在厦台湾人同胞啊！我们要明白自己的地位。我们无时无所，莫不备受日本人的压迫。所以要卧薪尝胆，准备报仇雪

---

[1]　1925 年 4 月 18 日，"厦门中国台湾同志会"在厦门市内各处贴出第一次宣言。同月 24 日，又贴出第二次宣言。

耻。在厦须求正业，岂可徒受日本人利用。厦门的中国同胞啊！我们该牢记国耻，永勿忘国耻。要团结，要奋发，回收国土，撤废不平等条约；脱离外国羁绊，建设独立自主的民治国。

民国十四年四月十八

（台湾省文献委员会：《台湾省通志》第 47 卷，台北：众文图书 1971 年版）

台湾革命团体联合会为纪念《马关条约》四十六周年宣言

（一九四〇年四月十七日）

亲爱的祖国和台湾同胞们：

今日是四十六年前日寇强迫清庭〈廷〉签订《马关条约》，确认朝鲜独立，割让台湾与澎湖，赔款二万万两；开放沙市、重庆、苏州、杭州为商埠，准许倭轮在扬子江自由航行的日子。是中华民族的奇耻大辱，是台湾同胞沦为奴隶牛马的惨痛纪念日。

甲午战争战场并不在台湾，然而《马关条约》约章成为台湾同胞的卖身契；这果〈虽〉然是由于满清政府的昏聩，也由于日寇居心的毒辣。台湾沦陷后，不但台湾同胞失去了一切的自由，朝鲜亦不旋而沦为日寇的殖民地，自此而后日寇即以台湾朝鲜为踏脚石，南北并进，东亚和平从此失去了保障，我中华民族亦从此遭受得寸进尺、接连不断的蹂躏了。

可是台湾的同胞自始至终，即不承认《马关条约》。台湾民主国的独立抗战，和四十六年前仆后继的英勇斗争，就是台湾同胞誓死反对日寇统治的确证，此种精神，今后当更发扬光大，非把日寇驱逐出台湾，绝不罢休。特别是在此祖国对倭抗战当中，本会决继续领导台湾同胞，进一步发挥郑成功以来反抗异族统治的革命精神，配合祖国抗战，为整个中华民族的自由解放，为台湾同胞的独立自主而牺牲奋斗。

亲爱的祖国和台湾同胞们：起来吧，为粉碎割裂我中华民族的《马关条约》，为撕毁奴役我台湾同胞的《马关条约》，为恢复远东的和平，为打倒扰乱东方和平的日寇，而携手奋斗罢！

四月十七日

（《日本评论》1940 年第 11 卷第 4 期）

在渝台胞为《马关条约》签订四十七周年
纪念上国民政府主席林森致敬电

（一九四二年四月十七日）

　　国民政府主席林钧鉴：蕞尔倭寇，性秉贪狼，逞海盗之横蛮，欺清廷之昏聩，强夺我台湾，奴隶我民族，迄今四十八载，台胞之宿恨未申，卢沟之战端复起，长蛇封豕，肆毒行凶，悲雁哀鸿，伤心惨目，赖我元首，主政中枢，德洽群黎，仁昭薄海，五年抗战，万众同心，树一代之鸿猷，垂千秋之景仰，本会谨率全岛健儿，献身党国，效命疆场，挞彼倭寇，光复家邦，敬申崇敬，伏鉴微诚。

（重庆《大公报》1942 年 4 月 18 日）

在渝台胞为《马关条约》签订四十七周年纪念上军事委员会委员长蒋中正致敬电

（一九四二年四月十七日）

军事委员会委员长蒋钧鉴：溯自逊清战败，割台求和，失海防之重地，张倭寇之野心，于今四十八载，不唯蹂躏台胞，欺凌我祖国，甚而破坏世界和平，灭绝人群公理，幸我领袖贤明英武，远瞩高瞻，统全国之仁师，惩不义之暴寇，圣战五年，功高八代，神威一振，国跻四强，本会附依辇毂，尤感兴奋，谨率台湾健儿，待命孤岛，仁望鞭策，以事驰驱，谨申崇敬，伏鉴微诚。

（重庆《大公报》1942 年 4 月 18 日）

康泽：光复台湾——专为签订《马关条约》四十七周年纪念而作

（一九四二年四月十七日）

　　四十七年前台湾被割于日本，从那时起，台湾的历史便揭开了最黑暗的一页，我们现在应当忏悔，因为台湾同胞之脱离了祖国，是祖国舍弃了他们，而不是他们舍弃了祖国，甲午之战马关议和割地赔款的屈辱条约中，有一条便是台湾的割让，当时台湾人民听到这消息，悲愤交集；一面分电政府请求力争，一面坚留驻在当地的官员，可是当时清廷急于求和，不计利害，竟置不问，台湾人民在不得已中，还拼命挣扎，他们誓死不肯臣服日本，宁可成立一独立国，以为将来重归祖国留一线希望，不料大势已去，孤立无援，终于在九个月的浴血抗战之后，忍痛接受了日本的统治。

　　短短的四十几年，并没有冲淡了台湾同胞悲痛的记忆。祖国虽然辜负了他们，但他们却永远怀念着祖国，在这半世纪中，他们对于日本帝国主义统治的反抗，替中华民族奋斗史平添了无数可歌可泣的史料，他们时时在希冀着祖国的复兴，使他能够重新回到祖国的怀抱来。

　　现在祖国是在战争的烽火中强大了。五年的艰苦抗战，不但证明了他能从厄运中拯救出他自己，而且更证明了他将来为全世界被压迫民族的救星，因为中国国民革命的民族主义是以济弱扶倾除暴抑强为政策的，总理在二十年前说："我们今日在没有发达之先，立定扶倾济弱的志向，将来到强盛的时候，想到今日身受了列强政治经济压迫的痛苦，将来弱小民族如果也受这种痛苦，我们便要把那些帝国主义来消灭。"现在这时机已经来临了，我们今日对于台湾的使命，便是帮助他脱出日本帝国主义的桎梏，重新回到自由的祖国来。

中国经营台湾，最早是在隋代，福建通志海防考篇即有《隋开皇中尝遣虎贲陈稜略澎湖地》的记载，但此后因为地方荒瘠，耕牧不易，所以历唐宋两代都没有注意开发，一直到元代才为了要立武功于域外，先后遣兵征伐，到元末更置官设治，这是台湾正式并入中国版图之始。明代中叶，日本和荷兰都曾想染指，并曾一度侵占，到明末郑成功浮海往踞，至其孙归服清廷，才又奠定了中国的宗主权，一直到清末，由于政府昏庸，对于台湾始终不甚重视，甚至认为"台湾番地政教不及"，所以终于沦入倭寇之手，回溯祖国与台湾的历史关系，即自元末设治起也已将近六百年，如果自隋初开始经营起算，则更有一千三百余年之久，所以在文教政治的历史上，祖国和台湾的关系是不可分的。

至于台湾的人民与中华民族的血统关系，尤为深切，根据最近的统计，台湾五百余万人口中，有四百余万是汉人，约占百分之九十三，除了日本和其他各国侨民外，土著的台湾人不过十四万，所以从血统上来讲，台湾和祖国可以说是一体的。据历史的记载，祖国向台湾的大量移民应始于宋末避金元之乱的迁徙，此后则是明末不甘受异族统治追随郑成功去的义民，这些忠贞献介之士，把他们血液里受祖先爱民族的热情遗留给了他们的子孙，同时他们屹立不拔的精神也永远照耀着他们的子孙，使他们的子孙坚强地为了反抗异族压迫为了归还祖国而奋斗。

此外，在地理上，台湾与祖国的关系也是不可分的，台湾和福建仅一衣带水之隔，交通既极方便，而且两地的风土习惯也都极相似。所以无论在经济上、在政治上，台湾都应当和福建一样地成为中国版图之一部，同时也正因为台湾地临东海，成为中国东南海防一个有力的屏障，如果失去这屏障，则中国东南半壁随时都会感受威胁，明末以来倭敌的侵扰，即以台湾为出没之所，在这一点上，台湾需要祖国的提掖，同时祖国也需要台湾的拱卫。

以往这四十几年间，台湾同胞过着最悲痛最惨烈的日子，现在光明在望，这可耻可痛的日子即将过去了，因为祖国在伟大贤明的领袖领导之下，已奠立了自立自强的基石，祖国必能复兴，而且必能以自己的力量领导被压迫的同胞走上自由的坦途，祖国现在正与强寇勇猛搏斗，台湾的同胞，应趁此寇势衰竭之时，从自己的岗位上站立起来，随时随地打击敌寇。牵制敌寇，扰乱敌寇，使我们整个中华民族的胜利加速到来，台湾的光复，加速实现。

（台湾革命同盟会编印：《台湾问题言论集》第 1 集；

《台湾先锋》1942 年第 10 期）

章渊若：我们应如何认识台湾

（一九四二年四月十七日）

各位来宾、各位先生：

今天吴秘书长因公不能前来参加，特派兄弟代表和大家讲几句话。在未讲之先，首先还向各位表示一种敬意。像今天天气这样不好，交通又不便，而大家能够踊跃参加，这是表示中国国内同胞已经认识了台湾，而且关切到台湾的光复了。刚才主席说过，今天的大会不是寻常的大会，各位不辞风雨泥泞之苦，来参加这个不寻常的大会，这是值得我们致敬的。今天因为时间关系，不能多所费辞，只好很简单地提出下列几点意见，就教于诸位来宾先生。

第一，我们要认识台湾之特殊性。台湾不但是我们固有的领土，而且是我们民族复兴的根据地。宋明以还，为了抵抗异族的侵凌，在那里不知流过多少仁人志士、烈士忠臣的碧血；郑成功到台湾，不但是为了反抗满人的统治，而且为今日留下了抗日的种子。他这种忠肝烈胆，不避斧钺的精神，真值得千秋万世后人们的无限景仰。由于他的精神的感召，自《马关条约》签订以后，台湾同胞，仍不绝地反抗，主要的如一九一一年罗福星和一九一四年余清芳革命运动，前后牺牲达五万多之人。事虽不成，但已经表示他们的不屈不挠、奋斗反抗的精神。今天在这里举行宣传大会，除了向台湾六百万同胞表示关怀外，同时还要向他们一般为反抗敌人而流血的仁人志士表示敬佩与哀悼。

第二，我们要认识台湾在国防上和经济上关系的重要性。台湾为亚热带，得天独厚，其所生产的许多原料，气候的关系，为中国本土所没

明 耻　251

有的。敌人掠取以后，极力经营视为"宝库"。这个"宝库"如果一日不归还中国，便一日被敌人利用作为蹂躏世界（其中一部分系予充侵略南洋之用）。其次，台湾是敌人南进的根据地，是一只不动的航空母舰，在军略上国防上的重要，不言而喻，所以台湾一日不收复，我们国防便一日不能免除威胁。

第三，我们要认识满清政府的错误。为什么台湾会失掉呢？我以为首先是因为满清政府眼光短浅，误认台湾为化外之区，虽割让给敌人也不足惜。其次是因为满清政府平日对台湾的忽视，当敌人已进攻台湾后，他们还懵然不知，直到外国人来告诉他们，他们还是不大相信。所以早已被敌人做成既成事实了。最后是因为满清政府懦弱，自己不特心存畏缩，不欲抵抗，而且更不许台湾官吏人民抵抗。当唐景崧、刘永福、丘逢甲和日本作战的时候，竟以"台抗京危"四字命令他们终止反抗；甚至不惜拿钱来贿赂，要他们罢手。台湾丧失的原因虽然很多，但主要的是以上三点，我们今日要特别指出来，以资鉴戒。

六百万台湾同胞在敌人淫威之下，已经忍受了快到五十个年头的惨痛了。他们过的是怎样的生活，不必我说，大家可以想象得到。所以我们今天在这里开光复运动宣传大会，不是大家说空话的时候，我们要切切实实地认识，我们要彻头尾地觉悟。因此，我最后愿意向大家提出几点简单的意见。

第一，我们要注意台湾。记得总理曾经讲过，说本国同胞平时太不注意台湾，我们以为这种错误实在等于重蹈清廷的覆辙。今天开会以后，希望大家切实注意，同时要唤起没有参加这个会的同胞普遍的注意。

第二，我们要研究台湾。今天开会讲的只是一种空词的话，所以散会后大家还要把台湾问题拿来研究，要研究得清清楚楚，然后再向全国宣传，使大家都了然于台湾的重要，知道台湾的丧失，与关系之痛切。

第三，我们要负起全部责任，致力于光复运动。大家要知道，现在进行的是台湾光复运动。因为就地理上说，台湾是我们领土的一部分，台湾为明之鸡笼；清设府分三县，旋改为行省，就人口说，台湾同胞根本就是中国人。所以台湾革命运动是光复，而不是独立运动。光复是我们自己的事，四万万五千万同胞都负有责任。台湾的复兴，只有一条路，就是回到祖国温暖的怀抱来；如果误为独立，便有许多危险，敌人便会从中分化我们。全国同胞和台湾同胞，都应该认识这点，向着这个唯一的目标去奋斗。

为了达成光复的任务，所以从今天起，我们无分内外，大家要取得密切的联系，然后才能踏上成功之路。抗战快五年了，刚才孙院长也说到台湾光复的日子不远了。当抗战完成之日，就是光复实现之时。我们相信，这个预祝，很快便会成为事实。

以上是今天想向大家说的几点意见。不过我要声明一点，今天我虽是代表吴秘书长，不过在到会前，匆匆间未及得到秘书长详细的训词，所以如果不正确不妥当的话，仍应由我个人负责。民国三十一年四月十七日。

注：本文系吴秘书长铁城先生之代表章渊若先生在台湾光复宣传日上的讲词，主张内地同胞应正确认识台湾，研究台湾问题，并设法收复台湾。

（台湾革命同盟会编印：《台湾问题言论集》第 1 集）

《时事新报》:"岛耻纪念日"之言

(一九四二年四月十七日)

我们怀念台湾,特别在今天,我们怀念之情更炽。因为今天是《马关条约》签订的国耻纪念日。《马关条约》第二款曾这样写着:"台湾全岛及所有附属各岛屿及澎湖列岛,永远让与日本。"我们屈指计之,已有了四十七年的历史,就是说:沦陷已整满四十七个年头了!

台湾原属于中国版图,在政治区划上,原是归福建省所管辖,但设治系自逊清时代始。考之载籍,康熙二十二年,清廷于台湾设凤山、台湾、诸罗三县,后又改台道,添设淡水、彰化二县,及澎湖一厅。

台湾孤悬海中,自苏伊士运河通航后,更增加其在海洋上的重要性,因为台湾已纳入世界交通网了!日寇现据有台湾,复于今回全面战争起后,占领琼崖,于是南海中,或谓中国在太平洋的地理上,就如同人一样,失去了两只眼睛。所以,梁寒操先生于五日台湾光复运动宣传日的赋诗,有"国门两眼嗟都挖"之句。我们看了日寇的对华侵略战争,与其南进的肆其封豕长蛇之野心,在若干方面,台湾曾被利用为"跳板",而日寇第十四师团的登陆部队,用以转战南洋群岛者,并系在台岛所训练。这说明,台湾因逊清政府的失纲,遂在可耻的形势下,被脱离了祖国的怀抱。四十七年以来,台湾同胞不能"觉祖国之旗鼓",而日在"感平生于畴昔"之中,即是无日不在耻痛下度其呻吟之生活,特别是近五年,台湾既被日寇利用为"跳板",复被日寇资以为磨刀霍霍之区!耻上加耻,痛上加痛。我台湾同胞愤不可遏,爰更归就中国,不仅参加战役,且又努力于复省运动,于是遂成立台湾革命同盟会,明张旗帜,期以雪台湾沉沦之大辱，并以新盟国人士之耳目！

全中国的民众，今日无不在"爱国热""复仇热"的交流中奋斗着，而这一股热流，因台湾同胞的参加，益发壮大其无比之威势，这是我们必胜把握，也是台湾民众对复省前途所引为最兴奋不过的事。且在法律上言，中国自上年十二月九日对日宣战后，中日之间，已不复有条约的关系存在，则所谓《马关条约》，已成历史上的名词，所以我们在今天来纪念它，只是警惕我们加强复省的工作，期由法律上的收回台湾，进而为事实上的收回台湾。然这必于中国反侵略战争之胜利，和盟邦反侵略战争之胜利中求之。我们希望台湾同胞，要继续着唐景崧、刘永福等诸前辈的革命精神，团结前进，牺牲奋斗！

台湾沦陷了四十七年，以中国文明历史的悠久，民国精神的磅礴，越足磨炼我们的战斗意志。不过可注意的是彼日寇的殖民政策，原有所谓分化手段，以日寇的用语来说，即是"以华制华"。其阴谋险毒处，直类借刀杀人；而彼又特从文化入手，故非智者不能辨。于此，我们特别希望领导台湾革命同盟会的诸君子，因为你们均是台湾同盟中的觉醒者，你们不仅力足以号召复省，把复省运动行动起来，且智足以辨日寇的分化伎俩。我们深信台湾同胞，必能在团结前进的目标之下，牺牲奋斗完成复省的光荣使命！是为首。

（台湾革命同盟会编印：《台湾问题言论集》第 1 集）

林海涛：为什么要收复台湾

（一九四三年四月十五日）

　　自满清政府于甲午战后将台湾割让于日寇，至今将近五十年，在此半世纪期间，我祖国同胞仿佛与我台湾同胞发生隔膜，甚至有若干人士忘却台湾为我国的领土，我台湾居民百分之九十几为我黄帝子孙，查台湾在一千三百余年前之隋炀帝时代即被我国人士所发现，当时台湾系尚未开辟之一孤岛，宋朝时代，我国人民续向台湾移居，至元朝创设巡检司于台湾，自此以后台湾即正式成为我国领土。明末时我明朝遗臣郑成功为灭清兴汉，曾以台湾为根据地抗清三代，此为国人所周知之史实。当甲午战役满清与日寇进行割让台湾谈判时，我全台同胞因不愿做异族之奴隶，曾向满清政府电请拒绝暴日之要求，并表示如暴日愿要求与台岛同等代价之赔款，我全台同胞宁克苦忍难交出全数款项，但日寇早有独占亚洲之莫大野心，彼等欲先夺取此前进基地，故割让台湾之要求颇为坚决，且满清懦弱昏庸终于出卖台湾，但台湾同胞仍不愿背离祖国，为抵抗异族之侵占终于发动自卫战，并建立亚洲第一之台湾民主国，自日寇任北白川亲王为"讨伐台湾总司令"开大批陆海军向台湾登陆后，我全岛台民即奋勇抵抗，官军前后抗战半年有余，除予敌寇重创外，并毙敌总司令北白川亲王，以致日寇再向满清提出抗议，并作有攻京之威胁后，清廷恐惧万分胆小如鼠，不但不予台湾以协助，反以"台抗京危"为口实，严命台胞停止抗日行动。

　　因此，孤立无援，且苦战半年，牺牲数十万之台人，台湾民主国终被迫解散，而官军停止抗战以后，我军继续作战九年，从此以后在表面上台民被迫服从，但这四十九年来我六百万台胞仍未尝放弃有形无形之反抗及各种武力暴动，因此而悲壮牺牲者不下五十万人。自祖国发动全面抗战后，我台胞在岛内又趋活跃，除数次发动武力暴动外，归国参加各种抗建工作者亦颇多，去年我台湾革命同志曾三袭厦门予敌伪以重大损失与打击。

据确悉，日寇此次发动武力南进完全是以台湾为出袭之最大根据地，"台湾总督"长谷川曾公开说"日本决将南进最大基地之台湾变成不动之航空母舰，全岛要塞化"云云，由此可见敌寇如何重视台湾在战略上之地位。去年八月间美国《幸福》《生活》《时代》三大杂志联合发刊讨论战后太平洋问题之备忘录中曾提议战后将台湾划为国际共管，此种提议虽忽视台湾与祖国之历史关系与人口比例之实况，但彼等所以提出该项建议，可谓仅看到战略上极关重要之一面，我们为使国际人士认识台湾之史地关系并为争取台湾。我们希望中央早日正式发表台湾为我国之领土，台湾人即中华民国国民，战后必须收复之声明，此举不仅可直接打击日寇对台湾所推行之同化政策，且可鼓励六百万台湾同胞积极参加祖国抗建工作。我等所以主张收复台湾之意义则在此。

（《新台湾》画报创刊号，1943年4月15日，1版）

林啸鲲：如何领导台湾革命工作

（一九四三年四月十五日）

自甲午战败，李鸿章与日本订立丧权辱国的割台条约以后，台湾同胞的命运和幸福，是完全被断送了；可是，台湾抗日革命史，便从此而产生了，过去有人问我："台湾革命从何时开始，到何时才得终止？"我很诚恳地答复他说："台湾的革命，是从割台之日开始，必须到了复台之日才能终止"，这就是说明台湾革命是无终期的，除非是日本帝国主义的势力完全被驱逐出了台湾。

但是，台湾被割，业已四十八年了，无疑地，台湾革命也就继续不断进行了四十八载，在这样悠久的革命过程中，曾经演过几次的大流血，然而何以至今还没有成功呢？其原因，当然是因为地形的限制、武器的缺乏和众寡莫敌的种种缘故，但是领导者不得其法，也是主要因素之一，我们随便举几个例子说：（一）当《马关条约》成立台湾宣布独立的时候，台湾民气的悲壮激昂，真是可以惊天地而泣鬼神，所以倭寇的大批战舰，只有在澎湖海口，逡巡而不敢进，此时若能领导得法，则台湾之存亡，实属还在不可知之数，孰料刘永福身为大帅，时存去志，且自以为本身是满清政府的大员，台湾是满清政府出卖的，与己无干，将来回国仍然可以做官，所以一味敷衍，并且自高自大鄙视台民，因此，失掉台民的信仰。其所统带之河南勇又时常与民军发生冲突，刘氏不唯不理，且多方袒护，记得先祖父林馨山公，时为议会会长，因不满刘氏所为，诤言直谏，致触刘氏之怒，竟被拘囚幽室，以致官民军之冲突日益剧烈，故当敌寇进攻安平港之时，刘永福反将河防部队悉调台南城内，防备民军作乱，敌人乘机而入，台南遂陷，此其一例。（二）倭寇占领台湾以后，桦山大将任"总督"时，台湾革命先烈林少猫，犹率众万余人，踞牡丹社与日寇抗争，因牡丹社地形险峻，山路崎岖，敌寇未易进攻，当时林氏如能一面扩大宣传以求外援，一面广集贤能以增实力，则事未尝不可有为。可惜林氏仅恃个人之勇猛，走上了英雄主义的狭路，其允许桦山媾和，思以牡丹社为特别区，尤为失招，卧榻之下，不容他人酣睡，林氏不明乎此，所以功败垂成，此又一例。（三）台南西莱庵事件，在台湾革命史上，是不可磨灭的一页，但当时余清风、罗俊两烈士，明明是受了总理民族主义所熏陶，应以三民主义为号召，其如余氏等，错认台人信佛之心理，偏以神道设教，故所聚集之党员，仅及于一班愚夫愚妇而已，以致昙花一现，白白牺牲了数万同志生命，于今思之，犹为惋惜，此又一例。（四）近十年来，林献堂、蔡培火、陈逢源诸先生所领导的台湾文化协会，一时风起云涌，全台民众为之响应，其力量之大，实有不可思议者，唯林氏等，仅知向帝国主义者，要求民权，如议会请愿等等，而不知积极地提倡民族革命，因此，意志不能集中，目标又不一致，故一经敌人压迫摧毁，遂由分化而变为分裂，甚至东西沟水，各不兼容，其结果一无成就，此又领导不得其法之一铁证。前车可鉴，对于领导台湾革命工作问题，实有缜密考虑之必要，因台湾之环境特殊，台人之性格特殊，倘无合适的领导人物和完善的办法，不但于目前革命进行中会碰到许多不能预料的困难，即将来治理台湾，还是一件难事，像最近美国三家杂志社，主张战后台湾作为共管，真是谬误已极，台湾之难治，满清政府与日本帝国主义，就是一个良好的殷鉴，现在我们先把台湾革命不易领导的原因，略加说明，然后再来谈到应该如何领导的问题。

台湾孤悬海上，对于外来的东西，无论武器、政治、文化、经济，容易被日本封锁，又因物产丰富，虽被日本帝国主义者尽量榨取，而一般人民仍然可以自给自足，故轻易不愿冒险犯难，且日寇在台所设施之警察网，非常周密，台人之集会结社，相当困难，又兼水陆交通方便，暴动方式不易举行，此所谓台湾环境特殊，工作不易领导之一。至于台人的特殊性格，可分作两部分来说：就是先天性与后天性，就先天性而论，台人的祖先，不是跟着文文山公在零丁洋抵抗元朝失败后逃避台湾的，便是明末清初追随郑成功据守台湾以抗异族的，换句话说，台人的祖先，除了极少数中国内地自由移民以外，差不多都是宋明两朝的忠臣义士，遗传性的关系，所以台湾人的先天性，都是厌恶异族、爱打不平、崇尚侠义等等，尤其是反抗性，特别的坚强，自尊心也特别的隆重；就后天性来讲，台人生于四面波涛的孤岛，生活在山明水秀的中间，受山川灵气之钟毓，其聪明智慧之外，富于尚勇之精神者，十之八九，又因汉文与日文并读，既不忘于中国之古代文化，又得接受日本的各种科学，所以台人的智识程度，大都在水平线上，虽未经读书的农民，耳濡目染，亦能明白许多事理，此所谓台人性格特殊，工作不易领导之二。基上所说，领导台湾革命工作，确实是一件不很容易的事情，第一，要就其环境而订工作计划；第二，要就其性格与动向而纳诸轨道，断不能闭门造车，或以个人偏见，随便轻举妄动。现因篇幅的关系，不能够详细地来讨论如何规定收复台湾的计划，与如何运用台人的思想性格，总之，如要领导台湾革命工作，最低限度，必须做到以下数点：

一、"政府方面"：（一）中央应下决心，扶助台湾革命同盟会，完成建军建政工作，建军完成，不但可以争取日寇在台所训练之壮丁，即将来国军进攻台湾时，如游击、通信、运输、带路、联络、破坏、侦察、内应等等均须倚赖台湾军队行之，此时若不加紧组织训练，将来何以应用；至于建政问题，尤为当务之急，因现任台湾一切行政设施，均异祖国，一旦收复台湾，如何施政，应于此时成立台湾省政府，或台湾省府筹备处，集中台湾政治人才，以便详细拟订计划，将来一经收复，便可实施。（二）军事委员会，应将台湾列入战区，早日规定台湾战费，凡从事台湾反日工作之经费，完全在台湾战费项下开支，以免多方津贴，左右牵制。（三）内政部应明定台人身份，凡台湾同胞，均属中国国民以加强台人归宗祖国的信念。（四）中央党部，应加紧台湾党务工作，尤其对于三民主义之阐扬，因台人富于民族革命性格，若以三民主义为号召，必能一齐奋起，唯对于办理党务之人，必须慎重选择，应以曾受吾党之严格训练与彻底明了主义或曾任党务工作者为合格，且须以台人为主体，若所用非人，党务工作实难深入台湾，因现在台湾内地之思想问题，还甚复杂，非有干练之人，实不足以克服一切。（此问题当另作专论）（五）政府应通令各地方机关，对于台湾革命同志应尽可能范围予以协助与保护，其新自台湾来归者，尤不宜予以留难，以免发生反感！

二、"个人方面"：（一）必须以全民革命为出发点，切忌英雄主义。（二）应容纳各方人才，不宜党同伐异。（三）应以三民主义为革命准绳，不可自倡异端邪说。（四）要有自我牺牲的精神，切莫苟偷晏安，因利乘便。（五）应有为革命而革命的意志，莫存为做官而革命的谬想。（六）应以解放全台同胞为职责，革除树党营私之企图。（七）必须善用台人的个性技能，万毋忽视台人的聪明智慧。（八）必须明了台人的真正倾向，不宜独断专横。

以上所举，不过是领导台湾革命工作的几个要纲，无论政府方面或个人方面，如能这样地做去，领导台湾革命工作的困难问题，便可迎刃而解，并且将来对于台湾亦可望其长治久安。管见所及，对与不对，还望有识者，加以指正。

（《新台湾》画报创刊号，1943 年 4 月 15 日，2 版）

台湾革命同盟会为《马关条约》四十八周年纪念宣言[1]

（一九四三年四月十七日）

呜呼！今日何日，岂非《马关条约》四十八周年纪念日乎，本会除召集在渝同志举行沉痛纪念外，敢掬诚为世界人士告曰：我台原为中国领土，六百万之台人，均系黄帝子孙，虽不幸于一八九五年之今日，被满清代表李鸿章一纸丧权辱国之《马关条约》所断送，然台湾人民，始终未肯屈服，故四十八年中台湾革命前仆后继，愈演愈烈，其中可歌可泣之事，实难枚举，如唐景崧建立台湾民主国，余清芳、罗福星之台湾大革命，林杞埔二林北埔等处之大暴动，以及现在敌人前后方广泛地进行反日运动等等，均为台人未肯屈服异族之表现，因此，虽穷凶极恶之倭寇，而亦愀然悲语曰，台湾难治。

诚然，暴日统治台湾四十八载，虽不惜用尽种种惨无人道之手段与高度之压力以治台人，但结果除大量剥夺台人之财物与残忍凶暴奴隶台人之身体而外，实是无一成就，有之，则埋一强烈炸弹于腹心，待时爆发而已，倭寇之无能于兹已可想见。当此太平洋战争展开之时，本会决倾全力，领导台湾健儿，追随同盟国家之后，以摧毁轴心势力，扫灭扶桑恶寇，使世界和平得以早日实现。

唯近来对于战后之台湾问题，或有主张归还中国者，或有主张共管

---

[1] 本文与下文皆出自《〈马关条约〉四十八周年，台湾革命同盟会举行纪念，并发表宣言及告祖国同胞书》（《中央日报》1943年4月17日，3版）报道。前有"【中央社讯】今日为《马关条约》四十八周年纪念日，台湾革命同盟会，除召集在渝同志，举行沉痛纪念外，并发表宣言及告祖国同胞书，兹录如次"等语。

馬關條約四十八週年

台灣革命同盟會舉行紀念
並發表宣言及告祖國同胞書

【中央社】今日為馬關條約之四十八週年紀念日

"本会决倾全力，领导台湾健儿，追随同盟国家之后，以摧毁轴心势力，扫灭扶桑恶寇，使世界和平得以早日实现。"图为《马关条约》四十八周年，台湾革命同盟会举行纪念，并发表宣言及告祖国同胞书》(《中央日报》1943年4月17日，3版）

者，或有主张属特别区域者，议论纷纷，莫衷一是，闻罗斯福总统与丘吉尔首相，亦会论及此事，吾人对此问题，更是切肤之痛，前此曾经本会及在前方各地参加抗战之台湾同志，一再撰文辩正，本会今复郑重声明台湾土地原为中国领土，且系郑成功筚路蓝缕所开辟者，台湾人民百分之九十三为中国人，若以土地人民而论，台湾之归还中国，应无疑义，故去年创立《大西洋宪章》时，颜露尔将军告中国人民书，曾大声疾呼曰："将来大战结束以后，过去日本利用武力以取得之殖民地，应一律脱离日本之桎梏，朝鲜应使独立，满洲及台湾，中国人达全人口百分之九十五，自应归还中国。"此种正确理论，当为吾人所爱戴，且台湾革命起自满清，迄至今日，其中心思想，则为排除异族，倭寇之所谓台湾难治者，则因台人具有伟大坚强之民族革命精神也。台湾一日不能获得民族自由解放，则台湾革命将无止期，台湾革命倘无终止之日，则东亚已无和平可言，遑论世界和平。本会深深望世界有识之士，为使实现世界和平，必须一致主张战后台湾应即归还中国，而本会领导台湾革命方针，素以归宗祖国为中心，今后尤为坚决本此方针而努力，无论任何异族统治台湾，均为吾人所反对，誓必反抗到底，虽再牺牲百万头颅，十年岁月，亦必争得民族之自由解放，今当《马关条约》四十八周年纪念日，本会同志于悲惨痛恨之余，特此宣言。

(《〈马关条约〉四十八周年，台湾革命同盟会举行纪念，并发表宣言及告祖国同胞书》，《中央日报》1943年4月17日，3版)

台湾革命同盟会告祖国同胞书

（一九四三年四月十七日）

　　亲爱的祖国同胞们：今天是《马关条约》四十八周年纪念日，回忆四十八年前的今日以前，我们兄弟姊妹还是快乐地过着自由亲爱的家庭生活，可是腐败的满清政府，竟于"一八九五年"悲痛的今天，将我们出卖给凶暴的日本帝国主义者，从这一天起，我们是分开手了，我们是挥着眼泪被恶魔生生地隔开了，在这四十八年中，你们这六百万可怜的台湾同胞，是受尽了倭寇的蹂躏摧残，但他们无时无地不在思念着祖国的同胞和归还到祖国的怀抱。

　　因此，造成了一部辉煌悲壮的台湾革命史了，这一部血泪写成的台湾革命史，如果整个的献给亲爱的祖国同胞，也许你们会不忍阅读吧！可是我们对于这种悲惨艰难的生活，已历四十八年如一日了！这种非人的生活，是谁给予我们的，固然是腐败的满清政府，我们同生共母的祖国同胞，虽然可以不负直接责任，可是宁忍袖手旁观吗？纵不念其骨肉被割之痛，亦须顾及产业被占之耻。现在台湾革命，由本会领导进行，一切工作已上轨道，唯近来有人在主张战后台湾由国际共管，这是多么骇人听闻的事呀，如果这个主张实现，不但台湾同胞永无翻身之日，则中国国防亦永无建设之期。

　　祖国同胞们，你们愿意这样做下去吗？如果不愿意的话，请大家赶快起来共同摧毁其妄想，建设三民主义的新台湾，值此悲痛的《马关条约》纪念日，本会除命令各地同志加紧工作外，谨特竭诚奉告，敬希垂鉴援助，则东亚和平与世界和平，当在不远了。

（《〈马关条约〉四十八周年，台湾革命同盟会举行纪念，并发表宣
言及告祖国同胞书》，《中央日报》1943 年 4 月 17 日，3 版）

宋斐如：如何收复失地台湾——血浓于水台湾必须收复

（一九四三年四月）

　　台湾问题已上中国及国际的政治日程。台湾为中国四十八年前的失地，日本虽蛮横统治将近半世纪，但其地人民皆以同归"唐山"（移居海外如台湾、南洋群岛之闽、粤同胞，称内地为唐山）为夙愿，台湾革命志士亦以推翻日本统治拯救台胞归宗祖国为第一种决心，将来打败日本后台湾之归还中国，在理在情已无可否认。且中国政府早定收复大计，国际人士亦多著论支持，如颜露尔和拉铁摩尔两氏，皆主张战后台湾须归宗中国，朝鲜须独立。

　　但，不幸之至，迩来美国舆论对于战后中国复土问题多有错误的主张，其谓"台湾应划归国际共管，台湾不宜划为中国领土，台湾居民亦不得投票，要求归同中国"（美国一九四二年八月号《幸福》杂志附刊所发表《幸福》《生活》及《时代》三大杂志合草之战后和平方案中第二件备忘录）尤为荒谬绝伦，台湾与祖国在历史和地理上，皆有极其密切的关系，血浓水浓，台湾必须归还中国，固毋庸疑义，此种措置亦为法理及人情所支持，实不容国际人士因别种战略上的打算而有所变更。此点，孙院长哲生及《大公报》均已著文阐述，兹再略抒管见以告我国人士。

　　台湾与祖国的血水关系至为密切，谈论台湾问题，不能不先认识台湾的历史和地理，然而"血又浓于水"，民族主义在台湾问题中占最重要的地位，台湾同胞不先恢复国民资格，复土运动必大减效果。

　　葡萄牙人虽先发现台湾，赞赏其美丽而称曰：Formosa! 但却不是台湾的主人。而正格的台湾主人，是汉民族，台湾人是汉民族的民族先锋队。台湾与汉民族的关系，据说是自禹贡时代起，后汉孙权也曾派人至台湾勘察过，至隋炀帝，而正式占领台湾。但这些还都是消极的一时的意义，直至明末台湾始成为汉民族生存上永久而积极的根据地。明末，满清入寇，内地尽陷，万民称臣，独郑成功率八闽子弟，据台湾孤岛，布政施教，开发经济，欲借台湾以为扶明覆清的根据地。于是土著生番移住深山，汉人耕于平地，其后闽、粤两省不服清制之士，皆相率而至台湾，台湾文物制度遂具备，经济大发展而蔚成文明地域。

台湾是汉民族抵抗异族统治的基地。先自明末清初讲吧，清人入关，全国披靡，屈从清制，独郑成功据台湾抵抗满清到底，终其世，清兵无可奈何，即至郑氏三世为清所降服，但台民仍武力抗争不已，故李鸿章常叹曰："台湾三年一小叛，五年一大乱"，甲午年清廷无智割台湾予日本，也半由于此。即至甲午年清廷战败于日寇，割台以求和，台湾民众并未降服，先成立台湾民主国，继而武力抗争二十余年之久，壮烈牺牲者五十余万人。近仍以社会运动的方式抵抗日本的统治。总之，台湾人是汉人，充满着汉族的血，富有"国姓爷"郑成功的精诚与气魄，且有八闽两粤的冒险精神。

汉民族经营台湾历三百余年之久，现在繁殖成了五百五十多万的大部落，经济的发展也已赶上世界资本主义的水平，物产不但足以自给，且有剩余可供输出。大部分的米和糖输往日本，樟脑和茶叶皆大量输出世界，水电力可以充分供应现代工业之用。热带物产应有尽有。自然界皆甚美满，只在人文上残留着一大遗憾，就是二十多万的日本人统治着二十七倍多数的汉人。其统治方式的残酷与野蛮，终使台湾社会在资本主义相当发展的今日，仍以民族界限画开人类的鸿沟，于是台湾的五百五十多万汉人，没有幸福可书，只过着异族统治下的奴隶生活，有时也奋起，作无后援的反抗，而以孤军全没为下场，台湾民众之抵抗日本强权，国内人士或少知其"血流漂杵"，但如余清风、罗俊之役，死亡达十万，如雾社之"征剿"，日军竟用飞机毒气烧山洗村，其壮烈与凄惨，亦足道矣。

然而台湾汉人最悲惨者，厥为徒具坚强的民族精神，而事实上却是无国无家。以前祖国因限于环境与力量，对于台湾没有关心，也不能关心，故一任日本挑拨民族感情的毒计横行于国内，台湾人在祖国的地位遂成了外人，一般同胞皆歧视台湾人。抗日军兴后，国人尽视台人为日谍。因为这个原因，凡不服日寇统治而潜逃归国者，也不敢公开，只能借闽粤籍贯以为掩护。台人之服务贡献于祖国教育文化如许地山者，功绩不为不伟。北伐之年，为完成三民主义革命效死疆场者，以数百计。抗战军兴后，踊跃投效于党政军文化教育各界的台湾人，总在数千以上。但是台湾人与祖国的关系依然淡薄，表面为国人所知之台湾人，似甚寥寥无几，其固有必然之理，可不言而喻了。

然闻英明领袖早决完整国土之心，党政当局已定收复台湾之计划，尤其自太平洋战起，台湾的战略地位更加增高。台湾隔我内地仅一衣带水（海峡最狭地方，行舟四小时可达），加以血肉关系湛深，收复原属易易，日本帝国在台湾，并未立足脚步。依国父的分析，"最近可以亡中国的是日本"（见民族主义讲演），其方法固在政治力、经济力及人口压迫。日本在台湾的人口政策已经失败，其政治经济压力之成功，也只占领了台湾，并没有征服了台湾人。最初的"手枪政策"已告失败，最近乃发动同化政策，欲强制台人改易姓名，废祖宗而祀天照皇大神为始祖。其奖励汉人与日人通婚，结果无一汉女嫁日人，其同化政策将因祖国的台湾政策运用得宜，而完全成为泡沫。

收复台湾须自收揽台胞人心下手，而收揽台胞人心之妙，在于运用民族主义。国父指示过我们："中国国民和国家结构的关系，先有家族，再推至宗族，再然后方是国族。这种组织，一级一级地放大，有条不紊，大小结构的关系，当中是很实在的。如果用宗族的单位，改良当中的组织，再联合成国族，比较外国用个人为单位，当容易联络得多。"（民族主义第五讲）

台湾人的宗族观念极深，每一家或一族，皆与"唐山"保持着族谱关系。用宗族关系去联络台胞，容易亲密混成一片。只是今日于宗族之外，显已形成另一个更大的单位，那就是国族。国族原构成于宗族与家族，但此台湾宗族与国族的联系，却已为法律所阻碍，为日寇离间民族政策所遮断，故欲运用宗族关系以发挥民族主义于台湾，须先接上宗族与国族的联系。其方法就是祖国积极宣布：台湾人即中华民国国民，祖国已为收复台湾而苦心孤诣。首先要招，就是集中台人的力量。但是台人回国皆以上述关系而变成潜伏的力量，皆不肯显身说法，台湾人的国族地位不恢复，台胞的潜伏力量如何能够集中，更如何能够集中组织，集中意志？

　　收复台湾的第二要招，应该是争取"台胞内向"。争取台胞内向最有效的办法，就是民族主义的运用。台胞受治于日寇达四十八载之久，加以政治经济的压迫，其民族精神不无多少变化。故欲争取台胞内向，必须先复活台胞的民族主义，这是国父遗教中最紧要之点。但是过去台胞宗族与祖国国族的联系久为法律所切断，祖国政府一向亦未关怀及此，缺欠正确一致的台湾政策，遂致向往祖国之士，虽有悍然冒犯日本法规毅然归国者，常抱满腔热血而来，扫兴垂头以去，大都遭遇白眼与歧视，能坚持奋斗以〈到〉底与立足者，实千万分之一而已，故今日欲争取台胞内向，须先打开国门，这就是公开承认台湾人的国族关系，确定台湾的政治地位。中国古来最重名分，以名不正则言不顺，纵有台湾志士欲为祖国效命，亦唯恐死得不明不白。若仍误认台人皆为日谍，请问台人的力量将由何出？最近台湾革命同盟会的活动方针，一面着重于台湾岛内工作，一面又公然提出设省建政，正式设立省党部，成立台湾正规军，请设台湾参政员，自有充分的理由，其动机也十分纯洁，现在敌人不但在积极谋同化台胞，且欲利用台胞为桥梁，继由宗族关系，来怀柔我沦陷区的同胞。以前日寇驱台湾流氓及罪犯等败类于我沿海各省，今则改变策略，收束这些败类而代以所谓善良商人，其心叵测，良可警惕，愿当局三思现势之转移，考虑适当办法，以相抵制。

台湾之政治设施，已无可顾忌，美国颜露尔及拉铁摩尔两氏，已为我国主张正义与主权了。我国对日宣战只在消极方面撕毁了《马关条约》，但台胞之恢复国籍，尚须政府正面的宣布。今日台胞先觉者之复籍复权运动，已成合理要求，国人应予以积极支持，不应再事怀疑犹豫。

中国宣布台湾人为中华民国国民并从实际上推进政治设施，还有一种更大的作用，就是安定国际人士，乃至各国政府当局，有错误的主张或措施，如前引美国《幸福》及《生活》等三大杂志的战后和平方案提议台湾归国际共管。战后台湾之归复祖国，为中国合理的要求，数年来国际大多数人士皆已极表同情，并积极支持。深愿党政军当局透视国际的变动趋向及台湾革命的主观客观情势，对于收复台湾工作，能百尺竿头再进一步，以收揽台胞人心，以利失地之克复，并阻止国际间不正确的思想与措施之发生。

（中国国民党直属台湾党部编印：《台湾问题参考资料》第 2 辑，

1943 年 7 月 30 日）

台湾党部为《马关条约》四十九周年纪念告国内外同胞书

（一九四四年四月十七日）

　　亲爱的国内外同胞们：今天就是我们永不会忘记的最悲痛的日子。四十九年前的今日，清廷代表李鸿章与日本代表伊藤博文、陆奥宗光，在日本的马关签订中日媾和条约，承认朝鲜独立，割辽东半岛、台湾及澎湖群岛，赔偿日本战费两万万两。从这天起，不仅六百万的台胞沦为奴隶的地位，而且日本对我国的蔑视，独霸亚洲的野心亦由此而起，所以总裁在其《中国之命运》一书里指示给我们说："——甲午中日之战竟至一败涂地，李鸿章奉命亲赴日本签订丧权辱国的《马关条约》又加重了一个国耻。二百余年来，满清上下积累而成的衰风敝习，遂暴露于天下。而日本对中国之蔑视，对亚洲之野心，亦即由此而起了。"由此可见，《马关条约》之签订，不仅与我整个国家命运之前途有关，亦与亚洲乃至世界和平具有密切的关系，其意义之重大可想而知。

　　自《马关条约》以来，我国对台湾问题，一贯都没有放弃，只是在抗战以前，因客观的有利时期还没有达到，所以采取着静默的态度。然而经过这七年来的抗战实际行动，不但证明暴日灭亡不了我国，而且我们确可击败敌人之一切野心与企图，撕毁《马关条约》收回台湾失地是无问题了。民国卅一年十一月三日，我外交部长宋子文在招待中外记者席上，在关于我国抗战后的领土问题之答语中曾明白公开表示："中国抗战后的领土问题，不但应该恢复'九一八'前的状态，并且更要收复台湾。"又，我最高领袖蒋总裁亦在《中国之命运》中说："——台湾、澎湖、东北四省、内外蒙古、新疆、西藏无一处不是保卫民族生存的要塞。

这些地方的割裂，即为中国国防的撤除……"在这里我们已经坦白申明我国抗战的最后目的乃在废除不平等条约，收回一切失地，建设三民主义的新国家了。

就是在国际方面，一九四三年十一月下旬，中、美、英三国领袖在开罗举行会议后，也曾发表了正式公报声明："日本所窃取于中国之领土，例如东北四省、台湾、澎湖群岛等，归还中华民国。"至此，台湾澎湖群岛之归还我国已获得国际上之承认了。

台湾在马关订约的时候，本是我国的一行省。清朝自牡丹社蕃及中法战役后，感觉台湾的地位关系国防重要，所以努力经营，在光绪十一年决定设省，光绪十二年正式成立台湾省。因此台湾现在照东四省例先恢复省制自无问题，关于这点观中央设立直属台湾党部，就可以明知了。

台湾问题本为我国问题的一部分，我国抗战之成败当然以台湾之能否收复为断，所以这个责任乃我四万万同胞全体的责任，而非仅为台湾同胞之责任。台湾之命运是与中国之命运一致的。因此，际此《马关条约》悲痛的日子，我们愿致下列之希望，与全国同胞共同为抗战为收复台湾而做最大之努力！

第一，我们希望全国同胞：（一）须认识台湾的特殊性。因为台湾不仅是我们固有的领土，而且是我们民族复兴的根据地。（二）须认识台湾在国防和经济上关系的重要。台湾气候适宜，物产丰富，敌人掠取后视为"宝库"。这个"宝库"如果一日不归还我国，便一日被日寇利用为侵略我国和破坏世界和平的本钱。又由我国国防上说，台湾是我东南海上大堡垒，我海空军唯一的前进和保守的前卫根据地，台湾如不能收复，我们的国防便无从巩固。

由上述两点，我们更希望我国同胞从此以后：（一）须切实注意台湾，纠正以前不大注意台湾的毛病。（二）须研究台湾，要把台湾的一切拿来研究得清清楚楚然后再向全国宣传，使大家都能了然于台湾的重要。（三）单是注意研究还不够，顶要紧的还是大家要负起全部责任致力于台湾的收复，俾完成抗战之使命。

第二，我们希望台湾同胞：（一）须彻底认识自己是中华民族之一分子，无祖国则无自由之可言。（二）须发挥郑成功进驻台湾抵抗异族之民族精神来粉碎暴日之统治。（三）须把握此时正为台胞对国家尽忠，对民族尽孝之时机，在岛内须做一切之准备，俾于我方反攻台湾时配合力量打击敌人。（四）须彻底认识三民主义，为救台胞出于水火之唯一主义，俾将来收复后建设三民主义之新台湾。最后我们十二万分相信我们的抗战必胜，建国必成，而台湾同胞之获得自由解放，亦为期不在远了。愿我们全国同胞在最高领袖领导下集中意志，贡献一切，完成我们历史上最伟大之使命——收复一切失地，建设三民主义之新国家！

中国国民党直属台湾党部三十三年四月十七日

（中国国民党直属台湾党部编印：《台湾问题参考资料》
第 10 辑，1944 年 5 月）

台湾革命同盟会为《马关条约》四十九周年纪念宣言[1]

（一九四四年四月十七日）

【中央社讯】今日为《马关条约》四十九周年纪念日。当年满清政府于此日与倭寇签订丧权辱国之《马关条约》，割让台湾与澎湖诸岛，迫使台澎同胞为奴隶，迄今四十九载。在此期内，台澎同胞志士抗日流血，数十年如一日。今抗战胜利在望，去年开罗会议，盟国并有台澎诸岛于战后归还中国之决定。顷值历史上沉痛之纪念日，旅渝台澎人士爰有集会纪念，并发表宣言。

纪念宣言

台湾革命同盟会为《马关条约》四十九周年纪念宣言：

四月十七日是中华民族永远不忘的国耻纪念日。此日，满清政府与倭寇签订丧权辱国的《马关条约》，出卖中华民族，割让台湾与澎湖诸岛，迫使台澎同胞做倭寇的奴隶，万世不能翻身，并且给予了倭寇南进的根据地，以致造成今日的太平洋战争，毁灭了中华民族的生命线。

回忆过去半世纪的惨痛历史，实在令人感慨无量。世界各国对这种暴虐无道的条约曾经默许五十年，彼时祖国为革命尚未成功，致无力过问。但是首当其冲的台澎同胞，为着求自由解放，为着伸张正义，为着

---

[1] 原题为《今日马关签约纪念，台澎同胞集会宣言》，《中央日报》1944年4月17日，2版。该文同时发表于《大公报》1944年4月17日，3版。

保存民族正气，明知众寡不敌，不顾成败，继续奋斗，抗拒强暴。起而发动七年抗战，其次又是十次暴动。抗日反帝的怒潮，今日依然笼罩台澎诸岛。五十年间牺牲六十五万人。虽然尚未成功，可是先烈不朽的精神仍不断地鼓励着我们勇往前进，不达到目的绝不停止。

现在战争已经迫近最后阶段，和平的再建亦上世界政治的日程。将来要保持太平洋和平，必须首先撕毁《马关条约》的桎梏，这是显而易见的道理。去年，开罗会议经我英明领袖以其伟大人格和全民英勇的抗战激动了盟邦，台澎诸岛决定于战后归还中国，台胞不久就可以回到祖国的怀抱。今日我们一面庆祝领袖伟大的成就，一面钦佩盟邦正大光明的决策，同时感觉我们的责任加重了。我们并不辞劳苦，更不避艰辛，愿在祖国领导之下，倾尽我们应尽的义务。日后战争一旦越过南洋代管地，小笠原群岛、菲律宾群岛和台澎诸岛立刻就是战场。时在目睫，我们台胞应该加紧准备，一旦时机来临，即武装起义，响应盟军作战，争取台湾的自由解放，发扬光大祖宗的遗业。今日我们必须迅速健全组织，必须统一意志集中力量，然后把握时机，整齐步武，勇往直前，争取最后的胜利。

同时，我们愿在这惨痛的纪念日谨向祖国申诉台胞坦率的愿望：我六百万台胞虽陷于敌寇五十年的黑暗统治，然仍承袭大中华民族的光荣传统，于含辛茹苦不断与敌奋斗中，深悉敌隐可供光复前驱。今日之所急者，则在切盼祖国从速准备收复大计，厘订步骤，使我台民得与祖国同胞共同奋斗，俾我台同胞见青天白日，则台湾自可人尽其才，地尽其利，物尽其用，在康乐富强的新中国里面获得光荣的新生。

我们希望今日是最后一次的国耻纪念日，并希望盟邦勇敢切实履行诺言，更希冀六百万台胞倍加努力，为自由解放不惜一切牺牲，争取明年今日为光荣快乐的复兴纪念日。特此宣言。

（《中央日报》1944 年 4 月 17 日；《大公报》1944 年 4 月 17 日）

今日馬關簽約紀念
台澎同胞集會宣言

紀念宣言

【中央社訊】今日馬關條約四十九週年紀念日。當年滿清政府訂此日與倭……台灣與澎湖讓於倭，迫使台澎同胞喪失權利。迄今四十九週年紀念……在此期內，台灣同胞志士抗日流血，數十年如一日，民族……今抗戰時利在望，台灣與台澎紀念……殺後對過中決之決定，去年開羅會議，羅斯福、邱吉爾、蔣主席……殘後對過史上沉痛的紀念日，……台澎人士茲有集會紀念，並發表宣言：

了中華民族的生命線。

四憶過去半世紀的
痛苦史，實在令人感慨無
量。世界各民族之解放革命
無不歷過艱難而得成功，……
成功。……本省先烈抗日五十
年的奮鬥史，但知義憤正
氣，……光明，暗知義憤正
義，明知義憤正氣，……
敗，……台灣有自由民族正
氣，……追求台澎解放……
能夠爭取自由民族，本世不
胞澎湖長久的權利，……
南島的根據地，以致造成
今日的太平洋戰爭，……帝
……。五十年出賣橫桂……
次又是十次劃七年的慘……
帝的惡運。今日依然挂……

四月十七日是中華民
族永遠不忘的國恥紀念日。
……此日滿清政府與倭訂定
訂該賣國的馬關條約，……
出賣中華民族，割讓台澎……
正義，……

我们希望今日是最后一次的国耻纪念日。(《今日马关签约纪念，台澎同胞集会宣言》,《大公报》1944年4月17日，3版)

丘念台讲述，吴德源笔记：
台湾的割让和不灭的民族精神[1]

——《马关条约》四十九周年纪念讲词

（一九四四年四月十七日）

今天是四十九年前马关割台的纪念日，萧代主委要本人来对大家讲《马关条约》的经过，关于这点，要讲的话很多，真是一部二十四史，不知从何讲起，现在唯有拿目前想得起的几个要点来讲一讲：

一、《马关条约》的签订——敌人自明治维新以后，想独霸亚洲，积极扩充军备，从事侵略。一八九四年就是光绪二十年，他故意在朝鲜引起争乱，借口进兵惹起中日战争，用闪击的战略，乘我没有战备和满清的昏庸，在牙山平壤击败了我的陆军，在丰岛黄海击败我的海军，山东辽东各地相继沦陷，京畿震动，无法再战。不得已派李鸿章为全权大臣到日本求和，敌人看透了清廷无能，可乘机吞灭，本欲再战，无奈那时俄、德、英、法各国，都不愿日人独占，适值李鸿章在日本遇刺，各国都起来责难。日人感到内外情势不利，才派总理大臣伊藤博文，和李鸿章在日本马关——就是现在门司对面的下关的春帆楼上签订和约。承认了高丽的独立，割了辽东半岛和台湾澎湖各岛，并赔款二万万两。辽东半岛虽然因为俄、德、法三国的干涉，由清廷加赔三千万两交回中国，但是那时有四百万同胞的台湾，就被这一纸文契，从此沦为奴隶，过着牛马的生活了。

二、台湾割让的缘故——为什么日人在北方打仗要割到南方的台湾呢？议和的时候，李鸿章也曾拿这点驳斥日本，这是因为台湾有它特殊

---

[1] 关于台湾的抗日历史，《联合周报》（1944 年第 11 期）上的《马关条约》四十九周年特刊"中还发表有丘念台、周召南的《〈马关条约〉当时的台湾反日运动》一文。

地位的缘故!

台湾位居东海,和福建省仅隔一衣带水,和敌人的九州、琉球,南洋的菲律宾可连成一线,好像一列西太平洋的堡垒,又好像中国的前哨炮台和东海上的眼睛。列强想称霸东亚和侵扰我国都非得此不可,所以自西洋人东来至明末,这海岛就被荷兰人占据了好多年,同治十三年日人也借口牡丹社番杀劫琉球难民,来侵扰一次,光绪十一年中法战役,法人也进据了基隆、澎湖一次。清廷逐渐感到了这个岛在国防上的重要,它原来是福建省的一府,到了光绪十二年就升为台湾省。设立台北、台中、台湾三府,台东一州,淡水、新竹、宜兰、台湾、苗栗、云林、彰化、安平、嘉义、凤山、恒春十一县,基隆、南雅、埔里社、澎湖、卑南、花莲港六厅。第一任巡抚为刘铭传,是一位能干的官吏;设省后各种建设较国内更进步,台北到新竹的铁路,比上海至吴淞口的还筑得早,陆上的海底的电线也有了,矿厂、兵工厂和学校也都有了相当规模。

这里气候适宜,物产丰富,又有了新建设的海上军事要点,敌人哪能不要呢?所以仅仅设省十一年,历了三任巡抚,马关议和,就轻轻地割给日本了;因为改省时间太短,国人还很多不知它原是我们一省哩!

三、台湾民主国的抗敌情形——光绪二十一年的四月十七日就是旧历三月二十三日马关签约,因台湾有电报传递消息,不上三日,全台得知,台民闻割台讯,愤激异常,由先父仓海先生逢甲丘公,率全台绅民,请台抚唐景崧代奏反对割台,愿战死而亡,不愿拱手而让。但是,满清政府只图京畿安全,宁愿牺牲全台人民幸福,复电唐景崧开缺进京,饬文武官员陆续内渡。这样一来,台民知道已经绝望,就由先父倡导在旧历五月初二日,成立了台湾民主国,誓抗日寇,拥唐景崧为大总统,刘永福为帮办,李秉瑞为军务大臣,俞明震为内务大臣,陈季同为外务大臣,先父自为义军统领,以蓝地黄虎为国旗,这旗现在还存有一张在台北博物馆,又立了议院,发行了邮票纸币等,俨然是一个民主国家。但没有一个月,满清在海上交给台湾完毕,日军就大举进攻,初想由安平、打狗、淡水、基隆等地进犯，因守御坚强不能侵入，继由东北僻地三貂角偷登陆，因兵单力薄，又有汉奸向导，防堵不及，不久基隆就陷，台北也不守了。唐景崧一直反待到敌人迫近台北城，才只身携印内渡，唐出走了，但刘永福仍守台南称帮办，先父仍在台中领导台民，各地前仆后继，奋勇抵抗，在新竹、彰化、凤山等地，都会有过激烈的大战，虽然强弱异势到处败北，各城相继失陷。守台中的先父和守台南的刘永福知道大势已去：也只得内渡祖国。但是岛内乡村仍然个别对敌作战，不顾牺牲，南北中路正规军完全消灭了。还有六堆的大战和宜兰的暴动，一直到了光绪二十二年丙申旧历正月才算全台被征服。这期间秀才吴汤兴、徐骧、姜绍祖、丘国霖、简云林等等的殉难都是很壮烈的；所以台湾民主国政府，虽然昙花一现，但是民主国的精神，可算是支持了一年，或者可以说始终不灭。台湾同胞在各乡村，各据住，竹林围住的家屋，人自为战，不依靠政府，也不需要后援，不需要指挥，就是不愿意受倭寇统治，非一拼不可，不单男子，就是女人也效着男子持械作战，同仇敌忾，所以敌人虽拥有精兵，而损伤也非常重大，他们的陆军中将能久亲王也在这里战死。据日本参谋本部的《日清战史》第七卷"贼徒行动篇"，专记载台胞抵抗情形的，说敌人在台湾战死的统计，多过高丽辽东作战有一倍以上，因此可以知道，当时台胞抵抗的壮烈情形。这种牺牲自己一切不愿受异族统治的民族精神，是为吾人所当效法的。

就是当时民主国的革命领导人，也都光明到底，唐景崧回了内地不再做官，隐遁广西原籍病殁，刘永福也回广东钦州闲住，对他旧部非常关怀，到了辛亥革命，曾被举为广东民军统领；先父逢甲公内渡后，专事教育事业，培养排满革命种子。编史的人事后论人不明真相，常有卷款内渡享福等妄测，殊不知就是先父的内渡，也是经过义军全体将领军事会议决定的，他们以为一面固要抵抗到底，一面也要派人返祖国求援，和准备失败后继续奋斗的革命种子，台湾才有将来，所以决定掩护地位较高人望较广的进士举人阶级的领袖，像先父和谢道隆等回祖国；秀才阶级的统领如吴汤兴、徐骧等都留台岛与土地共存亡。这种赤心卫台的苦衷，只有当时参加抗日的人可以知道，正如先父赠义军书记诗内所说："……当时力保危台意，只有军前壮士知。"他的在粤苦心办学的事迹和现为人称道的悲壮的诗歌，都可说是台湾民主抗日精神的继续吧！

四、台湾的现势——台湾自马关签约割让与日，四十九年来，在敌人铁蹄下，饱受着经济上的掠夺，教育上的奴化，以及政治上的轻视，但是全台民心，绝未服从敌人的统治，几十年来武力暴动，时常发生，悲壮牺牲，前仆后继，民族精神依然保持。不过因为受着敌人一面隔断消息，一面利用台岛流氓，作各商埠浪人的离间政策的蒙蔽，致使国内同胞视台人如毒蛇猛兽，而台胞也因不知祖国的实在情形，变成心灰意冷，所以我现在敢断言一句说，台胞不懂祖国情形可以讲；说台胞没有民族精神，那就很错误。自"九一八"以来，在祖国各地战场服务无名的台湾民族英雄不知多少。就是现在台胞在祖国及南洋各战场为人利用的，都不是甘心认贼作父，大都是为敌人压迫出来当炮灰，他们心中还有割台当时的抗日精神的。

现在同人奉命担任台湾党部，是负着光复台湾的任务；我们要时刻注意着如何才能使台岛早日归还版图，如何才能使台胞的痛苦早日解除。在鄙人认为最要紧的工作，是先吸收运用陷区的台胞，再及于岛内的台胞，使他能助我们抗敌，而不受利用于敌，我相信台胞有郑成功和民主国留下来的民族精神，必可在本党的忠诚领导下，不久就会回到祖国的怀抱。

我们在这里应当向无数的为民族斗争殉难的台湾无名英雄，和无数的这次抗日战争殉难的国内无名英雄，同样的致最高的敬礼——敬礼！

（中国国民党直属台湾党部编印：《台湾问题参考资料》
第 10 辑，1944 年 5 月）

為呈請事茲依中華民國國籍法第十八條
規則第六條所規定呈請許可復籍理合另具願書
及保證書匯呈

內務總長鑒核施行

　　　　　其呈人連雅堂（印）

中華民國三年一月三十一日

呈呈人連雅堂

原籍福建龍溪縣馬崎社
現籍日本長崎台中廳台中街
現寓北京南柳巷晉江邑館

1914年，台湾连雅堂向中国内务总长申请恢复国籍。图片选自海峡两岸出版交流中心，中国第二历史档案馆编：《台湾光复档案》（上），九州出版社2005年版

三位台灣熱血青年
歷盡艱險來歸祖國
據謂有甚多台胞願回國投效

節義可風

"有甚多台胞，愿回国投效，彼等准备牺牲一切"。（《三位台湾热血青年历尽艰险来归祖国》，《大公报》1945年7月20日，3版）

台湾革命同盟会宣言[1]

（一九四五年二月十五日）

慨我台湾反抗异族之奴役统治已五十年，徒觉风雨如晦，鸡鸣不已。当兹菲岛战争，瞬将结束，美军登陆台湾之时机，日益逼切。本会同志皆为日本帝国主义之虎口余生，历数十年之艰险、而矢志于台湾革命者。值兹大好河山将归祖国，自由解放，行见来临之日，宁不热血奔腾，岂肯如秦越人之视肥瘠？是以本会特乘此时机，在渝召集第四届全体会员代表大会，加强组织，巩固团结。愿为我台湾尽最后之努力牺牲，以求台湾之真实解放，本会谨代表台湾同胞向祖国请缨效命，要求我政府或盟军给予我人武装，在台湾战事揭幕时，听候驱策。我人深谂日本在台湾尚有不可轻侮之实力，仅台籍壮丁即有百四十万人，此项人力不可为敌所用。台湾每年过剩米谷五百万担，可养三百万大军。此种物力更不应为敌所用。我人愿向台湾岛作有效之宣传，鼓动并向导工作。组织游击队，协助我盟军，以灭省流血，而达成迅速胜利。并可能转移台湾人力物力，为盟军登陆日本本土，及祖国对日反攻决战之用。以光复台湾为天职，累数十年之斗争经验。大义当前，应不让人。时观业已迫切，愿祖国及时领导，使我人参加台湾光复神圣战争。但我台湾同胞五十年间为革命而牺牲者，不下数十万众，迄今尚犹前仆后继，致使凶残倭寇统治台湾以来，未敢高枕正视者，唯民族意识与勇敢之决心而已，其志

---

[1] 台湾革命同盟会于 1945 年 2 月 13 日上午 9 时，召开第四届会员代表大会，会期两日，大会发表了大会宣言。

愿亦唯归还祖国！受自由平等而已。故自本会成立以来，迭次向中外宣示收复台湾归还祖国之愿望，并向中枢建议设立收复台湾之军事机构、政治机构。宣布台人为中国国民及在修改"五五宪法"时，确定台湾应有之地位。凡此等等，皆为我台人，日夕所祈求，而亦我祖国政治所应迅速措施者。本大会过去之愿望，当继续吁请中枢，达成愿望。并更郑重声明：台湾之革命，系以自由平等为目的，凡同情于我者，则为我友，自当竭诚合作。吾人一息尚存，决不改变初衷也。特此郑重宣书。

（《台湾革命同盟会四届代表大会发表重申回归祖国愿望，并电蒋主席麦克阿瑟致敬》，《中央日报》1945年2月15日，3版）

《台湾民声报》创刊词

（一九四五年四月十六日）

自从一八九五年春帆楼中那出悲剧开幕之后，台湾即脱离中国版图，江山易主，而给日寇的铁蹄任意践踏蹂躏了。世局沧桑，波涛哀咽，悠忽五十年于兹，日本帝国主义者带着狰狞面目，对这几百万失了援手的汉民族，一面用最残酷手段尽情剥削、奴役和残杀，一面则加紧建设和强化这块具有战略上优越价值的领土，而使之成为南进的根据地。"一二·八"太平洋战争的爆发，日寇不旋踵间席卷南洋，跃进东印缅甸，就是从这只所谓"不沉的航空母舰"发动的。在这半世纪间，台湾民众因不甘异族的暴虐统治，揭竿而起，流血革命，何止数十次，万众一心，前仆后继，由暴力反抗，进而成为有组织的政治斗争，无非眷恋祖国，矢志复土归宗，其解放目的至今虽仍未达成，而我们的先烈却确确实实为台湾甚至为汉民族写下了一首崇高而悲壮的史诗。我们秉承先人遗志，多年流亡在外，奔走呼号，历尽艰危，不断苦斗，其唯一愿望也是为挣脱日本帝国主义的羁绊，重投祖国怀抱，而使六百余万台胞出水火而登衽席。

祖国近百年来内忧外患，荐臻而至，自顾不暇，也许因此，所以对于这片腴沃的领土和六百万民众似已由模糊而至于淡忘了。前年三大领袖开罗会议，决议战后台湾归还中国，从此台湾问题才普遍地引起祖国人士的深切注意。太平洋战局现日趋紧张，大有急转直下之势，日寇已渐渐走上败亡之路，但台湾经过他们长期的锐意经营和建设，且驻有雄厚军力，以日本民族性的凶悍，假若负隅顽抗，台湾的光复，恐怕仍需经过一番苦斗和重大的牺牲。台湾是我们的家乡，她有今日的繁荣瑰丽，完全赖我们祖先筚路蓝缕，胼手胝足，辟土垦荒，世代赓续，以至今日。所以台湾的光复，我们台湾同胞，尤其矢志于台湾革命的同志，义不容辞，应该挺身出来分担这项义务和责任。时机迫切，不容我们再事因循，回顾我们当前最要紧的步骤，是加强团结，整齐步伐，群策群力，向前迈进。

为欲加速达成上述目的，所以有本刊的诞生，嘤嘤之鸣，以求友声：它的任务，概括言之，有如下：

第一，宣扬三民主义思想，唤起台胞爱护民族的情绪，加强团结，严密组织，待机奋起，响应登陆盟军，推翻日寇的淫虐统治，以恢复自由。

第二，台湾乃一孤岛，自遭侵占，尤其"八一三"战后，敌人横征暴敛，淫辱惨杀，种种暴行，罄竹难书，乃以交通受严厉控制，消息无法外泄，故暴露敌寇罪行，也是本刊的任务之一。

第三，报道台湾一般动态，例如敌人的行动，台湾年来建设和进步的情况，以及介绍台湾文物和居民的风俗习惯、生活状态等等。

第四，拟吁请祖国人士正视台湾民众所追求的理想和目标。开罗会议后，台湾问题虽已引起国人的普遍而热烈的讨论和注意，但是大多只偏重于丰富物产的研究和调查，往往忽略台湾人民的特性和心理。

第五，台湾自满清统治下的所谓"三年小叛，五年大乱"，以至日本时代的数十次暴动革命，其起因都是反抗异族的统治，而欲争取其应享的自由，他们虽经日寇的残酷压迫，可是其初衷则始终未尝有所改变。这是应请国际人士加以了解和同情的。

除此之外，凡与台湾有关或其他国际关系，我们也拟加以论列。本刊乃一公开园地，凡表同情于台湾光复运动的著述，均所欢迎。同人才学谫陋，能力有限，深望国内贤达和舆论界先进时时惠赐指导和援助，这是本刊同人所共同祈求的。

（《台湾民声报》半月刊，创刊号，1945 年 4 月 16 日。

重庆：台湾革命同盟会，发行人李万居，主编连震东）

《大公报》社论:《马关条约》五十年感言

（一九四五年四月十七日）

今天是《马关条约》签字五十年的纪念日，五十年时间，说长也长，说短也短。就个人论，人生七十古来稀，五十年时间是漫长的。但就国家论，五十年兴亡尚算短暂，立国起码也要树百年大计。以此观《马关条约》五十年后的今日世界，形势已截然不同，可兴无限感慨！五十年前签订《马关条约》，中国丧师割地赔款，中日自此结仇，但尚非谓两国绝对不可和平相处，乃日本帝国主义者贪欲无厌，步步压迫，驯至制造卢沟桥事变，准备掠吞整个中国，以致酿成此次中日大战。这八年大战，可谓种因于甲午之役，中国到了忍无可忍，才起来抗战图存，誓与日本清算垂半世纪的血债。今天看看，五十年来的血债可以结算了。《马关条约》虽于民国三十年十二月九日因我国政府对日本宣战而早已废弃，但此约影响我国运太大，临此国耻纪念日，我们仍悲怆无已，愤恨无穷！

甲午战争的原因，是为了朝鲜问题。朝鲜与中国关系久远，唇齿之邦，中国自不忍坐视其被日本侵略。一八八二年七月朝鲜内乱，党争不止，日本在幕后教唆，阴谋兼并，以遂行其大陆政策。清廷不得已，乃派兵前往平乱。日本军队随后也开到朝鲜向中国挑战。后来签订了《中日天津条约》，相约以后派兵必互相照会了事。不想事隔十二年，朝鲜又有东学党之乱，中日同时派兵平乱，乱平，日本竟强不撤兵，声明要改革朝鲜内政。不久日本陆军攻击我军于牙山，日本海军炮击我军于丰岛，悍然背义，对中国不宣而战。那次战争就是甲午之役。是役中国不幸战败，乃于一八九五年四月十七日与日本签订《马关条约》。《马关条约》

是甲午战争所产生的不平等条约，而甲午战争则导源于朝鲜问题。在此点上，我们可说：朝鲜实为远东和平的锁钥。允许并保证朝鲜在战后完全独立，是乃中国的夙愿，更是清算中日血债的起点。

《马关条约》共十一条，第一条便是"中国认明朝鲜国确为完全无缺之独立国……"，中国认明朝鲜独立，实即日本计划日韩合并的第一步。由第二条起，才是中国直接蒙受的损失，其中以割土赔款为最苛刻，第二条第二款载永远割让"台湾全岛及所有附属各岛屿"。第三款载永远割让"澎湖列岛"。苟非俄法德三国出面干涉日本吐还辽东半岛，则割地不止台澎。第四条规定"中国约将库平银二万万两交与日本作为赔偿军费"。后以退还辽东签订《辽南条约》，又追加酬报三千万两，赔款共达二万三千万两。割地赔款而外，还要索了许多桎梏中国的不平等条款，例如第六条第一款载"应准添设沙市、重庆、苏州、杭州为通商口岸，以便日本臣民往来侨寓，从事商业工艺制作所"。既强迫开港通商，后来还在数埠陆续设立日本租界，又取得了内地设厂权。同条第二款载："日本轮船得驶入从湖北宜昌溯长江以至重庆，从上海驶进吴淞江及运河以至苏州杭州。"这样取得了中国内河航行权，而可以"附搭行客装运货物"，日本势力乃深入中国腹地，直抵我们今日的陪都。甲午一战，中国受《马关条约》所束缚与损失至大，日本谋倾中国的野心，毕露纸上。这纸卖身契，我们虽已撕毁了，但不要忘记，事实上，台澎尚未光复，我们还有六百万同胞，根据《马关条约》第五条在被"视为日本臣民"；事实上，不仅吐还了的辽东半岛在日本手里，整个东北全都受统治；事实上，我们各大城市十分之七八，皆沦为日本商埠；事实上，我们的大江小河，多浮泛着挂太阳旗的轮船；事实上，我们总有一半人民在沦陷区天天向日本缴纳赔款；事实上，日本工厂林立在我沦陷区各城市。《马关条约》已撕毁了吗？没有；血海深仇已报复了吗？没有；奇耻大辱已湔雪了吗？没有。

但现在毕竟不同于五十年前。我们已有八年的光荣抗战，有四十余个盟国，有必胜的军事形势，有极光明的前途。日本则孤军惨淡与必败，说明它自作孽，不可活。我们终必报仇雪耻，撕毁《马关条约》，清算五十年来的宿债。自然，我们还应该拼命努力，应该计划收复失地，应该光复台湾与解放朝鲜。但就国家论，像日本，以侵略为国是，欺凌邻邦，好战乐杀，妄自尊大，没有一个政治家有五十年眼光，甚且近视到不知死之将至！五十年来中日纷争的旧账，固然页页惨痛，但看今日日本，闹得天怒人怨，亡国灭种犹有余辜，也着实可恨可怜！

（《大公报》1945年4月17日，2版）

社評

中國必收復台灣
台灣是中國的老淪陷區

《中国必收复台湾，台湾是中国的老沦陷区》，《大公报》1943年1月7日，2版

台湾革命同盟会为《马关条约》五十周年纪念宣言

（一九四五年四月十七日）

　　五十年前之今日，满清政府于马关春帆楼签订条约，割让台湾与日本。噩耗传出，举世震惊，我台同胞尤痛愤欲绝，召开会议，驰电清廷力请其撤回成议，奈清廷昏庸，竟加拒绝。斯时台人为不愿做日寇之奴隶，揭树义旗，倡立民主国孤军死战，以抗强敌。日寇折将损兵，较甲午之役为尤多，敌统帅北白川宫能久亲王亦死于台人乱刀之下。然以孤师绝援，回天无力，终见锦绣河山，黯然变色。战事既败，吾先人去斯地也，自信卷土重来，必有一日；其留也，亦志与暴日偕亡，地老天荒永留此誓。功虽无成，其事何哀，其志何壮！

　　本会同人尝亡省之惨痛，离乡背井，颠沛流亡；数十年来无忘先烈之遗志，不断与敌周旋；盖所以图溯不世深仇，谋故土得以光复也。近八年祖国神圣抗战，世界局势改观，今日盟军已迫近台湾，倭寇踏上溃败之路，我六百万民众行将重见天日，共享自由；值此最要关头，同人等深感责任艰巨，誓当一致奋起，以襄大成；倘祖国有所驱策，赴汤蹈火，在所不辞。

　　今者胜利在鉴，故土光复有期，一切措施，自应努力以赴。如何抚流辑亡，改革教育，刷新政治，建设海防，实行宪政等等；想我中央必能督励领导，急赴事功，以慰我六百万台民嗷嗷之望。五十年来我台同胞备尝牛马生活，痛定思痛；知历史上之战争，每导源于殖民制度，而尊重民族意志之自由平等，恒为维持世界和平人类幸福之础石。此点愿请盟国人士加以注意。谨此宣言。

中华民国卅四年四月十七日

（《台湾民声报》第 2 期，1945 年 5 月 1 日）

李万居:《马关条约》五十周年纪念的意义[1]

——民国三十四年四月十七日在重庆广播大厦《马关条约》五十周年纪念会致辞

（一九四五年四月十七日）

各位长官、各位来宾、各位同志：今晚承诸位先生拨冗光临指导，本会同志不胜荣幸，不胜感谢。

今天是一个多么沉痛的日子，尤其是站在台湾民众的立场，更加万感交集，悲愤填胸！《马关条约》是五十年前的今天，清廷代表李鸿章与日本代表伊藤博文在马关春帆楼签字的。这一纸条约的签字，一面使中日两国间结下了永远的仇恨，一面则使当时三百余万的台湾民众顿时失去了依据，而变成了日本的奴隶。当年我们的先烈并不管自身力量的薄弱，也不管没有外来的帮助，他们为着不愿给日本统治，为着不愿离开他们的祖国，为着本身的自由命运，所以毅然决然举起独立的义旗，倡设台湾民主国，同时组织民军，跟日本帝国主义死缠苦斗！那一次的战役，日本方面官兵就死了二万多人，比较甲午年的战争所受之损失还要来得大。台湾民众在这次的战斗中牺牲了五十万人以上，包括失踪和逃亡的在内，但这样惨重的牺牲，并不能使我们的先烈畏惧，他们仍不

---

[1] 1945年4月18日《大公报》报道：台湾革命同盟会昨晚七时半假广播大厦举行《马关条约》五十周年纪念会，有来宾马超俊、洪兰友等及该会会员共百余人。由李万居主席报告纪念意义，以及50年来台湾同胞在政治经济军事文化各方面所受之创痛，末并含泪提出各点希望。报告毕，由来宾陈仪、王泉笙、青山和夫、宋渊源暨孙院长代表司徒德等相继致辞，均对台湾之重要性阐述甚详。末由谢南光致答词散会。（《〈马关条约〉五十年，台人昨开会纪念》,《大公报》1945年4月18日，3版）是为李万居发言内容，陈仪、王泉笙、宋渊源等人的发言内容见后。《台湾沦陷五十年》（《中央日报》1945年4月18日，3版）对此纪念会亦有报道。

断地或化整为零，或大规模地到处抵抗，到处跟日本人死拼。表面战事已告结束，实际上反日的思想却深入民心，五十年来革命行动，始终没有停止过。自一八九八年到一九三〇年止，单单大规模的反抗行动就有二十多次，而且每次都是酿成大流血，死伤常在数万人以上。可是台湾是个孤岛，交通给日本帝国主义很严厉地控制住，消息不容易传递出来，所以国内同胞很少有人知道。

第一，从民族主义的立场来讲，台湾这块领土是万不能放弃的，因为现有的人口六百七十万人中，中华民族约占了六百十万人，其中以福建人占最多数，语言、文字、风俗、习惯无一不与内地相同。第二，从国防的立场看，台湾是我国东南的门户，沿海的屏障，失掉了它，就有唇亡齿寒之虞。第三，就经济方面说，它的剩余米粮就足供闽粤两省的不足，其他如糖、茶、盐、木材、樟脑等，都很丰富，足以弥补国内的不足。无论从任何观点说，台湾都是不可放弃的。可是当年清廷昏聩自私，竟把这块锦绣江山割让给人家，来暂时苟延它一己的统治权，我们到现在想起来，还觉得有余痛和愤恨呢！

民族主义和民主主义的思潮始终在我们的脑子里盘旋着，我们先烈的抗敌的精神，永远镌刻在我们的心坎里，我们之所以冒万险，破釜沉舟，二十余年来，到处流浪，一面是为着参加复兴祖国的工作，一面则从事台湾的解放。台湾革命同盟会的组织，它的意义也就是在这一点。它的任务有两项，实际是二而一，第一，对祖国方面讲，是谋故土的光复，对日本方面则是革命。所以我们的口号是争取解放、自由、平等，我们的最后目标是重返祖国。我们自己感到力量薄弱，我们的意志却很坚强。

幸赖祖国八年的神圣抗战，前方将士的流血、牺牲，与中央对台湾问题的关切，祖国舆论界的声援，全国同胞的同情，已故罗斯福总统的主持正义，开罗会议终于决议战后台湾归还中国。这是我们台湾革命同志应当深深感谢的。台湾经过日本五十年的经营建设，各重要地方，都已要塞化，并且驻有雄厚的兵力，那么台湾要光复，恐怕非再经过一番流血、苦斗，日寇绝不会有轻易放弃的道理。本会同志既宣誓担负光复台湾的任务，当然要以一贯的牺牲精神坚决意志，来贯彻这个目的和誓愿，深望中央当局领导我们，全国舆论界指示我们，全国同胞督励我们，使我们能够把这块美丽的河山重新并入中华民国的版图，六百万台湾同胞早日重返祖国的怀抱。我们决心在祖国的领导下协力同心打倒日本帝国主义，但我们并不反对和平的、民主的日本的存在，凡是具有崇高理想的人类，对一个邻邦应该是互相扶助、亲仁善邻的。

今天我们在这里举行《马关条约》五十周年纪念，我们决心以大无畏的勇气、沸腾的热血来洗雪这五十年的仇恨和耻辱。这是我们举行这纪念会的意义。

（《台湾民声报》第 2 期，1945 年 5 月 1 日）

陈仪：甲午之役的教训

——民国三十四年四月十七日在《马关条约》五十周年纪念会上讲
（一九四五年四月十七日）

主席、各位先生：今天是签订《马关条约》五十周年纪念日，主席要本人说几句话，因为没有准备，只好将一时的感想来说说。

我们知道，《马关条约》是我们一个割地赔款丧权辱国的条约，而这个条约的造成，则由于中日的甲午之战，在甲午开战的当时，中国作战的形势与条件，并不比日本差。那时中国是个泱泱大国，日本不过扶桑三岛，真是蕞尔小邦。那时中国陆军数目海军吨数也都比日本多。但何以一接仗后，中国竟被打得一败涂地呢？这有几种原因：（一）没有打仗决心，所以一切事前无准备。甲午之战，是因朝鲜问题而起的，当时中国出兵朝鲜，系应朝鲜政府之请求，代平内乱，并未想到会因此而与日本开战。而在日本则是处心积虑，蓄谋已久，所以一得机会，马上出兵，并且在军事上着着占先，一到军事上占得优势时，态度遂日趋强硬，而中国到那时，还是没有决心，毫无准备。在军事上负最大责任的人是李鸿章，李氏自始即不愿作战，及到迫于情势，才派遣援军，哪知日本不待宣战即实行拦击，故有丰岛成欢之败。以无决心对有决心，以无准备对有准备，故中日胜负之数，实不待开战而已判然了。（二）倚赖外人心理的错误。当时中国当局，尤其首当其冲的人李鸿章，都抱有一种心理，以为朝鲜问题虽为中日之争，但争到极端，必会引起列强的调停与干涉。固然，当时俄英美都会出面斡旋，而俄国态度，初时更见强硬，但列强绝无因此不惜与日一战之决意，日本知其然，故在外交上虽尽力与各国周旋，但绝不放弃以武力争夺朝鲜之决策。而中国则不然，一味依赖外国，不事准备，至日本已起兵衅，犹以为俄舰可与我合力对日，岂非梦呓！及至中日正式宣战，列强果先后宣告中立，依赖外人心理，至此实铸成大错！（三）指挥不统一。当时开到朝鲜的军队，虽均属于北洋系统，但单位甚为复杂，并未建立统一指挥的体系。故不但海军与陆军不相联系，即陆军与陆军亦各自为谋，所以敌人对我得实行各个击破战略，而我则到处受制，首尾不救，呼应不灵。总而言之，我国的战术，还是过去打长毛打捻子那一套旧办法、旧经验，毫不懂现代用兵作战的方式，而日本则完全采用当时的新战术了。（四）力量不集中，这尤其是致命伤。当时我们整个的国力虽比日本强，但我们并未能以全力与日本战，我们不但朝野意见不一致，而士大夫辈一味虚矫，高唱作战，故与李鸿章为难，尤为显然。我们所出动的，只是北洋一部分的军力，其他并未参与。而日本则挟全国之力，以求一逞。所以当时西报有论者曰："日本非与中国战，实与李鸿章一人战"，以一人战一国，又焉得不败。

因以上种种原因，所以在甲午战中，中国是惨败了，战败结果，缔结了《马关条约》。除赔款及其他种种丧权外，更割让辽东半岛，及台湾全岛与澎湖列岛，辽东半岛虽因三国干涉而退还，但台湾与澎湖却受敌人宰割已整整五十年了。我们今天开会纪念，自然应该找出过去失败的原因，以为我们今后努力的标的。

这五十年来，我们受尽了敌人的侮辱与侵凌，幸好这次抗战，才有洗雪前耻的机会。开罗会议，已决定将台湾交还中国，现在敌人在太平洋上正着着失败，最后崩溃，业经注定，我们收复台湾，为时已不远。但我们绝不可以此自骄自满，而更须加倍努力。在这次战争中，我们较前固然已大有进步，但在许多方面，我们还是有缺点，我们这次胜利，是同盟国的胜利，而不是单独胜利，所以在胜利后，我们必须加倍努力，才能保持这种胜利。我们今后必须努力建国，使中国成为一个三民主义的现代国家，但建国工作能否顺利进行，就看我们全国人民能否团结统一做一致之努力。所以不论在现在抗战中，或将来抗战后，我们最要紧的，是团结统一。我们能团结统一，才能争取抗战胜利，洗雪马关之耻，我们能团结统一，才能保障胜利，创造新的前途！这就是本人的一点感想，特贡献给各位。

（《台湾民声报》第 3 期，1945 年 5 月 16 日）

王泉笙：台湾亟待解放

——民国三十四年四月十七日在《马关条约》五十周年纪念会上讲（一九四五年四月十七日）

各位来宾、各位同志：今天是《马关条约》五十周年纪念日，台湾革命同盟会特别召开这个会来纪念它。刚才陈主任委员公洽先生已经把《马关条约》的所由来，说得很明白，主席李万居同志，也把《马关条约》的经过恳切告诉了我们。

五十年前的今天，也就是甲午年的今天，因为朝鲜东学党作乱，当时满清政府出兵平乱，日本也同时出兵，以致引起战争，战争最后我们失败，于是就在日本马关订立条约。这条约充满耻辱，当时满清的李鸿章竟说出不肖的话把台湾割让。五十年来，台湾同胞受尽蹂躏，种种苦楚、辛酸已不用说，主席就是台湾同胞，刚才报告台湾割让经过，痛哭流涕，就可以表现出来了。

我们知道在隋唐时代，台湾已经就是我们的领土，而从前暹罗、越南、缅甸也都是我们的藩属。台湾的外国名称叫作"法姆赛"，这字的意义就是说台湾是"美丽山河"。

我现在要说的话，是"台湾亟待解放"。我不说台湾必要解放，因为这话是刚性的、负责的，也不说台湾专待解放，因为这是专待人家来解放。所以我说台湾亟待解放，这话是弹性的，但也是肯定的，台湾是我们的领土，台湾有三万六千方公里土地，有六百多万同胞。

台湾为何亟待收复呢？因为，第一台湾是我们大洋交通的外围。我们打开地图来看，就晓得台湾在我们福建的东边，你若是从厦门坐船到台湾，只有一四六海里，福州到基隆还只有百十七海里。福建台湾之间只隔了一个台湾海峡。澎湖列岛在海峡的当中，所以澎湖列岛是福建到台湾的桥梁，距离很近。台湾可以说是海上交通的外围，好比房子有外门内门一样。我记得古人说"台湾和海南岛是中国的两个眼睛"，这两个眼睛，一个已经瞎了五十年，这一只眼睛必须要恢复过来。我们也晓得，中国是大陆的国家，我们过去是看重大陆，不重视海洋。到现在我们想想，大陆国家也必须要有海洋的出入，我们若是打开地图来看，可以看到从中国东边南下到南海一定要经过台湾海峡。要到太平洋去，也要经过琉球和台湾。所以说台湾是我们海洋交通的外围，所以我们一定要收复台湾。海陆并重为最高国策。

第二，台湾是我们海上军事的堡垒。我们看看敌人在台湾占领以后五十年的工作，使台湾成为它南进的根据地，三年前它席卷南洋的根据地。我们应该觉悟台湾是我们海上军事的堡垒，有了台湾，我们的国防自然得到保障。现代战争是战舰和飞机的战争，台湾可以威胁许多地方，收复了台湾，我们就有了海上的保障。

第三，台湾是我们东南的粮食仓库。我国东南福建广东两省，粮食是不够的，常吃暹罗、越南米。如果台湾收复，因为台湾出产米粮丰富，足供东南各省的需要。

第四，台湾是我们国民经济的资源地，台湾农产、矿产、渔业、林业很丰富。凡一个地方，粮食出产、林木、矿产丰富，那这地方就是一个国民经济很重要的地方。台湾如果能收复过来，国民经济力量马上增加，国家岁收亦一定随之增加。

第五，台湾是百万壮士的大本营。台湾有六百多万闽粤同胞，其中有一百多万壮丁，所以台湾是一百万壮士的大本营，如果台湾收复，这一百万青年可供我们强兵之用。

台湾，我们必须要收复，但是谁去收复呢？一定有人说，希望盟军去收复。盟国为了世界和平，彻底消灭法西斯，现在军力遍全球，那么盟国立会替我们解放，我们有这种信心。但是我们能专靠盟军吗？我们不能这样。开罗会议虽已如此议定，但我们能请他们解放了以后给我们吗？又有人说，将来由国军去收复，但是我们晓得，国军经过苦战，死的死，伤的伤，病的病，剩下的吃不饱，穿不暖，还要支撑国内战场，怎能分派到台湾呢？我们有兵舰没有？虽有国军，没有运输工具，也是困难。即或盟军和国军都能配合，那就够了么？还是不够。要由谁负责来收复呢？还是要靠台湾同胞。台湾同胞过去五十年中就有十二次大革命，但因势力薄弱，以寡不敌众都失败了。现在好时机到了，我们要利用各种方法告诉台湾同胞，要他们准备随时随刻内应。岛外同胞，联合起来，到前线做翻译也好。这样有盟军，有国军，还有台湾岛内岛外同胞，可以成功了吧？我想还不能说够。因为数量上台胞中福建占百分之八十，广东人占百分之十几，血统相同，语言相同，所以福建、广东同胞也要帮忙。那么这样够了吧？还是不够，要每一个有能力的人，都来帮忙，同一齐志这样才算够了。

诸位：抗战胜利正在目前，台湾解放亦在旦夕，愿我国人急起与盟军共图之。

（《台湾民声报》第 2 期，1945 年 5 月 1 日）

宋渊源：台湾原是我们的国土

——民国三十四年四月十七日在《马关条约》五十周年纪念会上讲
（一九四五年四月十七日）

　　今天是《马关条约》五十周年，台湾革命同盟会举行纪念，兄弟想趁此机会讲几句话。到会的各界人士，都是关心台湾收复问题的。现在盟军已在琉球登陆，我想他们迟早总会帮助我们收复台湾的，就是假定盟军不能帮助我们，我们也应该以整个国家的力量，上下一心，来收复台湾。

　　台湾人民对于祖国的观念怎样呢？兄弟于民国十五年到过台湾的台北、台中、台南几个地方。台湾同胞，无论老少，都希望祖国能够强盛，收复台湾，他们准备随时起来响应。日本已在台湾实行征兵，现在有的被强迫编成所谓志愿兵。近年来台湾青年都受过军事训练，虽然日本人惧怕他们反正，不敢尽量给他们枪支，但我相信到我们进攻台湾的时候，他们就是没有武器，也一定会赶来响应帮助国军或盟军，打击敌人。台湾虽然已割让给日本五十年，但台湾同胞都时时刻刻未忘祖国。台湾民众六百多万，其中百分之九十是中华民族，而福建人就占了百分之八十。虽然给日本统治了半世纪，禁止他们读汉书，强迫进日本学校，说日本话，但是他们回到家里还是说福建话，或客家话，偷偷地请识汉文的前辈教读中国书，由此可见台湾同胞仍然是忠于国族，念念不忘祖国的。

　　再说台湾地理形势的重要，台湾是大陆到南洋的桥梁，日本的南进，即是以台湾作根据地。前任台湾"总督"长谷川说过台湾是日本在南方不沉的航空母舰。所以台湾收复，对于中国国防的关系非常重要。有台湾便可联络南洋各岛，防御西南太平洋，使中国海防趋于巩固。台湾有几个大的造船厂，其中许多技术人员都是台湾同胞，将来亦可供国家建设之用。收复台湾即是保障东南海，巩固国防。

台湾的收复已经开罗会议决定，复土归宗只是时间迟早的问题。但中央事先无论对于军事、政治、经济各方面，均应做充分准备。收复台湾之后，应该以她作为各省的模范，而且将来派去负行政责任的人，也要慎重选择，不能"马虎"，才不致使台湾同胞受苦，台湾民众绝大部分是闽粤人，个性强悍，五十年不断和日本帝国主义斗争。我们对于收复后的台湾，应该谨慎措置，才能使离开祖国那么久的台湾同胞得到温馨，心悦诚服，舒一口气。这是我们应该特别注意的问题。

（《台湾民声报》第 2 期，1945 年 5 月 1 日）

谢南光：用血汗洗刷《马关条约》的耻辱[1]

——民国三十四年四月十七日在陪都国际广播电台播讲
（一九四五年四月十七日）

　　海内外同胞们：今天是《马关条约》五十周年的国耻纪念日，五十年前满清政府将台湾与澎湖列岛都送掉了，这使当时我们的三百二十万同胞变作奴隶，一直至今日连他们的子孙六百三十万人还在做奴隶，这使满清政府由衰亡而瓦解，并造成半殖民地的中国，那是多么惨痛的日子，这是我们永久不能忘记的。我们应当用我们的血汗来把它洗刷干净，来医治这惨痛的伤痕。

　　自日本强盗进侵台湾以来，我们的英勇战士们，起初苦战了七年，后来又干了十几次的暴动，最近二十五年来我们有组织的抗日运动、反对帝国主义的运动，再接再厉，至今日还没有停止。这五十年间被屠杀的战士和民众已超过六十五万人，在监狱的同志也不下三万人，这血债要我们来向日本帝国主义者清算，"七七"事变以来，被征送前线作战的壮丁已达四十万人，死的死，伤的伤，去年九月倭寇又实施所谓台湾战场准备要纲，再征用三十万的壮丁上火线，现在已经有相当的数目开到琉球充作炮灰，七十万的壮丁就在这样的压迫下给送上枉死城去的。今年四月一日起，所有学校都关门了，十二岁以上的男女儿童，都要上工厂做工，幼弱的小孩，每日要工作十二小时，每餐只准吃一碗白饭，一

---

[1] 1945 年 4 月 18 日《中央日报》报道：中央电台为纪念台湾沦陷五十周年，昨晚特请谢南光氏以方言、国语播讲。讲题为《以血汗来收复台湾》《以血汗来洗雪台湾的耻辱》。并请林忠氏以日语播讲《〈马关条约〉与台湾的将来》。同时由许显耀氏在国际电台以英语作纪念广播告友邦。（《台湾沦陷五十年》，《中央日报》1945 年 4 月 18 日，3 版）

个月只发粮六升，他们不但要累死，要饿死，甚至在空袭的时候，一般市民与工厂的工人都不准躲避，飞机临空，还要继续做工，都要给炸死了。根据最近的报告，十二个城市一百四十万的市民，已经炸死了十余万人，高雄与基隆的工业区和码头，差不多都炸平了，无辜的八十万学生，它［他］们的生命都是朝不保夕的，同胞们，〈在〉这种罪孽都是日帝国主义者造出来的，我们要免除这种危险和牺牲，我们必须消灭日本帝国主义者。

同胞们，德国快垮台了，它瓦解以后，一万架的飞机可以飞到太平洋来，天天轰炸日本，轰炸台湾，轰炸一切敌人的阵地，大家想想看，日本还挨得住多少时候的轰炸。德国败亡以后，日本若不投降，结果不但要亡国，还要灭种，此时，日本人再不觉悟而为军阀作战，日本民族将来一定变作历史上的名词，这是侵略者应得的代价，值不得我们同情的。现在日本愿意投降也罢，不愿意投降也罢，它终必败亡，那是天注定的命运。在这种有利的环境之下，我们应该怎样来解放台湾，怎样来收复台湾，这是我们今日必须考虑的问题。

五十年前，满清出卖我们的时候，我们的祖宗组织"台湾民主国"来抵抗日帝国主义者的侵略，为自由，为独立，为民主，我们的祖宗先烈不顾一切牺牲而作战。五十年后的今日，全世界人类又为自由，为独立，为民主而作战。为消灭侵略者，全人类都站起来了，不但站起来，三大侵略国家德国、意大利和日本，现在已经被击败了两国，只有日本还留着残喘，还未完全消灭，再经一击，也就要完了。这样一来，三大侵略国家就可以完全消灭了，为着给日本最后的打击，我们还要拿出更大的努力。日本完了以后，我们才能得到自由民主解放的生活，我们台湾人应该忠实为实现祖宗先烈的遗志，为民主，为自由，为解放，做最后的努力。同时，我们台湾同志也希望祖国更切实地援助我们上前线去打日本人，消灭日本帝国主义者。

台湾岛内的同胞们，我们希望在台湾的你们，现在不要轻举妄动，凡是日本人集中的地方，军事、工厂、码头、仓库、车站、飞机场，这些地方你们千万不要接近，最好要迅速离开，被日本征用的工人与壮丁，你们都是被奴役被牺牲的苦难同志，你们要好好地合作，彼此关照，秘密组织，一旦同盟国军队在台湾登陆，你们在工厂可以杀日本人，在军队就可以杀日本兵，你们自己推举自己的队长，听其指挥，由敌人后方打起来，将所有敌人都杀光，来替我们祖宗先烈报仇。同时占了一街庄就改选街庄长，改选街庄会，马上自治起来；占了一郡就选举郡长，选举郡会议员；占领一市就选举市长，选举市会议员，一步一步将自治的基础打起来。这样做下去，我们的民主政治也可建立起来。我们应该由我们同胞的血汗来争回台湾，将台湾归还祖国，一家团圆，这是多么痛快的事啊！同胞们，用我们的血汗来刷清五十年来的国耻，时候已经到了，打垮了日本，我们可以在台湾痛快再会，可以报答祖宗先烈的英灵。同胞们，拉紧手来，一齐前进，团结起来为驱逐日寇，为争取民主自由而前进！

（《台湾民声报》第 2 期，1945 年 5 月 1 日）

在祖国的台胞抗日诸团体合并为台湾革命同盟会,并于 1941 年 2 月 10 日在重庆正式成立。图片选自《近代中国》第 108 期(1995 年 8 月 25 日)

1895 年乙未割台,清政府被迫将台湾"永远让与日本",半个世纪后的 1946 年 10 月,中国国家元首飞抵台湾,首次踏上祖宗故土。图为蒋介石夫妇在机场接受女学生献花。图片选自《近代中国》第 108 期(1995 年 8 月 25 日)

"六一七"国耻

"台湾总督"桦山资纪在"始政式"上的致辞

(一八九五年六月十七日)

近卫师师长殿下、各国领事、文武官员及来会市民们：我国根据战胜之结果所得之台湾全岛及澎湖列岛，现已完全归入大日本帝国之新版图，成为沐浴皇化之地。资纪叨圣明之眷遇，辱蒙赋予光荣之"台湾总督"之大任，受命以来致力于绥抚本岛之责，虽残留之支那兵犹弄干戈，抗拒于我，幸而一击之下迅即一扫而光。今日终得举行庆祝台湾岛始政之庆典。资纪自今而后将夙夜砥磨心力，保持本岛居民之安宁，增进其幸福，以奉答圣明之殊恩。

(台湾"总督府"警务局编：《台湾抗日运动史》第 2 卷，王洛林总监译，台北：海峡学术出版社 2000 年版。另有译文可见于〔日〕末光欣也：《台湾历史：日本时代的台湾》，辛如意、高泉益译，台北：致良出版社 2012 年版)

近卫师团长北白川宫能久亲王在"始政式"上的祝词

（一八九五年六月十七日）

当本日台湾始政庆典之际，能久有幸得以列席，殊深欣贺。桦山"总督"阁下肩负绥抚本岛之大任莅临此地，能久坚信定能善自治理。能久兹谨与各位共祝天皇陛下万岁，并祈愿"总督"阁下健康！

台湾革命青年团为"六一七"台湾耻辱纪念日事致中国民众书

（一九二七年六月十七日）

　　最亲爱的中国民众、革命的同志们：我们要告诉你们知道，今天"六一七"的纪念，就是三十四年前一八九五年六月十七日，即今月今日，中国的土地，我们的台湾，被日本帝国主义者，以武力威吓，施行炮舰政策，进攻夺取，而公然正式施行帝国主义政策第一方式政治侵略，开始恶政于我台湾四百万民族身上的最大耻辱的纪念日子。换言之，就是我们台湾民族反抗日本建设一八九五年五月二十四日成立的东亚第一次的台湾独立民主国，不幸竟被日本帝国主义横夺亡国的纪念日子呵！我们知道，凶恶野心的日本帝国主义者的政策，是帝国主义的政策，他的手段，是资本主义的手段，他的奸计是政治、经济、文化侵略。我们看清楚，日本的土地狭小生产原料不多，人口日益增加，因此他就恐怕他有将来末路之忧，便就确定对外侵略的政策，利用资本主义的方略，扩张海外经济市场，施行一切帝国主义应取的手段，无尽其极。他更采用资本主义的魔力，运用帝国主义的专权，来压迫蹂躏侵略（中国）台湾、高丽、中国等，以充满他们的兽欲呵！我们知道，腐败的满清政府走狗李鸿章，当在中日战争失败的时候，敢卖国殃民不惜我们四百万的台湾人民，不管中国军事的要地，台湾的岛屿，丧心病狂，缔结《马关条约》，断送台湾给日本帝国主义者，做永远的奴隶。中国的同胞，你们知道，现在台湾的民众，无日不受日本帝国主义者的摧残榨取、屠杀，重重压迫之下，过着牛马不如的惨淡生活。呜呼！我们的民族任人侮辱，我们的人权任人蹂躏，我们的民生任人侵略，悲哉！惨哉！我们回忆过去，实在痛心流泪不止呵！中国革命的同志们！台湾虽是悲壮的台湾，我们的民族，虽是悲哀的民族，但是我们的精神，是革命的精神，我们的民众，是革命的民众。试看台湾自从被日本帝国主义者掠夺以来，已有三十四年，在这个期间，我们的革命运动，实有十六七次之多，统计我们的牺牲者实有超过数万以上。最近我们的台湾同志在南京已有谋举台湾独立运动，在广东、北京、武昌、上海各处，已有相当的组织，无非是主倡台湾民族的自决，主张收回台湾的运动。现在台湾的岛内，革命的民众，亦有决死的活动，以罢工政策对付，并且采用"不合作主义"反抗日本帝国主义者，而且暗中建设坚固的民党革命政党，提倡台湾民族革命，定有一日千里之势，这是很好，可祝可喜的现象吧。祖国的革命同志们！你们知道我们的革命尚未成功，我们的民族尚未解放，所以我们要向你们宣誓，我们是要彻底的革命，我们在革命怒涛当中，我们四百万的台湾人民，是不爱生，不怕死的，我们的革命意识，是潜在"压迫力愈大，反抗力愈强"的原理，为正义、为人道、为自由、为平等、为真理而努力奋斗。最近我们要向中国国民党表示十分的敬意，并且希望中国全国的民众，尤其是国民政府更加注意，中国的土地，台湾的问题，更加爱护台湾的民众，援助台湾的革命。末了，我们的口号，就是：一、台湾人民联合起来；一、中国民族联合起来；一、世界被压迫民族联合起来；一、毋忘"六一七"台湾耻辱；一、打倒日本帝国主义；一、打倒国际帝国主义；一、打倒一切反革命派；一、台湾革命成功万岁；一、中国革命成功万岁；一、世界革命成功万万岁。台湾革命青年团叩。一九二七、六、一七。

（广州《民国日报》1927 年 6 月 17 日）

台湾民众党反对 "始政纪念日" 抗议书

（一九三〇年六月十三日）

　　本月十七日将在市府主持下举行官民联合 "始政" 纪念祝贺会，本党深以为憾。窃唯 "总督" 当局鉴于台湾之情势，已将每年在 "总督" 官邸例行之祝贺园游会废止，而市府反而大事铺张，举行纪念祝贺会，实属意外。是日所以举行祝贺会者，盖为纪念强横民族征服弱小民族也。此时此地，举行如此集会，实有挑拨民族反感，使日台两民族之恶感愈趋深刻之虞，是故切望撤废斯举，特此对贵市尹提出抗议。

一九三〇年六月十三日　台湾民众党

（王晓波编：《台胞抗日文献选编》，台北：帕米尔书店 1985 年版）

刘峙：怎样解放台湾同胞——为光复台湾运动而作

（一九四二年六月十七日）

自从台湾于前清光绪二十一年被日寇割让以后，我数百万台胞，就沦为日本帝国主义的奴隶牛马了。日寇奴化我们同胞思想，剥夺我们台胞利益，尤其对我参加革命运动的待遇，更诛亲灭族，极尽其残戾刻薄之能事。因此，我们同胞便无时无刻不在水深火热之中过着悲惨的生活。幸而我台胞不是其他诸弱小民族可比，他们是有四千余年文化历史的黄帝子孙，他们是整个中华民族的一部分同胞，所以日本帝国主义者即使能摧残他们的生命，侵占他们的权益，可是却不能消灭他们怀恋祖国的情绪与要求解放的精神。因此，数十年来便有无数台湾志士，出生入死，以从事于光复台湾的革命工作。可惜在过去数十年间，终以敌寇监视之严密，检举之频仍，且我国又适内乱之后，正从事于国内建设而国力微薄，无由外顾，以致数百万台胞迄无解放的机会，这实在是一件痛心的事。然而目前情形却不同了，现在正是解放台湾的时候了。自从太平洋战争发生以后，敌人的兵力，已分散整个东亚及西南太平洋各地，敌人的资源，已消耗了大半，敌人警备台湾的力量，已不若前此之雄厚，我们乘此机会，以图光复，实在不算一件甚么困难的事。对于如何光复台湾——解放台湾，我有几点意见：

一、援助台籍革命同志：要光复台湾，就要靠台湾革命同志。而革命工作，是要靠革命武力，才可以完成的，台湾并无革命武力，那只好用暴动或破坏的方式，以进行革命。所以我对于台湾的革命团体，要充分地予以援助，尤须给以军火和经济的援助，俾能巩固其革命基础，发挥其组织机构，与训练干部的最大作用，并可由此获得发动革命的武力。

二、对在华的台湾革命同盟会的种种要求，如要求添设台籍参政员等，要予以接受，使能在参政中表现台籍的民意，而鼓励台胞起来反抗日寇。

三、鼓励台湾民众：台湾民众因受制于倭寇，已有半世纪之久，其中不免有不明大义，而屈服于敌人淫威之下，或因感于屡次革命失败而心灰意冷的消极分子，我们对这种人要借宣传力量（如广播宣传、文字、传单宣传等）予他们以鼓励，务必使他们积极地参加光复工作。

四、进攻台湾：在将来同盟国渐占优势，敌寇即将崩溃之时，我陆空军可配合英美强大之海军，直捣台湾，驱逐倭寇。

最后还有一点，要请台胞注意的，就是光复台湾，固然是我中华民族四万万五千万人的共同任务，但同时也是六百万台胞自己的责任，况且凡是一种革命工作，由内而发的力量，较之任何借大规模的战争方式而进行的力量为大，而成功也特别迅速。目前的台湾正像敌寇肚子里面的盲肠，如果台湾从内部发起革命，那就等于这盲肠的溃烂，将致敌人于死命。因此，在光复台湾的神圣任务之下，台胞是负有极其重大的责任的。还有一层要提起台胞注意的，就是日寇所谓"东亚共荣圈""东亚人的东亚"，都是一些骗人的呓语，你们现在身受敌人的压迫，其痛苦如何，还没有觉悟吗？所以大家不要上敌人的当。总之，我们祖国对于台湾，尽其应尽之义务，而台胞也必须认清自己的地位、责任和自己的前途，挺起胸膛，与祖国同胞联合起来，致力于打倒倭寇，光复台湾的神圣任务。

（福建《中央日报》1942 年 6 月 17 日，第 4 版，

台湾光复运动纪念特辑）

陈联芬：给革命的台湾同胞

（一九四二年六月十七日）

　　"时日曷丧？予及汝偕亡！"这是每一个的台湾同胞所同具的神圣志向。他们与暴日不两立，他们与暴日不共存。他们不问男女老幼，他们自感着人人都是一颗杀敌致果的炸弹。他们不怀空虚的幻想，不抱神助的念头。他们是准备着以头颅血肉来与敌人厮搏，他们是准备着以短刀血刃来和敌人冲刺。只要时期成熟形势有利的时候，他们个个能以杀身成仁的大勇，扫荡敌寇的妖氛，还我中华民族南天美丽的岛屿，取回沉沦了将近半世纪的自由！

　　四十七年以前，当东方强盗的暴骑，蹂躏了台湾的锦绣河山，剽掠了台湾无穷的财富。那时候，无数的炎黄华胄，无数的革命台胞，他们不愿以圣洁的身心，供强盗的奴役，崇高的意志，被强盗所污辱。他们誓死不屈，奋不顾身的，此仆彼继，踏着殷红未干的血迹，步着伏尸二人流血五步的精神，与世界魔君的暴敌肉搏周旋，达十六次之多，这悲壮的故事，是天地为之感动，鬼神为之饮泣！

　　这十六次的革命行动，这般革命志士英勇的殉国，他们依旧是成功的，虽然他们没把东方强盗驱走了，没把中华民族的国土从暴寇的手中夺回来。但是他们的牺牲是有伟大的成就了。他们把六百余万颗喘息于暴力黑暗中的心激动起来了，他们把近四万万公里践踏于暴力铁骑下的土地燃烧起来了，他们在每一颗心的深处播种下革命的种子，他们在每一寸方的地层里埋下待炸的硝矿！有一天，不远的一天，世界光明嫣然莅止的一天，台湾复土的狂浪，将与太平洋澎湃的怒潮激成同样的巨响！台湾整个地层下的炸药，更将爆发起掀天动地的革命歌声！那时候，不但震碎了日本鬼子狗肺狼心，并且永远地震灭了东方强盗漆黑的灵魂！并且开放了世界上争回自由的光明的灿烂的一页史迹！

看吧！历史没有永被黑暗与暴力盘踞的一回事的。在不久的将来，所有受孕育于祖国怀抱中的台湾革命志士，将与潜藏而被压迫和践踏的台湾故土的同胞们携手，燃起革命的火花，驱走暴力强盗。这一任务的完成，这一伟迹的实现！只是时间的问题。

记住！亲爱的革命台湾！你们人人是一颗杀敌致果的炸弹！你们人人都怀抱有与敌偕亡的神圣志向！

（福建《中央日报》1942年6月17日，第4版，

台湾光复运动纪念特辑）

谢南光：收复台湾与保卫祖国

（一九四二年六月十七日）

收复台湾与保卫祖国，这是当前台湾革命运动的目标，台湾本来是中国的领土，我们今日既然为着收复失地而作战，台湾又是中国的失地，自然是必须设法收复的，从民族主义政策的立场来说，台湾是首先要收复的失地，由历史种族文化的观点来看，更是要收复的，所以，收复台湾是中国的重要国策，是民族政策的重要的一部分。

从反面说起来，台湾人无时不在想回来祖国的怀抱，希望祖国强大起来，祖国不强大，不能自立自由，怎能保护失地的弃民呢？今日祖国正在进行着生死存亡的战争，中华民族的兴亡在此一举，凡是中国人，每个人都有保卫祖国的义务，祖国能生存能强大，每个中国人才有立足的余地，才有发展的前途，自然台湾人的命运也是一样的，保卫祖国也就是争取台湾本身的自由和解放。

这两个口号其实就是一个，就是求中国人的生存，求中国人的自由和解放，台湾人是中国人，六百万的人口，五百六十万是闽粤籍的中国人，谁能说台湾人不是中国人呢？从这里可以知道，这个口号是整个中国人的口号，只有由台湾人提倡出来而已。

那么，如何参加保卫祖国呢？绝对不是空洞的口号可以保卫祖国，我们只有胜利才能保卫祖国，消灭了敌人，我们才能得到自由解放，那是极其明显的事实，用不着检讨的，在武力斗争，在政治斗争，在经济斗争以至文化斗争！我们都要胜利的，尤其是武力斗争的胜利是最重要的一件事，打退了敌人，我们才能够开始建立我们的自由中国，在今日我们的基本工作，还是组织敌后的武力来保卫祖国，来协助祖国作战，来摧毁敌人的侵略政策，来消灭敌人的野心，来瓦解敌人的战意，这就是保卫祖国的中心工作，台湾同志正在这方面努力，并且不断地发展他们的工作，最近将有新的行动来参加保卫祖国的圣战，让事实来告慰祖国的同胞们吧！

至于收复了以后又是怎样呢？我们今日谈这个问题恐怕还嫌太早一点，不过，我们当然要事先决定我们的方针，在某一时期，我们的同志间曾经主张过"独立"，建立"台湾共和国"，也有一些人主张建设社会主义的新台湾，有一个时期，思想相当混乱，这也是不可掩饰的事实，今日我们的主张已经统一了，中华民国只有一个党，一个主义，一个政府，一个领袖，不容有第二个国家，第二个主义，自然在收复后的台湾，就是建立三民主义的新台湾，台湾的政制就是中国整个政制的一部分，别没有新的政制，今年三月台湾革命同盟会在重庆召开了临时代表大会，决议了台湾建省运动，请政府依东四省先例设立台湾省，其意思在于统一意志，在于决定将来台湾应有的政制，绝对不是想拥护某一个人去当省委或主席，假使同志中有这种企图的人，那是错误的，是走进歧途的。

今日纪念"六一七"，一切的同志和祖国同胞，应该明了台湾革命运动当前的任务，加强敌后工作，瓦解敌人，台湾是太平洋战争中敌人的最大据点，太平洋战争的胜负，台湾的动摇是一个很强有力的因素，消灭了台湾的敌人，在南太平洋的敌人也就动摇了，我们认清了这一点，我们就应该加紧努力在台湾推进我们的工作，敌人早一日瓦解，太平洋战争早一日结束，我们的胜利就早一日来临，我们的岗位虽然很小，但是我们的任务却是重大的。

同志们，努力前进吧！先烈的仇恨要我们去报复，祖国的胜利要我们去促进，我们肩起这种伟大的任务，努力前进，期于明年的今日，我们能够庆祝任务的完成，这应该是我们的决心！

（福建《中央日报》1942年6月17日，第4版，

台湾光复运动纪念特辑）

徐醒民：纪念"六一七"与台湾光复运动

（一九四二年六月十七日）

　　"六一七"是台湾抗日纪念日，这天日寇在台湾开府设治，叫作"台湾始政纪念日"，每年在这天庆祝他们征服台湾的功勋，但是台湾人从这日起，便开始受人宰割与奴役，而陷于惨无天日的地狱里，在这悠长的四十七个年头的今天，我们怀念先烈可歌可泣的血史，我们不谈伤感，只谈复仇，如何复仇？如何去收复台湾？

　　《马关条约》以后六百万的台胞，失去了祖国的恩爱和保障，而做了异民族的奴隶，人权的蹂躏与经济剥削，可谓无微不至，台湾人既无言论、出版、集会、结社的自由，又无行旅居住的自由，不能看中国文书，不能说中国话，企图在台湾人脑筋里，灌输其亡国灭种的奴隶文化，做其驯良的顺民。"七七"以后，更变本加厉，发动所谓"皇民化运动"，禁止台湾人祭祀自己的祖宗，将所有的神位付诸灰尘，强迫台湾人奉祀着无夫能生子的天照女神，提倡倭娼精神，而姓倭姓，说倭语，读倭书，背祖灭宗，这一切的一切就是"皇民化运动"的最高目标。但，"皇民化"是一回事，驱逐台湾人，消灭台湾人又是一回事；举一例，自"八一三"以来，台湾"总督府"计划征用台湾壮丁二十万人，其中以五万人抽调前线充当炮灰，以五万人移殖江浙及海南岛，以十万人充军用工业的苦工，这二十万农人的耕地，于一夜间变为台湾拓殖公司的财产，分给日本移民，留给台湾的是穷困和灭亡。去年太平洋战事爆发后，凡是二十岁以上的壮丁，都被征用了；说到经济吧，商业的百分之九十三，在日本人手里，拿一九三九年为例，三亿六千万的工业生产，四亿六百万元的农产贩卖权，一千五百万元的林产，三千六百万元的矿产，一千七百万元的水产，也完全掌握在日本人手里。总之，台湾的主权、人文、历史，以至土地、物产，上至天空，下至海底没有一件事不是日本人独占的。这就是倭寇统治台湾的剪影。

然而，台湾人终是中华民族的男女，他们的血管里面，有着海寇的勇敢，志士的义气和坚持，以眼还眼，以牙还牙，四十七年间不断地抗争，牺牲了六十五万的生灵，革命先烈的血痕，种下了今日光复运动的根基。仅在这抗战五年间，有了□蔡事件、高雄事伴、雾社事件、大甲事件、台南事件、瑞芳事件、嘉义事件、宜兰事件，八次轰轰烈烈的暴动，大武山的游击队到了现在，仍然在坚忍奋斗中。

在我国内也有许多的台湾志士，在军事、政治，各种岗位上，为祖国抗战而奋斗，为求自由解放而抗争，台湾革命同盟会、台湾义勇队、台湾少年团、台湾行动队等各用各种斗争方式，活跃于前线和敌后，不断地袭击敌后，瓦解敌人并建立收复台湾的基础。

今天是悲痛的纪念日，是我们讨返血债的血腥的日子，正是我们清算的时候了；报仇与复土的气魄，始终活跃在每个台湾人的血液里面，台湾沦陷已久，而台湾精神永久不灭，无论是在岛内的台胞与在国内的流亡的台湾同志，都在祖国抗战中，越发振奋，越发飞扬，为保卫祖国，为收复台湾而奋斗。

同胞们！我们不但要顽强地战斗下去，并且还要准备在这新生的台湾岛上，久别重逢的那天，把这四十七年的耻辱与仇恨，一扫而光。而迎接青天白日的国旗飘扬在这美丽的孤岛上面，来建设三民主义的我们的新生台湾！努力前进吧！

（福建《中央日报》1942 年 6 月 17 日，第 4 版，台湾光复运动纪念特辑）

《新华日报》社论：台湾，回到祖国来

（一九四三年六月十七日）

　　台湾是中国的一部分。它有三万六千平方公里的面积，当江苏省全面积的三分之一强。在总人口五百五十四万余人中，我们的同胞，就占了五百万以上。一八八五年，划为我国行省之一，到了一八九五年，甲午战后，中日签订《马关条约》，第二款中规定："台湾全岛及所有附属各岛屿及澎湖列岛，永远让与日本。"这是日寇武装侵略和清廷辱国外交的恶果。从此我国的台湾，便沦为日寇的殖民地，而台湾的同胞，也成了日寇的奴隶，遭受最残暴的压迫。屈指算来，已经四十八年了。

　　然而，台湾人民绝不甘为日寇的奴隶。他们反对日寇侵略的斗争，始终也没有停止。还在上月二日，我们纪念了台湾民主国的四十八周年。这是在古老的东方，第一次高扬抗日民主的大旗。回忆当时绅民迎刘永福继唐景崧任总统，刘氏坚辞不受，而慨允抗敌的坚决意志，实在令人难忘。当我们读到这位年近六十的老将，在告民众书中所说的："自问年将六十，万死不辞，独不思苍生无罪，行将夏变为夷乎？嗟乎，积愤同深，自可挽回造化，厚德载福，谅能默转气机，愿合众志成城，执挺胜敌"的语句，谁能不感动，谁能不景仰其气魄的伟大！那一句那一字，不是对我们抗战最洪亮的警钟？再读到他所说："唯军民共守，气味最贵相投，淮楚同仇，援助岂容稍异？本帮办（时刘氏任台南军务帮办）亦犹人也，无尺寸长，有忠义气，任劳任怨，无诈无虞。短愿人攻，将弁不妨面告，事如未洽，绅民急宜指陈，切莫以颇有虚声，便为足恃；更莫因稍尊官制，遇事推崇。从此有济时艰，庶可稍慰众望"，更钦佩他的谦逊和民主精神。而他的气度，他的为人，对军民合作，团结互助为制胜之道的卓见，至今都应为我全国上下所崇敬。台湾的抗日战争虽然失败，却给我全民族开辟了解放的道路，显示了解放战争的雏形。自我国全面抗战以来，在祖国的台湾人民就积极地参加抗战。虽然人数不多，力量不大，他们却始终不懈地奋斗。而各革命团体，亦皆能团结一致，努力于光复运动。台湾人民知道，只有发扬刘永福的抗日民主的传统，只有加强团结，只有积极参加祖国的抗战，获得彻底的胜利，才能将日寇驱逐出台湾，回到祖国的怀抱，过上民主自由幸福的生活。

国外有少数不明历史发展，不顾实际情况，而抱有帝国主义思想的人们，曾经叫嚣一时，要将台湾从中国的母体割裂出来，高谈国际共管的谬误措置，实不值识者一笑。而且，台湾的前途，有《大西洋宪章》为最高原则，台湾的命运，决之于中国的抗战，台人的努力和各国人民对民族自决的尊重遵守。因此我们不必与持谬见者争辩不休，而应该用最大的力量来决定自己的命运。

台湾的同胞们，今天只有加紧团结，与祖国抗战的伟力汇合，积极地参加抗战，并尽一切方法，和在台湾的同胞结合，培养他们成为抗日的力量，起来斗争，才能粉碎一切谬论，重新回到祖国来。别离了祖国将近五十年的台湾，快踏着艰苦斗争的血路回来！

（重庆《新华日报》1943 年 6 月 17 日）

台湾革命同盟会为纪念"六一七"台湾沦陷日宣言

（一九四三年六月十七日）

"六一七"纪念日是什么日子？

是日本帝国主义在台湾开府设治，开始以政治方式鱼肉我六百万同胞的日子。我台湾同胞及先烈曾不断地起来抗敌反帝，不愿屈受异族的统治，但从这日起，他们就孤悬海中，无依无援地过着殖民地的生活了。在中国抗战六年的今天来回忆这惨痛的国耻纪念日，百感丛生，我们台湾人，被中华民族抛弃了的儿子，对此日，尤其伤心与慨叹，不禁欲言。

民族的生存和自由是不可分割的，为什么我们没有选择我们赖以生存的政府的权利，我们台湾人坚决主张台湾应重新归还其母国——中华民国，台湾同胞希望在中国国民政府的统治下，奉行三民主义，我们身上流着的是中华民族的血，我们要求尊重人民意志的民权，我们信仰民主主义，同时我们欲以诚恳的态度，请求同盟国各国政府根据《大西洋宪章》及二十六国宣言，待遇台湾，以解决战后的台湾问题，即请求援助我们达到复归中华民国的目的，解除我们四十八年来的奴隶生活，让我们有机会参加建设自由平等互助的新世界。现今国际中尚有若干人士主张于战后国际共管台湾，这种思想不问其动机是善意抑恶意，事实上乃帝国主义残留形式，违背《大西洋宪章》，无视公理与正义，我们台湾人必以反对日本帝国主义的态度，来反对这种思想及这种措置，我们不愿做一个主人的奴隶，更不愿做一种奴隶去服事许多主人。

其次，今天我们要告诉六百万的台湾同胞，世界战争已渐进入决战的阶段，盟国的胜利已在望，我们台湾的命运，是主是奴，是光荣还是屈辱，似将取决于客观的未来的一瞬间，但我们也要站起来加紧努力，以本身的力量去争取自由解放。凡属台湾人，不论在田园、在工厂、在学校、在敌军运输队、或在敌军中，都要认清目标，就各人的岗位，结成反日的民族阵线，随时随地配合战局的发展，利用敌人内部的变化，做坚强有力的斗争，破坏敌人一切作战机构和作战能力，促成敌人的瓦解，日本的崩溃，就是我们的胜利。此时献身于台湾革命的同志，更要加紧统一意志，集中力量，在祖国，要扩大建省建军运动，建省以准备战后的复员，建军以参加祖国抗战及建设战后的国防，建省建军运动乃光复台湾的一个阶梯，乃引导战后台湾政治走上与祖国桴鼓相应的一个准备，乃实现民族自决，保存民族生命，拥护《大西洋宪章》的一支力量。

最后，请让我们这个被抛弃了的中华民族的儿子，再向祖国陈请，战争愈益接近最后胜利了，祖国对付台湾的政策，也就必须愈益明朗，我们恳切地希望着将台湾编入沦陷省区，设立台湾省政府及军管区的筹备处，作战与复员均须兼筹并顾，使在孤岛内的台湾同胞欢欣鼓舞，权慰其对祖国的思念，增强其对敌人作战的决心。

台湾沦陷四十八年了，光复就在眼前，愿我同志及同胞，踏着先烈的血迹，担起责任，振作精神，为祖国的胜利，为吾人的自由及为子孙的幸福，奋勇前进，努力杀敌！

（台湾革命同盟会编印：《台湾问题言论集》第 1 集）

台湾革命同盟会为纪念"六一七"台湾沦陷四十八周年宣言

（一九四三年六月十七日）

亲爱的祖国及台湾同胞们！

今天是台湾沦陷四十八周年纪念的日子！我们相信：任何一个台湾同胞，除非丧心病狂者外，是谁都不会忘掉这么一个沉痛的日子的！我们也相信：无数关心台湾革命的祖国同胞，也都不会忘记这么一个耻辱的日子的！

四十八年前，甲午一战，遂使昏庸腐败的清廷，一纸《马关条约》便轻易地将美丽富庶的台湾拱送给日本帝国主义者。因此，今天也是日寇开始血腥统治台湾的一天，在日寇看来，六月十七这一天便是所谓"始政纪念日"。可是，当割台的消息传播之时，台湾官民便立电清廷反对，而当他们的反对遭受了无耻的清廷坚拒固绝之后，具有光荣革命传统的台湾同胞们，为着中华民族固有光荣的历史和将来伟大的前途，他们不顾当时环境的困难，不惜任何的牺牲，四月十七日和议告成，而五月二日，他们便揭竿而起，高举反抗异族入主的义帜，组织了东方第一个民主国——台湾民主国，随与入侵的日寇做生死存亡绝续的战斗，给侵略强盗——日寇企图实施残酷统治台湾的梦想以当头一棒！虽然民主国的抗拒，由于主客观条件的不足，仅仅一个多月的搏斗，在四十八年前的今日，首先失败于台北，而日寇的残暴统治得以开始实施于台湾祖土！然而英勇的台湾同胞，对日寇的侵略，并不是屈服与逃亡，而是更顽强的战斗！因此我们值得自诩地说："六一七"这一天，也是台湾同胞开始反抗日寇统治的一天！

试问：对于这么一个有血有肉有泪的沉痛的日子，哪一个台湾同胞会得遗忘？！哪一个祖国同胞会得忘记？！然而，倘使我们举首东望，眼看彼岸台湾岛上，五百八十余万同胞，时至今日，犹处于日寇的政治压迫、经济剥削、教育愚弄的淫威的水深火热之中，一如四十八年来台湾同胞所处者，并且，由于日阀的穷兵黩武，数年来发动侵略的频仍，更使我们台湾同胞所遭受到的敌人的蹂躏凌辱，有更甚于昔日，对此，当我们这部分能在祖国自由原野上纪念，今日的台湾同胞及祖国同胞宁不感慨系之！宁不思所奋发图强以拯救彼岸火坑中之同为炎黄华胄的台胞！谁无良心？谁无热血？谁能麻木不仁而至于斯？事实上这也已由台湾同胞四十八年如一日的革命牺牲奋斗为我们说明，台湾同胞过去是、现在是、将来也必是反抗着敌人的血腥统治的。

但数十年来的奋斗，事业未竟全功，今日我们纪念"六一七"，正应痛定思痛，立下决心，检讨已往，策励来兹，以谋尽速完成历史的任务，我们为此，为述冀望数点。

（一）领袖曾屡次告诫我们："自立始能独立，自强始能自由。"今日的台湾革命，其前途固属光明无疑，但来日方长，艰困正多，待于努力的不少。换言之，台湾革命欲求彻底的胜利，悉视我们在今日大决战前准备得充分与否以为断。今日无以自立、自强，他日何能独立、自由。今日客观形势日趋有利，我们不及时起而奋斗，坐令时机消逝，待到"时兮不再"，那我们就要噬脐莫及了，故凡吾台胞应该认识时代，迎头急起，报国为民，尽在今朝！今日不于有利条件中献身革命，则为民族不能尽忠，为国家不能尽孝，这种人必为时代所遗弃。

（二）革命事业端赖群策群力，始克有济。所谓群策群力，即是意志统一，力量集中，也即是精诚团结，共同奋斗的意思，二十二次台湾革命的失败，正是没有坚固的团结与统一；祖国今日抗战得有绝对光明的前途，也完全是由于举国上下能够一心一德之奋斗所获致，力量能集中团结则威力大；反之，如果力量分崩离析则收效少，这是理之所必然，这些历史的教训，事实的昭示，我们应为忆记，该为摄取，特别是今日的台湾革命已随全世界反侵略及祖国抗战的日益接近胜利之域而急正待开展的时候，凡我台胞尤应认识团结即力量的真理，团结一致，共同为台革而努力。要非如此，遑谈革命，更遑论革命的胜利。因为胜利绝非可幸致的。

（三）台湾为中国的领土，历史如此记载，国际如此承认，舆论早已一致，祖国当枢诸公，一再宣示：抗战之最终目的，在于收复一切失地，东北四省固然在内，台湾更须包括，因此，对于收复台湾，祖国同胞也负有责任，这又是毫无疑义。所以，今天我们固努力于唤醒台胞起而担负责任，但期望于祖国同胞的协援，也特殷切。今日我们尤其热烈盼望的，是祖国当局能更进一步明白宣告世界，台湾为一沦陷区，并应谋尽速建立政治机构，建立光复的武力。这样，一可以鼓励台胞的革命情绪，进可以作为光复的准备，况革命没有武力便是解除自己武装。

亲爱的祖国及台湾同胞们！时机已经不容我们再有所迟疑犹豫，而是大踏步前进的时候！今日，我们不但要坐而起，而且还要起而行，本队于此沉痛纪念中，特掬衷诚，呼吁台胞的精诚团结，祖国同胞的协援，本队当愿意与一切献身台革的人们精诚合作，并虚怀接受关心台革之社会人士的启示！最后，本队也得重新宣告：本队团誓愿在领袖领导之下，尽其台湾革命先锋队的任务！这过去如此，现在如此，将来也必如此，直到建立起三民主义的新台湾为止，特此宣言。军事委员会政治部台湾义勇队三民主义青年团中央直属台湾义勇队分团部。中华民国三十二年六月十七日。

（"中国国民党中央党史会"库藏史料）

吴铁城：台湾归来[1]

（一九四三年六月十七日）

台湾的同胞、全国的同胞：

今天是我们台湾的同胞，在日本淫威暴力之下，开始度过他们奴隶生活的四十八年纪念日，这是台湾惨痛的纪念日，亦即是整个中华民族全国全体同胞的惨痛的，并且奇耻大辱的纪念日。

四十八年以来，日本人在台湾用的是高压政策、剥削政策、麻醉政策、封锁政策，因此四十年以来的台湾同胞，既不能自由地生，也不能自由地死。有耳朵，可不给他们听所欲听；有眼睛，可不给他们见所欲见；有嘴巴，可不给他们说所欲说。这种黑暗地狱的情形，外面很少有人知道的，他们是我们的同胞，我们应该拯救他们，使他们享受全体同胞同样的生活，这是他们应该有的权利，也是我们责无旁贷的责任。

台湾同胞，绝对没有对不起他们的祖国，而我们一天没有使台湾依旧居于中华民国，那就是我们一天对不起台湾同胞，昏聩愚蠢的满清政府，昏聩愚蠢地断送了台湾以后，台湾同胞一些不糊涂地宣布自主，他们宣言说："今已无天可吁，无人肯援，台民唯有自主，拥护贤能，权摄政权"，又说，"台湾土地政令，非他人所能干预，设以干戈从事，台民

---

〔1〕 1943 年 6 月 17 日《中央日报》报道：今日，为台湾沦陷四十八周年纪念日，台湾革命同盟会为举行扩大宣传，以励台胞反日情绪，特邀请吴秘书长铁城，于今日午后八时三十五分至九时整，在中央广播电台对国内外播讲，题为《台湾归来》，该会并于纪念日前夕发表宣言。（《纪念台湾沦陷，吴秘书长今日广播》，《中央日报》1943 年 6 月 17 日，3 版）吴铁城的广播讲话内容见此文。

唯万众抵御，愿人人战死而失台，决不愿拱手而让台"，又说，"台民欲尽弃田里，则内渡后无家可归，欲隐忍偷生，实无以对天下"。这是多么沉痛、多么雄壮的表示。从这表示，可以看到台湾同胞对于国家，对于民族多么忠贞，所以说，"台湾同胞，绝对没有对不起祖国"。

四十八年以来，我们深信台湾同胞没有一天没有一人不想回到祖国的怀抱里来，他们五十岁以上的人，每人能记得他们怎么的发挥了祖国的保护，五十岁以下的，乃至一岁两岁的台胞已身经目击惨痛历史的开始，但是全部台湾同胞的全身都充满中华民族的血，因此我们绝不能坐视他们继续地当奴隶。

这是我们的责任，也是我们的国策，总裁屡次提示我们，记得在二十七年临时全国代表大会的时候，总裁训示，为要达成我们国民革命，遏止野心家扰乱东亚企图，必须针对着日本积极侵略的阴谋以解放高丽台湾为我们职志，这是总理生前所常常对一般同志讲的，关于这一责任、这一国策我们必须完成、必须贯彻。

完成这责任，贯彻这国策，我们自始有此自信，而四十八年来，今年今天更在事实上最显著地证明了它的可能性，证明了它的必然性，因为我们自始有抗战必胜的自信，而抗战到了现在的阶段，有许多事实证明了抗战的必胜，收复台湾，是抗战目标之一。抗战而不能收复台湾，便是抗战未全成功，换一句话说，抗战必胜的内容，便是台湾的必定收复。抗战到紧要关头了，台湾同胞们要乘此时机，更努力地打击敌人，加速敌人的崩溃，加速驱逐敌人的离开台湾。今天是惨痛的纪念日，今天也是最接近成功、最接近光明的纪念日。

（台湾革命同盟会编印：《台湾问题言论集》第 1 集）

附《中央日报》：台湾沦陷纪念日，吴秘书长慰勉台胞

（一九四三年六月十八日）[1]

【中央社讯】昨（十七）日为台湾沦陷四十八周年纪念日，即倭寇所谓台湾"始政纪念日"，台湾革命同盟会请吴秘书长铁城、王主任芸生及该会常委谢南光、宣传部主任林啸鲲分别用中英日等语及方言，向中外广播，以励台胞。吴秘书长铁城播词略谓：

今天是我们的台湾同胞的惨痛的纪念日，亦即是整个中华民族全国全体同胞的惨痛的并且奇耻大辱的纪念日。因为他们是我们的同胞，我们应该拯救他们，使他们享受全体同胞同样的生活。这是他们应该有的权利，也是我们责无旁贷的责任。台湾同胞绝对没有对不起他们的祖国，而我们一天没有使台湾依旧居于中华民国，那就是我们一天对不起台湾同胞。四十八年中，我们深知台湾有不少的志士仁人，直接地间接地为了祖国而牺牲，为了民族信念而牺牲，并且受先总理的感召，有台湾革命同盟会等的组织，至今在努力奋斗之中。四十八年以来，我们深信台湾同胞没有一天没有一人不想回到祖国的怀抱里来。这是我们的责任，也是我们的国策，总裁屡次提示我们。在二十七年全国代表大会，总裁早说我们"必须针对着日本积极侵略的阴谋，以解放高丽台湾的人民为我们的职志，这是总理生前所常常对一般同志讲的"。关于这一责任这一国策，我们必须完成必须贯彻。我们自始有此自信，今年今天更在事实上最显著地证明了它的可能性，换一句话说，抗战必胜的内容，便是台

---

〔1〕 是为 6 月 18 日报纸报道 6 月 17 日事。

湾的必定收复。抗战到紧要关头了，台湾同胞们要乘此时机，更努力地打击敌人，加速敌人的崩溃，加速敌人的离开台湾。今天是惨痛的纪念日，今天也是最接近成功最接近光明的纪念日。

（《中央日报》1943 年 6 月 18 日，3 版）

谢东闵：台湾收复后的问题

（一九四三年六月十七日）

抗战虽已奠定必胜的基础，但是最后的胜利，仍待争取。关于台湾收复后的各种问题的讨论或嫌过早，然本着"预则立"的古训，尤其是在盟军肃清了北非轴心军，世界战争已到了一个转折点，同盟国的胜利已在望的今日，这个问题的提出，似乎是急不待缓的，此其一。中国自古以"师直为壮"，抗战的政治目标，不仅可以指导抗战的战略，且可惕厉战志，此其二。本此观点我们极重视战后的建设方案，这是作者不揣浅陋，在这里提出台湾收复后的问题的缘故。

第一，关于台湾收复后的政制问题：在过去有个时期热心台湾革命的台胞，对台湾脱离暴日统治后，应该施行何种政制？有独立论与复归论两种论争。

国民革命军北伐以前，中国内争外患相继而至，政治不能上轨道，致民不聊生，予台胞以极不好的印象。那时有一班囿于表面上各种坏现象的台胞，深恐台湾归宗祖国后，染受祖国的不良政治风气，故倾向于台湾独立论的颇不乏人。但是对祖国文化历史的认识较深而眼光远大的台胞，均反对独立论，而强调复归论。自"七七"抗战后，尤其是太平洋战争爆发后，此种论争已不复存在。台湾必须归宗祖国已成为六百万台胞一致的公意了。

其次，国内人士对此问题的意见，亦可归纳为两种：一种是主张台湾脱离敌人桎梏后，仍隶属为福建省的一部分；另一种是主张设置台湾行省、或特别行政区的。关于设置行省已成渐趋一致的舆论。收复之初，纵有设立特别行政区之必要，也不过是暂时的过渡性质。因为台湾不仅在历史上已有成立行省十个年头（即自光绪十一年公历一八八五年建省到一八九五年《马关条约》被割为止）的事实，同时亦确具备一省的充分条件。就人口说，有了六百万，超过热河、察哈尔、绥远各省二倍以上，宁夏、青海五倍以上，其面积虽与上游各省相差甚远，但海岸线长达二七一九·二七里，不亚于沿海诸省，并且拥有属岛八十一个之多；就生产方面说，各种产品除足供岛内消费外，糖、盐、茶、米、鱼以及军火原料的樟脑等都有剩余运销他国。再就地理形势说，台湾在平时是我东南各省的前卫站。在战时，尤其是太平洋战争的今日，则为同盟国具有决定胜负的军略要地。这就是说台湾设立行省，不但有其必要，而且具备其他各省所没有的优越条件。

第二，台湾除具上述建省的优越条件外，并具备实施三民主义模范省的客观条件。兹分述其理由如下：

台湾是我国民族复兴的根据地，其民族意识之强烈，爱国思想之浓厚，我们翻阅历史便可到处发现。从明末郑成功到台湾起，一直到现在，为了抵抗异族的侵凌，在那里不知流了多少烈士忠臣的碧血。康熙末年有一位以贩鸭为生的朱一贵，托明代后裔，召集党羽发动反清运动，七日而陷全台，自称中兴王，号"永和"。乾隆时代，复有一位林爽文者，组织"天地会"的秘密结社，起义不出十日，来归之将兵十余万，势如破竹，所向无敌，他们事功如此之速，都是能够把握台湾民众之民族意识的缘故。又自日本统治台湾以来，台湾民众，作孤军之抗战，前后相持亦达九年之久。即武装已被解除，战乱已告敉平之后，在绝望的孤岛中，由一九〇七年的北埔事变起至一九一五年的西来庵事变止，其中所发生的暴动，亦有十数次之多。敌人学校虽禁读中国的历史地理，但为家长者往往设法敦请教师在家教授子弟以中国之史地，尤其注重祖国的文字。这些莫不是台湾民众思想浓厚之具体表现。由上述台湾确具民族主义之客观条件，此其一。

过去台胞在政治上是谈不到地位的。正因此故对政权之要求如饥如渴。光复台湾是他们一致的希望，但在时机未成熟之前，他们就不得不求其次，换句话说，即企图在敌人统治下，力争政治上的权利。林献堂、蔡惠如、林呈禄等所组织的"六三法撤废期成会"（按："六三法律"系敌政府在一八九六年三月二十日公布的六十三号法律，根据该法律，"台湾总督"对台湾人，操有生杀予夺之权）和一九二一年所成立的"台湾文化协会"等就是推动民主主义运动的政治团体。他们先以"教育平等""学生待遇平等"等口号，在各学校展开学生运动，进而推动"自治运动"。他们在当时环境下，以为台湾纵不能脱离暴日之统治，最少亦希望能达到台湾对日本的关系，有如加拿大之对英国的地步，他们这种饥不择食的企图，虽和与虎谋皮一样的愚蠢，但他们具有极强烈的民权意识，却是不能否认的事实。民权主义在台湾必能充分发挥，而畅行无阻，此其二。

民生主义在我国内实施时所遭受的种种阻碍，在台湾则可以避免，民生主义的节制资本及平均地权在台湾收复后，立刻可以付诸实现，而毫不发生问题的。暴日占据台湾后的第一招就是加紧土地的掠夺。敌人并吞台胞的土地最显著的事实就是日本各财阀，如三井、三菱等所经营的"制糖会社"之强买台湾土地。根据十年前的统计：各"制糖会社"所占有的土地面积达七八又六〇二甲，佃权取得地达二五又二三七甲（每甲等于二·四英亩），敌占台湾耕地总面积达八分之一。这种土地的兼并，表面上虽采取买卖形式，但事实上却是强制收买的，这种强制收买是借助于警察权力，其卖价不决定于卖主而决定于买主。又无偿地霸占土地、山林、矿山等或宣布为官有或强派给敌人之退职官吏者，更计不胜计。此外，由敌财阀三井、三菱等所经营的各种大企业，如"制糖会社""水产会社""护谟（即谟树胶）会社"以及官营的铁路、交通电气、水利、金融专卖等事业，在台湾收复后均可由我政府接收后，予以重新调整，则可收节制资本与平均地权之实效。

此外，台湾又因物产丰富，加之敌人四十八年来不断的经营，故于收复后稍加整理，则台民的衣食住行等，都容易得到完满之解决，台湾之具备民生主义的客观条件，确无疑义，此其三。

综观以上所述，台湾确可成为三民主义的模范省，这是我们应特别予以重视者。

第三，台湾经敌人四十八年来之积极之经营，在经济物质建设方面，已具备现代化的基础，但在政治文化教育方面，则非予以全盘改革不可，所以在台湾收复后，我们所需要的地方行政人员及教育、文化工作人员为数甚多，而国内适合此种人才，则似不多。因为这种人才，除对三民主义及我中央国策具有深刻之认识外，并须熟悉台湾的特殊环境。我们为未雨绸缪计，政府应立即分别筹备"台湾地方行政人员训练班"和"教育文化工作人员训练班"，储备对台湾人地两宜的人才为国之用。

仅提上述数点，求正大雅，并希望大家对此问题，多予研究，俾求出一个具体的方案，供我政府收复台湾后施政之参考。

（中国国民党直属台湾党部编印：《台湾问题参考资料》第 2 辑，
1943 年 7 月 30 日）

中国国民党直属台湾党部：纪念"六一七"台湾沦陷四十九周年宣传大纲

（一九四四年六月十七日）

（一）纪念"六一七"的意义

一、台湾沦陷之经过——甲午中日战后，敌寇乘战胜之余威，要求割让台湾，于一八九五年四月十七日签订《马关条约》。时台湾闻讯，忧愤万状，全台志士乃组织台湾民主国，推台抚唐景崧为临时大总统，刘永福为副总统，丘逢甲为大将军，并在台北设立军政府，高举自卫抗战之义旗。清廷深恐台民的抗日而增加清日间之新纠纷，乃召还唐景崧。但台湾民众，仍在丘逢甲、刘永福将军领导下，继续抗战，除击毙日本讨伐军总台湾司令北白川宫能久亲王外，并予日军以严重打击。然而台湾同胞的英勇抗战终于清廷发出"台抗京危"的电文后，陷于孤立寡援地位，结果牺牲了数十万的生命而归失败。一八九五年六月十七日，倭寇正式在台开始统治，台湾倭寇定是日为"始政纪念日"，台湾同胞则定是日为"耻政纪念日"，以示不忘国土沦陷之意。

二、台湾民众抵抗暴日统治情形——台湾民主国名虽覆亡，而全岛仍在反抗或袭击倭寇，或死守村庄抵抗，继续达半年之久，牺牲台胞数十万人。此后自一八九五年至一九〇四年之十年间，台胞继续袭击敌寇，或武装暴动打击敌人，达十九次之多，被惨杀者万余人。又自一九〇七年发动北埔事件，以至一九一五年之台南西来庵事件及噍巴哖暴动惨案为止之八年间，先后武装袭击敌寇机关及革命暴动等起事几十余次，牺牲台胞达十余万人。此后由武装暴动之革命方式转入社会政治运动，继续与敌寇作和平之政治斗争。一九二七年之政治大罢工中，因参加而被捕及被杀之各革命政党及团体志士不下万余人。一九三三年雾社大暴动时，熟番花岗一郎领导番人袭击敌人各机关，杀日人数十人，后敌出动陆空军镇压。[1]抗战发生后，对祖国台湾英勇之军事行动感到异常兴奋，台胞复国与反战之空气弥漫全岛，廿六年至廿九年之三年中，先后发生抗拒征调罢工暴动及兵变袭敌之事数十起，予敌寇以致命之威胁。总之：自台湾沦陷以至目前敌人统治之四十九年中，台湾无日不在武装暴动与政治斗争之革命行动中与敌人死拼，为中华民族保持五千年浩然磅礴之正气，树立崇高伟大之中华民族不屈不挠之精神。

（二）纪念"六一七"应有之认识

一、祖国与台湾之不可分割性——台湾自有唐开辟以来，汉人即纷纷迁殖该岛，元时设巡检司于澎湖，以治理台湾。明末郑成功率兵抗清，造成光荣史迹，清代设台湾道隶属于福建省。光绪十一年秋，钦差大臣左宗棠奏请台湾设省，光绪十二年始筹设行省。台湾位福建省之东岸，相距仅百余里，人口共六百余万，余日人卅万及各国侨民与生番廿余万外，均为我汉人，根据以上历史地理人口各方面观之，台湾乃我文化久已浸润之土地，为我中华民族生存所必需之领域。

---

[1] 关于雾社起义此处信息不准确。1930 年 10 月 27 日，久为日人殖民压迫的雾社地区的台湾原住民，在泰雅族（赛德克族）首领莫那·鲁道的带领下向日人发起攻击，杀死日本妇女儿童共计 136 人（其中两名台湾女性因身穿和服而被误杀），重伤 6 人，轻伤 12 人。随后遭到日人重武器、航空队的残酷镇压。雾社起义的六个社总人口共计 1200 余人，有作战能力的壮丁仅 300 余人，事后致使六社 644 人死亡，其中 290 人自杀。次年，1931 年 4 月 25 日，已经投降且被分散居住监视的起义原住民 500 多人中，有 210 人曾协助日本官员，被视为日本人的同伙番，突然遭到获得出借有枪械的其他部落的武装袭击、虐杀事件，被杀者全为青壮年，幸存者皆是妇女及十五岁以下男孩，这被推测为日本警察在背后推动的报复行为。（［日］末光欣也：《台湾历史：日本统治时代的台湾》，辛如意、高泉益译，台北：致良出版社 2012 年版，第 331—335 页）

二、敌人之"对岸政策"——敌人自侵占我台湾后，知我民族不易屈服，深感难以统治之苦，因乃改弦易辙，去暴力压制，而代以怀柔之同化政策，以达其统治之目的。然而祖国与台湾历史种族关系之深厚，敌人之同化政策亦难收实效，间乃用"对岸政策"之阴谋来离间祖国与台湾间之感情，即利用台湾莠民与流氓等浪人，群派往我沿海一带，在敌庇护之下，专事走私贩毒，开娼设赌等下流职业，并干杀人放火作奸犯科之无耻勾当，以引起祖国同胞对台湾不良之印象；而同时岛内台胞亦因祖国同胞对彼等之歧视与误会而心灰意冷，殊不知我六百万台胞为黄帝优秀子孙的良善人民，而流氓浪人不过为敌人御用之少数鹰犬耳。

三、台湾地势之重要性——台湾依福建省东岸，两下遥遥相对，仅一衣带水之隔，与海南岛总成中国之双眼，而成国防上之要地。敌人在该岛之台北、基隆设要基，西有马公军港，台南之屏东则设空军据点，构成三角形之指挥站，南侵之根据地军略要点，敌人据此以为封锁中国东南沿海之，时人誉之为"一艘不动之航空母舰"，其对军略上之重要可知。

（三）中央收复台湾之决心

台湾不收复，中国将无海防（国防）可言，此为国人一般之感觉。我政府已久具收复台湾之决心，抗战军兴，中央即秘密策动台湾志士进行收复失土之工作，数年以来均在秘而不宣之原则下，埋首精进。三十年十二月八日，太平洋战起。九日我国民政府正式对日宣战，宣言废除中日所签订之一切不平等条约，即明白表示我国抗战之最终目的在收复台湾。三十一年十一月三日我外交部长宋子文氏在陪都招待中外记者席上发表谈话，明言战后也收回东北四省及琉球、台湾。去年三月，总裁在其所著之《中国之命运》一书中明白指出"台湾、澎湖、东北四省、内外蒙古、新疆、西藏无一处不是保卫民族生存的要塞，这些地方的割裂，即为中国国防的撤除"。至于去年十一月下旬中、英、美三国领袖于开罗会议后，正式发表公报声明"日本所窃取于中国之领土，例如东北四省、台湾、澎湖群岛等归还中国"。由以上各点可以证明：中央收复台湾之决心，可归还祖国也已获得国际承认而毫无问题了。

（四）纪念"六一七"应有之努力

收复台湾非但是我国抗战取具（最后）之目的，且经我国际上之正式承认；然敌寇未溃，仍须国人尽最大之努力，始足以赴事功，其应努力之道，约为下列两点：

一、研究台湾认识台湾——台湾因过去设省时间甚短，且割后又受敌人"对岸政策"的离间，致使国人忽视而不知有台湾。更以敌人奴化政策之恶果，而使国人对于台湾亦多歧视误解。今当胜利在望，光复在即，不但要纠正误解台胞之心理，而且要进一步与台胞共同携手团结起来，关于台湾的一切问题，均要有深切研究、正确的认识，使全国人士都能明了台湾文化、教育、政治、经济、社会的实况，认识台岛之重要性，俾来日收复势成接管之时，就很顺利地进行各种工作。

二、注意战局准备收复——当此盟军总反攻在即，台湾即将成为战场的时候，所有台湾岛内的同胞，均须时时注意战局的进展，加紧准备，一旦盟军攻抵台湾，岛内同胞即武装起义，响应盟军作战，以求里应外合之效。国内同胞则尽最大力量，援助岛内同胞及配合盟军反攻台岛外，更需要努力一切收复之准备，如各种干部之储备训练，及接管步骤与建设方案之厘定等等，均属切要之图。

（《台湾青年》第 60 号，1944 年 6 月 17 日）

《中央日报》短评：台湾沦陷四十九周年

（一九四四年六月十七日）

倭寇割我台湾，作为它进出南洋的踏脚石，设"总督府"于此，置我台胞于其铁蹄蹂躏之下，到今天已整整过了四十九周年。

但在这四十九年间，五百余万同胞虽都过着奴隶的生活，供倭寇的任意役使和屠杀，但其反抗倭寇争取自由的运动，则未尝一日或息。正如台湾革命同盟会所云："父为奴隶，子亦为奴隶；四十九年了，台湾的反日斗争也百折不挠，父死子继。"

现在胜利在望，台湾□将根据开罗会议的决定归还我国，我们固当加紧其抗战的步武，以求台胞解放日期的提早来临，同时也希望台胞加强其争取自由的斗争，以加速倭寇的崩溃。

努力吧，台胞！祖国早已发出号召的角声，是加紧抗击斗争的时候了。

（《中央日报》1944 年 6 月 17 日，3 版）

《东南日报》社论：收复台湾

（一九四四年六月十七日）

台湾沦陷已四十九年了。在这差不多半世纪之久的岁月里，台湾同胞所受敌寇奴役与压榨的苦痛，即比之今日国内广泛沦陷区同胞所身受者，恐有过之而无不及；其六百余万台胞始终向内而艰苦抗争的光荣史绩，亦足与今日国内沦陷区同胞坚贞卓绝的斗争伟业，同垂不朽，特别是太平洋战争爆发，我国正式对日宣战，并宣布废止一切中日间不平等条约后，我国已不受《马关条约》束缚，乃公开提出收复台湾的口号，并开始积极扶植台胞从事复土工作；同时台湾革命志士也纷纷归来祖国，一方面协助抗战大业，一方面加强其斗争组织，由设立台湾革命同盟会而至建军、建党、建团等工作，均在祖国当局及社会人士的支持下，着着进进，这使收复台湾的革命事业，更逐步奠立了根基。在去年中、英、美三国元首开罗会议时，台湾归还我国的要求，得到了国际的承认，这即不能不是我国坚持收复台湾和台胞长期奋斗的重大收获。兹逢台湾沦陷四十九周年纪念日，对台湾数百万同胞长期忍辱负重和艰苦抗争的伟绩，不胜怀念与景仰之至。

不过，我们深感，今年此日纪念台湾沦陷四十九周年，重申收复台湾的决心，尚有其比任何时候为重大的意义在。愿掇数言，以勉国人及台湾革命同志！

台湾为太平洋的军略要地，自陷落敌手后，不仅我国海疆从此失去屏障，即太平洋亦从此不能太平。数十年来敌人觊觎我国东南，破坏我国海防，抗战后封锁我东南海岸，策应进兵我东南内地，所凭借者是台湾；敌人扩展海军势力，进窥中太平洋委任统治地，强占海南岛，而发动太平洋战争，远袭珍珠港，随占香港，征菲岛，下马来，陷爪哇，得以不可一世者，实以台湾之被占坐其厉阶。故我蒋主席在其《中国之命运》一书中所揭示"台湾、澎湖……无一处不是保卫民族生存的要塞，这些地方的割裂，即为中国国防的撤除"，以及友邦有识人士之认台湾是日本海军在南洋活动的神经中枢，台湾之于日本，犹夏威夷之于美国者，都是真知灼见。尼米兹由海上攻进中国海岸的战略，虽必甚广泛，但无疑即包括台湾的攻击在内。盟国海军在马绍尔群岛布划的下一着棋，也必以直捣菲岛、台湾为主要目标。现敌寇正倾全力于进攻我国南部，图固其陆防，拱卫其海防，但盟军由海上配合我国抗战的攻势，显亦如箭在弦，一触即发。今日台湾的收复，将是对整个日寇的收拾了。

因此，台湾革命同志的责任，是加重加紧了。台湾经敌人长久黑暗的统治，其奴化政策不能说没有重大效果，但数百万台胞根深蒂固的内向的宗族乡土观念，和对异族日寇的仇恨心理，仍足发为最大的革命力量。只是今日我国当局如何积极扶植台湾革命事业，台湾革命领袖如何克服以往"领袖在祖国，群众留失土"的缺点，从事深入群众、组织群众的实际工作，不让今日欧洲被占领国家地下运动之辉煌伟绩独美，俾盟国排山倒海的围攻日寇的攻势一发，台湾人民即能作主动的有力的内应，解放桑梓，此实为党务之急。

（南平《东南日报》1944 年 6 月 17 日）

丘念台：怎样纪念台湾沦陷四十九周年

（一九四四年六月十七日）

中华民国三十三年，是我们台湾省沦陷给倭奴的四十九周年；四月十七日，是马关签约割让的纪念日，六月十七日，是倭奴开始施政、正式台湾沦陷的纪念日。就是自从四十九年前的那日起，我们台湾省的三四百万同胞就做了战争的牺牲品，给倭奴做了半世纪的奴隶还不能翻身；到了现在，在台湾岛内有了六百多万的同胞，还在那里受苦。然而祖国的同胞，过去中了倭奴的离间政策，几乎把他们忘记，以为那里是另外一种民族，和高丽琉球一样，甚且以为都是生番，至多就是仿佛记得中国曾经有那么一块还没有开发的海外领土，你说惨不惨呢？

人人都知道"九一八"是倭奴引起这次大侵略、大战争的开始，拿东北三千万同胞来开刀，想逐渐吞尽中国，驱除英美、称霸世界，但是，我想没有"四一七""六一七"的签约失地，就不会有联军的入京和日俄的大战，就不会有二十一条款和"九一八"的事变；所以"六一七"实在是倭奴侵占中国领土的开端，台湾省是较东三省更早的沦陷区。好了，七年的抗战，把这事实渐渐明朗起来了，自从开罗会议以来，人们逐渐知道我们还有个台湾省，知道我们还有六百多万祖籍闽粤的同胞在那里呻吟了。但是，我们在这洗雪过去、开创未来的当儿，我们内外的同胞，实在还有很多努力不够的地方，我们今天逢到沦陷四十九周年的纪念日，来反省勉励一下，也不是没有意义的吧！

第一，我是台湾省民众的一分子，我想先请我们归来祖国的台湾同胞反省勉励三事：第一件，因为我们台湾同胞做了半世纪的亡国奴，我们对祖国的抗战建国实在负了双重的责任，就是说：我们若是较祖国同胞不加倍努力，将倭寇赶离了祖国，就不能收复台湾；不加倍努力将祖国的政治、经济、文化等建设弄好了，也不能好好接收台湾；我们要埋头苦干，不可有丝毫私人的功名利禄念头，才可以从水火中救出我们六百万同胞。第二件，我们在祖国军政界做事的同志，此后应放胆即承认台湾的籍贯，堂堂皇皇为台湾为祖国努力；从前因为倭寇利用少数台湾浪人，推行离间政策，致使我们不敢认台籍，自从开罗会议以后，台湾省的地位已经确定。总裁做我们后盾，贤明的各省党政军领袖会做我们的后盾了。除非愚蒙的和别有不良意识的人，没有不爱护台湾同胞、再糟蹋台湾同胞的了。如果有地位的承认了台湾籍贯，这对台湾同胞，大家大胆地抗战，对建国还有很大的利益存在哩。第三件，我们在祖国的台湾同胞，应负担起交通和组织岛内同胞的责任，使他们明了战事的发展，使他们准备在盟军登陆时如何做。我知道岛内同胞的民族意识是还非常强烈，有很多是国内同胞所意想不到的地方，但是，倭寇的隔绝蒙蔽政策，也相当成功，不先有准备，将来是恐怕要和盟军的战事不能配合的。这三件，是希望在国内的台湾同胞做到的。

第二，我也是国内党政军人员的一分子，我想请国内党政军人对台湾收复工作要反省勉励三件事：第一件，要先彻底明了台湾原是我国一省，并非新改省；民原是我台闽粤同胞，并非另有台湾民族。而且，为什么会成为台湾一省，为什么会称我国是闽粤同胞？自然地也要都明白，才配谈收复。第二件，切不可拿过去老官僚在国内分地盘的意识，来临这新收复的台湾，如果有些少争权争利的官僚军阀成分渗入，那么台胞这东南半壁的国防重要堡垒，这有新人民新建设的省份，这有国际微妙关系的领土，必然会有很不幸而且要影响到祖国前途的结果。第三件，要拿独立自主的意识来收复台湾。民国三十年冬，我国和倭寇宣了战，《马关条约》就无效，台湾就仍然是我一省，我们自有我们的领土主权，不能因为现在海空军不足，就不敢主张自己的主权，国际关系固当顾全，自己的生存条件也要顾全，所以省名应当早复，这和东四省一样。这三件，是希望国内主持国务的同志注意的。

第三，我也是国民的一分子，我想请全国同胞在这可纪念的日子里反省勉励三件事：马关屈和台湾割敌到今，已经将近五十年了，俄国、德国、日本从前受了侮辱了都是二三十年就翻身，为什么我们五十年还没有转变呢？我们痛定思痛，我想：第一件，不要自私自利，没有团体就没有个人，没有国家就没有自己；几十年来的混乱争斗，致使国家衰弱，都是私字作祟。第二件，不要自高自大，能反省自责，才有进步，一味自称四强，自以为最后胜利已在握，这是危险的；我们要看看我们的领空都是我们的飞机吗？我们的领海都有我们的军舰吗？新式军需品和日用品都是我们自造的吗？第三件，不要偷安享乐，战争的趋势，目前固然于我们有利，盟国处处助我，敌人处处失策，而且我有遗的广土众民，有总理、总裁的先后领导，又有良好的民意表现，胜利确是日益接近了。但是，我们的重工业在哪里？我们的科学基础在哪里？漫无准备，悬不着实，现在就一味歌舞升平、贪争货利、坐享安逸，一旦国际情势有变，我们能受得起么？这三件，是希望全体同胞注意的！

以上九件事，我希望大家一齐努力！那么，明年是台湾陷沦的五十周年，就可以救出我们六百万同胞，恢复我们台湾省的失地吧！让我高呼着三民主义万岁，努力前进！

（《台湾青年》第 60 号，1944 年 6 月 17 日）

李友邦：开罗会议后之台湾问题

——为台湾沦陷四十九周年纪念作

（一九四四年六月）

　　开罗三国会谈的中心内容，为中、美、英确定共同解决日寇的方案，并具体地宣称东北四省、台湾、澎湖群岛归还中国，朝鲜自由独立。这个会议，纯系顺潮流所趋，启人类所向，非以个别相关为目的，而求安全世界为前提，实具有划时代的意义，它鼓舞了东方诸弱小民族更积极地跟自己的统治者日寇作夺取自由幸福的斗争。它是《大西洋宪章》的精神，发挥在打击远东侵略者日本强盗的有力的表现。这个行动，在政略上的作用，实远过于军略上的价值。

　　溯自太平洋大战爆发以后，台湾"总督府"对于台民便更加紧其所谓"皇民化运动"的实施，冀充分便利运用台湾之地理条件与人力物资为其侵略服役"南进"所用。同时，运用种种方法，离间两岸人民感情，夸大国际谬论，以冲淡台民内向意识，混淆台民对国际视听，企图有利其"皇民化运动"之推进。及开罗会谈宣布台湾归还中国以后，"台督府"即于十二月九日宣布禁止台湾人民出口，严密封锁台民与外界接触，以防"皇民化运动"之瓦解。在国际间，则曾喧扰一时之"台湾共管"的论调，亦尽为清算。

　　由于祖国在开罗会议的成就，使台湾革命也有了初步的收获。然而这个初步的成功，却带给我们以更艰苦奋斗的开始。历史告诉我们，制胜之术，贵乎时机的把握，优势的操纵，当盟国解决德日强盗的决策，东西业已并重，盟军在太平洋上反攻已获得绝对优势，德寇陷入苏联泥沼，行将没顶，祖国当局对台湾复省筹划，已派大员专司其职的今天，吾人对台湾革命策略与今后的工作方针，实有提出共同商榷的必要。本人谨就管见所及，抒述一二，以就正于关心台湾问题之读者诸君与台湾革命同人。

台湾革命的内容，必然随着世机国运急剧地转变，将由"保卫祖国，收复台湾"而进入"建设台湾，保卫祖国"的阶段，历史课予我们这样一个崭新的任务，实在是很自然很合理的发展。在不平等条约尚未撤除，日寇末日尚未操算以前，我们台湾革命，乃以"保卫祖国"的方式来达到"收复台湾"的目的，换言之，即以求得领土完整、民族自由为"保卫祖国"的内容。随着胜利的接近，我们的革命任务即将以"建设台湾"为"保卫祖国"的方式，以"保卫祖国"为"建设台湾"之内容。前者的目的在脱离日寇的统治，回归祖国；后者的目的则以建立国防的基地，拱卫祖国的安全。在日寇统治下挣扎了半世纪的台湾，将由奴而主，英雄地站上远东和平的前哨，此是何等有力的鼓舞，何等神圣的事业！此种伟大的使命，我们将如何去完成，这便是下面所要研究的问题。

目前，我们工作上唯一的重心，即在明确地估计自身的条件，与敌人的弱点，把握国际间有利的形势，以"联点面破坏点线"来加速了结"保卫祖国，收复台湾"的过程。前面已经说过，敌人侵略活动的延续，非赖其本国之富足，而系诸占有地之搜刮。就事实说，日寇目前对我不过点与线的占领，其外围的点与面仍操我手。我们应设法运用己长，袭敌之短。我们应屹立于争人类自由平等的岗位上，在"一切为了胜利"的要求之下，来对日本、朝鲜、印缅、南洋、菲澳的革命力量与远东盟军，加强联系，以扩大战果；另方面，对台湾革命组织团体，不论其在华或本岛，均须分工合作，团结互助，站在点的上面，能顾及面的成果，站在面上来发挥点的力量，以分别蛀蚀敌人点线上之经济、文化与军事，进而腐败其心脏。这是我们目前主要的课题。下面紧接着的便是我们如何在"保卫祖国，收复台湾"的工作中充实准备"建设台湾，保卫祖国"条件的问题。我们对这问题的回答是："以平实争取现实。"台湾的收复，已属必然，台湾的建设，自应预计。如何充实建设条件，我们认为应以国防为努力方向、以科学为实践方法。主席尝云：革命建国最基本的工作在于教育、军事与经济，这三个工作，在本质上是合一而不可分；三者并举则国家富强，三者偏废则民族衰败。我们为了台湾基层建设，为了打牢事业基础，今后应多做些有利于革命建国，平凡而实际的工作。我们不只是消极地仅求"名副其实"，而应本着"一切为了国防"的认识，主动地来各尽所能，济时所需。不论在前线与后方，岛内或敌后，均应以教育、生产、科学为充实实力，达成任务的起点。殖民地的国度里，每一个人民都有着一门共同的课目——经济压迫；同时也有着一个共同的要求——独立自主。如何教会他们能够去读懂自己的课本，改造其精神，巩固其信心，使之站到我们一起来作革命建国的实践，这就是我们的责任。其次，是研究经济原理与生产方法，以利益来诱导或刺激民众对增产之兴趣，对农场合作事业之爱好。民裕如而后国富强，足食足衣，对于教育与国防，始有时间与精力可供。我们能够把握民众之痛隐，增益民众之福利，始有民众可训，民力可用。再次，即对于科学方法之运用，科学技术之学习。不科学，无以争取时空，运用物质；无科学即无国防，即无工业。总之，破坏时期需要科学，建设时期更需科学。所以，我们在工作中必须重视科学智识，熟练国防技术。上述基本修养，都应以高深的认识，平实的作风去推进它、实现它。

台湾今后对祖国的责任，已随着祖国对世界责任之艰巨而加重。我们台湾革命同志为了胜利，在目前应即团结吾所有的组织与弱小民族，在点与面的上面，一致打击日寇；为了国防，应即集中一切力量于建国的基本工作上，以平凡切实的作风，使台湾本身的要求，彻底实现，以与祖国及远东诸民族分担安全东亚、改造世界的责任。

一九四四年六月于龙岩

（《台湾青年》第60号，1944年6月17日）

郭薰风：共同努力收复台湾

——纪念台湾沦陷四十九周年

（一九四四年六月）

"台湾"，这一个为我们所熟悉的地方！离开祖国怀抱，差一年就整整半个世纪了；生活在那边的五百八十多万的台胞，摸索在黑暗的漫长夜中，辗转在敌人的铁蹄蹂躏下，没有煦和温暖的阳光，没有新鲜自由的呼吸，永远使我们有着哀痛的回忆。今天，同着无数台湾革命斗士的悲愤的哀念中，我们觉得双肩沉重的荷负，还没有爽然卸下。

在历史上说，台湾在隋时还是一个荒岛，迨南宋时候，遂接受了中国先民血汗的灌溉，由而逐渐生长了中华文化的鲜花。至明朝末季，台湾已置有巡检司，后来虽曾一度为荷兰人占领了三十六年，但终为我民族英雄郑成功所收复，以为明室抗清的大本营。之后清廷取得台湾，先设府治后建行省，经二百余年的辛苦经营，使中华民族的血汗，渐渐浸润了台湾的土地，那么台湾土地上所生长出来的花果，当然应为中华民族所永有了！

其次，台湾与本省（福建）仅一衣带水之隔，成为唇齿相依的形势，不但是福建门户的前哨，更为东南海疆的重要据点，际兹今日同盟国家联合对轴心强盗作战的情势下，在太平洋战略地位上尤其具有重大价值，故依地理上观察，台湾是中华民族生好〔？〕上的一个不可割让的土地。

再说：台湾人口六百万多，内归化土番约十三万，生番约三十万，日本人也只有三十万，而我国同胞则有五百四十多万人之多，占全人口总数的百分之九十以上，这绝大多数的汉人中，他们的原籍均为闽粤两省，举凡血统、语言、礼俗文字、姓氏，以及一切生活习惯等都和我们一样，所以台湾被占迄今达四十九年，尽管敌人用尽最狠毒的离间伎俩与奴化政策，而台湾同胞的民族意义，则仍有蓬勃滋长，发扬光大，历年来台湾志士革命行动的不断表现，悲壮热烈，可歌可泣，正充分保证台湾定会有一天投归祖国，台湾永远是我们的！

当今天西欧盟军攻破罗马，登陆法国；国内中原激战，湘鄂鏖兵，同盟国正开始对敌总攻势的现阶段，收复台湾已不仅是拯救六百万被奴役的同胞，与修复中华的版图完整，更积极的意义，端在盟国胜利的可靠保证和永久和平的奠定。

这一条路，现在已豁然辟开了！历数十年来台湾志士的血汗并没有白流，随着祖国胜利曙光的日益接近，台湾归复祖国的革命运动，也愈进切实具体的阶段。开罗会议的决定，与中央有计划的部署，正明白启示我们有这样一天；台湾会归回祖国的！目前盟军在各战场的急剧进展，敌寇的在我国内的最后挣扎，我们可以清楚看到：这不是一条迢远的路，到达胜利，台湾归复不再需要很多的时间了！

现在台湾恢复省制的呼声，已遍及全国；战后建设的问题，也深为朝野人士所关怀。台湾党部在国内的台湾志士的努力下早已正式成立，三民主义青年团中央直属台湾义勇队分团筹备处产生后，亦即代表台湾青年发表宣言，决为复归祖国，实现三民主义新台湾建设而奋斗。中更为发展今后台湾团务计，筹划设立台湾直属区团，经有具体的决定，抑有进者：政府现正准备恢复台湾省制设立台湾省政府。依最近报载，关于建设台湾全省计划，业由闽省前主席陈公洽代在起草中，且将来主持省政人选亦在物色中。根据这些及其他许多征象看来，政府对台湾问题，已予最大注意，台湾设省，仅为时间问题而已。

这里，我们需要有所认识的：中央所以先行设立台湾党团机构，即在要将三民主义的思想，在台湾心上建立一个坚强堡垒，然后配合行政机构，来实现新台湾的建设，故台湾党团务的建立和开展，不但在今日至属急切，在台湾收复后尤为需要，这是负责今后台湾党团工作的同志所应注意的，亦尤为我们应加以重视的！并且要予以最大的协助，我们知道：台湾是中国领土的一部分，台湾人是中华国民的一分子，特别是与我们福建更有密切的关系，我们福建的人士，更要认清这个责任。最近闽台建设协会的成立，这就是说我们已切实展开这项工作，革命事业建立要不断地艰苦奋斗，我们不该让台湾革命志士的单独作战，我们该一致起来，协同努力，争取胜利，收复台湾！

（《台湾青年》第 60 号，1944 年 6 月 17 日）

林学渊：对台湾同胞的希望

——为纪念台湾沦陷四十九周年作

（一九四四年六月十七日）

今天我们带着沉痛而又很兴奋的情绪，来纪念台湾沦陷的日子，回想起四十九年以前，因清廷内政的败坏、外侮的频频，鸦片一战开了订立不平等条约的恶端，然犹以为欧美各国兵精械利，一时难与为敌，乃自甲午中日一役，堂堂大国，竟为后起的蕞尔小邦打得一败涂地，清政府竟派李鸿章至日本马关议和，订立了《马关条约》，而隶我版图有史二百余载，施行省制仅及八年，雄峙东南的台湾，遂在四十九年前的今天，拱手而割让于倭寇，四百万我闽粤同胞因为居留在台湾，亦一概而出卖于敌人了。

这沉痛的回忆，一方面使我们愤恨清政府的腐败无能，一方面更可以增加我们对倭寇的同仇敌忾。总裁在《中国之命运》内指明，"台湾澎湖列岛，本是汉人开发的区域，屹峙东南，久为我们中国的屏藩，迄至明末，乃为荷兰人所侵据，而终为我郑成功所收复，其事实真可歌可泣"，又说："以国防的需要而言，上述的完整山河系统，如有一个区域受异族的占据，则全民族全国家，即失其自卫——天然的屏障，河淮江汉之间，无一处可为作巩固的边防，所以台湾澎湖、东北四省、内外蒙古、新疆西藏，无一处不是保卫民族生存的要塞，这些地方的割裂，即为中国国防的撤除。"我们看了总裁的指示，我们深佩总裁的神圣伟大，同时反映出，当时清政府如何的懦弱无能，撤除自己的天然屏藩，而拱手割让于敌，以致弄我国国势凌夷，瓜分之祸迫在眉睫。

总理立救国救民之大志，领导同志，百折不挠，卒以推翻清室，建立民国。总裁继承遗志抗战建国，旨在收复失地复兴中华，故于中英美三国领袖在开罗举行会议时，决定将台湾澎湖诸岛归还我国，因此我们相信台湾之收复，已得到确实的保证。在倭寇铁蹄下辗转了四十九年的台湾同胞，行将重返祖国的怀抱，我们更希望盟军即于最短期内战胜敌人，使今天的纪念，为最后一次的纪念，所以今天除了带着沉痛的回忆外，我们又带了无限兴奋的情绪，就是这个缘故。

唯是，日寇在这行将毁灭的时候，回光返照，已向我们再作最后的挣扎了，据连日报载，长沙的保卫战已在激烈地开展，最后胜利虽无疑地属于我们，但在今天纪念台湾沦陷四十九年的当中，我们希望台湾同胞，更要特别加紧：

一、加紧向台湾内地五百余万同胞宣传，揭露倭寇在台湾四十九年的暴行、阴谋，以激起台湾同胞同仇敌忾的情绪。

二、宣传台湾历史上民族英雄的抗倭事迹，以提高民族气节。

三、积极准备台湾复省后一切工作，尤其对干部人才应亟于培植，以适应建设新台湾的需要。

四、配合我们抗建工作，劝募及慰劳前方将士，以加速抗战胜利的来临。

以上四项为个人目前对台湾同胞急切的希望，我们依据台湾史料所载，台湾拥有平原万顷，舟楫往来，四通八达，农产丰富，人民富有民族思想，自割让倭寇以后，志士仁人，发为革命运动者前后几十有二次，我们更希望台湾同胞本我总理大无畏精神，再接再厉，不屈不挠，团结奋斗，共同击败敌人，湔雪四十九年沦陷奇耻大辱，我台湾同胞其共勉之！

（《台湾青年》第60号，1944年6月17日）

陈齐瑄：规复台湾应有的认识与努力

（一九四四年六月十七日）

辛亥革命以还，内而军阀鸱张，外而列强环伺，政府囿于环境，对片刻不能去怀之规复台湾问题，未便迁尔表示，早图进行，荏苒至今，使台胞饱遭蹂躏至四十九年之久，说来是多么抱歉！多么痛心！

由于政府未便早日表示，由于割让较久，事过境迁，更由于敌人奸险阴毒，施其假仁假义，怀柔台胞，施其文化侵略，蛊惑台胞，进而挑拨离间，无所不用其极，战前尤其主使台湾浪人，在其恶意包庇之下，在榕厦各地，做种种不法行为，以致酿成同一民族间之相互恶感，因此大多数国人，对台湾问题，似乎都很疏远，甚而且极反感，而台胞中意志薄弱的也难免数典忘祖，干出许多亲痛仇快的事情，这样积习下去，岂不是把台湾永久断送，台胞永久沉沦吗？

不！绝不！台湾浪人极少数的，它的不法行为是有人主使，绝非本心，一经揭穿，彼此间定都会警悟谅解，台胞忠义并不后人，试把当年和议割台时之《台绅丘逢甲呈台抚文》《台民布告文》《台湾民主国宣布独立文》一读，当时抵抗事迹，大义深然，可歌可泣！即在敌人统治之后，仍能崛起革命，前后踵继，足证传统的民族忠义精神，绝不是敌人任何政策所能侵略麻醉，更值得兴奋与感慰的，在祖国抗战圣火高度燃烧、敌人泥足深陷的当中，政府已明白表示收复台湾的决心，年前开罗会议，各国亦已一致承认战后台湾归还中国，留在祖国的台胞，正欢欣鼓舞在三民主义同一目标之下，团结精诚，来扩大光复运动，从事奋斗，曙光已启，有志竟成，光复台湾，已不过是时间问题。

可是在敌人困兽犹斗，尤其在所谓加强台湾保卫圈严密戒备中，欲即进攻，和深入发动，一时还不可能，留在祖国台胞，应先及时加强组训，参加抗战工作，一面做未来收复之一切充分准备，等待时机成熟，便可一鼓作气，收到里应外合之效。换言之，祖国抗战早一日成功，台胞便可早一日解除痛苦。

吾人要知道：在历史上，中国发现台湾，参考各种史籍，或说在"嬴秦"，或说在"三国"时代，虽远不足征，但根据《福建道志海防篇》所载：隋开皇中遣虎贲陈稜略澎湖三十六岛，澎湖即台湾，也已有一千数百年的悠久关系。在军事上，台湾与海南岛，被视为我国国防线之一对眼睛，非早收复，不特失去自卫上之天然屏障，而敌人借此为延伸势力于南方之根据地，整个碍及世界和平。在经济上：台湾土地肥沃，物产丰富，糖米及各项物资，自给自足以外，当足取资以供给沿海各省需用。所以任何观点，都非早日规复台湾不可。

其次，台胞们要知道：你们在战前所受剥削蹂躏，已饱尝奴隶生活，在今日战时，赋税的繁重，财物的搜刮，征兵征工的强迫，尤其"皇民化运动"之苛虐，甚至姓名也要改用敌人的文字，服装习惯，也要和敌人一样，即使顺从，也视同眼中钉，总不得好处。简言之，它的用心，非把台胞尽数消灭不止！所以你们要为祖宗争一口气，为自身解除桎梏，为子孙谋自由幸福，也都非早日回归祖国怀抱来不可。

今日为台湾沦陷四十九周年纪念，承台湾义勇队青年分团征文于余，爰将所感，信笔书此，希国人与台胞们，对规复台湾问题，应有深刻的认识与努力！

（《台湾青年》第 60 号，1944 年 6 月 17 日）

周召南:"六一七"史话

（一九四四年六月十七日）

　　台湾沦陷,倏已四十九年,年年今日——"六一七",凡关怀台事的,总不会忘记这悲痛的日子吧!

　　痛溯台湾乃我国固有的领土,由三国时孙权遣将军卫温,诸葛直(一说隋虎贲郎将陈稜)踏开历史的纪录,到了元朝便有澎湖巡司,设治不替。间虽经葡萄牙、西班牙及荷兰人的先后殖民竞逐,然而胜利终属我国。明朝郑氏三代的率大批闽人垦殖是邦,蛮荒之野,渐成文治之乡,尤以郑延平的整军备,设学校,创法制,宵旰治理,厥功最伟。当其与荷人决战安平之日,下的命令是:"予我先人故土者,子女玉帛,任尔所之!"多么豪壮!讵料这"先人故土"就在距今四十九年前被昏庸老朽的清廷拱手让给倭寇。

　　据中山文化馆出版的近世中日国际大事表载:"六一七"为日寇对于交接台湾,拒绝再商,桦山资纪于是日启程赴台的日子。另据许多日本书刊所载:则为一八九五年六月二日(即光绪二十一年五月初十日),清廷代表李经方和桦山资纪在基隆港口的横滨轮上签订了接收台湾的条约,六月七日日寇实行占据台北,桦山资纪于六月十四日入台北城为第一任"台督",当时的台北县知事为桥口文藏,同月十七日,日寇正式宣布为在岛内"始政纪念日"。这在我国则为"耻政纪念日"呢!其实,当时台湾的中部南部尚在我民军手中,即唐氏内渡后,副总编统刘永福尚在台南抗战,不过大势已去,弹尽援绝,未几台岛遂陷魔手!然而台胞仍继续英勇抗战多时,牺牲数十万人之众!一直到了一八九五年十一月十八日，当时的台湾首都台南城始由倭寇占据，此后倭寇又费了四年，始把当地游击队"肃清"，一位敌国军官这样描绘当时情形："只要我军一经打败，四周乡村的居民无论老少，便都成了我们的敌人，大喊杀敌！"观此，则当日台胞抗敌的英勇可以了然。

鄙意"六一七"，乃日寇所谓在台的"始政纪念日"；并非我们的纪念日！不过四十九年来，年年如此纪念，习非成是，亦就"应毋庸议"了。

"六一七"！"六一七"！已是纪念了快半世纪了的悲痛的"六一七"了！深冀最近的将来，大家得在"台督府"开个盛大的台岛重光纪念会啊！

（福建《中央日报》1944 年 6 月 17 日）

《中央日报》资料组：沦亡半世纪的台湾

（一九四四年六月十七日）

台湾澎湖列岛的宗主权，一向属于中国，甲午战役之后，不幸做了《马关条约》的牺牲品，成为了日本帝国主义者的赃物。今天是日寇在台宣布"始政"四十九周年的可痛纪念日！我们回顾五十年来，这些肥美的岛屿，一直做着暴日的殖民地，几百万同胞度着半世纪悲惨的奴隶生涯，以及他们革命反抗，抛头颅，洒热血，不断从事争取自由解放的轰烈伟绩。追怀我们祖先经营台湾的艰辛及甲午国耻的痛心史实，特在此做个概略的检讨，以为今后的努力与警惕之借镜。

祖先经营的沃土

台湾位于福建东南海中，是个纵达二百余里，横达七十里的大岛屿。田土肥沃，森林苍郁，葡萄牙人特称之为"美丽"(Farmose)。全岛面积约当闽省之半，地跨温热两带，且在季候风区域以内，故气候温和，农产极为丰茂。其中樟树之多，居世界第一位，糖的产量在甲午以前可供全国食用，茶亦系大量产品之一。米、糖、茶、樟脑同被誉为台湾的四大特产。全岛人口约六百万，纯粹华人或属于华人混血种者约占十分之九，此皆为历代我国南部闽粤诸省移民的后裔，土人系马来种，只有十余万人，岛上语言风俗习惯，悉与我闽粤省相肖。

我国经营台湾澎湖最早，汉代的东鲲，隋代的琉球、掖玖，唐代的流鬼都是指现今台湾的称呼。隋炀帝时曾派虎贲将陈稜最先以兵平定台湾，元时置澎湖巡司以治理之，明时荷兰人、西班牙人及葡萄牙人相率航行至远东，一六二六年（明天启六年）西班牙借保护商业之词，派兵占据台湾北部。一六四〇年，荷兰出兵驱逐西班牙人而占领之。但是到了明崇祯中，清军入关，明室倾覆，郑成功率领兵士二万五千人，船舰百余艘，直驶台湾，驱逐荷兰人而占领之。郑氏在岛上建设国家，号称东都，设立中央政务厅，修兵备，制法律，兴学校，奖励垦殖，抚慰番族，俨然具有独立国家的规模，后虽历三世而被清所灭，清康熙乃设置为台湾府，隶属于福建省，雍正时复改为台湾道。

春帆楼中一幕辱国外交

甲午之役，日本帝国主义趁中国陆海军大败之时，即派兵南侵澎湖列岛，直迫台湾，事后清廷派李鸿章为议和全权大臣，与日本总理大臣伊藤博文、外事大臣陆奥宗光，会聚于马关的春帆楼，交换全权敕书，谈判停战条件，在赔款割地范围内，关于让台问题，李伊的谈判中屡次提出讨论。根据王彦威的《清季外交史料》《李文忠公全书》和《中日议和纪略》，李伊的谈判，有一段极为我国之耻的谈话如下——伊云：我兵现驻金川等处，见所有华民较朝鲜之民易听调用，且做工勤苦，中国百姓诚易治也。李云：朝鲜之民向来懒惰。伊云：朝鲜之民招为长夫皆不愿往，我国之兵现往攻台湾，不知台湾之民如何？李云：台湾系潮州、漳、泉客民迁住，最为强悍。伊云：台湾尚有生番。李云：生番居十之六，余皆客民，贵大臣提及台湾，想遂有往踞之心，不愿停战者，但英国将不甘心，前所言恐损他国权利，正指此耳！伊云：有损于华者，未必有损于英也。李云：与英之香港为邻，闻英国有不愿他人盘据台湾之意。伊云：贵国如将台湾送与别国，别国必将笑纳也。李云：台湾已立一行省，不能送给他国……此外，又有一段谈话如下——李云：台湾全岛，日兵尚未侵犯，何故强让？伊云：此系彼此定约商让之事，不论兵力到否。李云：我不肯让，又将如何？伊云：如所让之地必须兵力所到之地，我军若深入山东省，将如之何？李云：此日本新创之办法，兵力所已到者，两国从未争据；日本如此，岂不贻笑西国？伊云：中国吉林、黑龙江一带，何以让与俄国？李云：此非因战而让者。伊云：台湾亦然，此理更说得去。李云：中国前让与俄之地，实系瓯脱，荒寒奇甚，人烟稀少；台湾则已立行省，人烟稠密，不能比也。伊云：尺土皆王家之地，无分荒凉与繁盛。……又云：如此即当遣兵台湾。李云：我两国比邻，不必此决裂，总须和好。伊云：赔款让地犹债也，债还清，两国自然和好。李云：索债太狠，虽和不诚……我们说话甚直，台湾不易取，法国前次攻打，尚不得手，海浪涌天，台民强悍。伊云：我水师兵弁，不论何苦，皆愿承受。去岁北风奇冷，人皆以日兵不能吃苦，乃一冬以来，我兵未见吃亏，处处得手。李云：台湾瘴气甚大，从前日兵在台伤亡甚多；所以台民大多吸食鸦片烟以避瘴气。伊云：但看我日后据台，必禁鸦片。李云：台民吸烟，由来久矣。伊云：鸦片未出，台湾亦有居民。……终于，在四月十七日那天，李鸿章与伊藤博文、陆奥宗光签订下十一条丧权辱国的条文——耻辱的《马关条约》。

六百万同胞在铁蹄下

政治压迫　日本占领台湾，首先即发布台湾"总督府"暂时条例，明治二十八年五月，西历一八九三年（按，当为一八九五年）任命台湾"总督"。以后"总督府"之组织制度屡有更改，其"总督"初以陆海军大将或中将任之，同时委任以政权与兵权。大正八年（民国八年）以后，解除委任"总督"兵权之规制，唯定"总督"为陆军武官时，得使兼任台湾军司令官之职。其权限大概为：（一）统理台湾一切政务；（二）颁发法律及发布"总督府"令；（三）"总督"必要时得向管辖区域内之陆海军司令，请求兵力之使用。台湾现被划分为台北、新竹、台中、台南、高雄五州及花莲港、台东、澎湖三厅。州有州知事，厅有厅长，此外另设置内务部及警察部。州分为郡及市，现有郡四十五、市七。郡有郡守，市有市尹，郡之下有街庄，街庄有街庄长，市街庄之下有保甲组织，保甲组织在中国是善良的组织，在台湾却成为敌阀压迫统治台胞的帮凶，警察治安多赖以维持。厅以下设支厅。

最初日阀统治台湾，只有压迫，掠夺，榨取，对台民则加以暴力残杀，谈不到什么政策。直到大正九年（民国九年），日敌宣布了一个"内地延长主义"的统治政策，亦即同化政策。规定许可日台人通婚，共学，在台湾施行日本的民法、商法，又成立挂羊头卖狗肉的"总督"评议会，各州、市设协议会，美其名曰自治。又将全台所有都市、村庄、市街的名称，改为日本名称，加紧取缔及禁止台湾人的旧习俗，积极实施奴化教育，禁止儿童在学校里使用台湾话及禁用中文中国书籍，想要教台湾人忘记台湾的历史，消灭台胞的民族意识。太平洋战事爆发，日敌成立大东亚省之时，更居然将台湾列入"内地"了。

经济剥夺　日敌占领台湾，即组织台湾银行，用以作剥削吮吸台胞的工具，并对华中、华南、南洋进行其经济侵略。

台湾地理条件最适于日本帝国主义掠夺的首推糖业，在平时可以之与列强争霸世界市场，在战时更因其可制造酒精而成为国防工业。台湾现有台湾、新兴、明治、大日本、盐水港、新高、帝国等巨大制糖会社，均系日本寡头金融资本家三井、三菱等财团控制之下，进行其独占性的掠夺。官僚与军阀为要增进金融资本利润，不断对台胞加以暴力的压榨，结果使许多台胞逐渐成赤贫的游民并群起反抗，成为革命的力量。

次于糖业的就是矿业，北部的煤矿、金矿，苗栗的石油，高雄的洋灰都是敌寇的国防工业，亦均为三井、三菱、日本石油、浅野洋灰等会社所独占。自日月潭电气会社成立以后，加速台湾"工业化"的结果，使金融资本更加速地集中于少数大资本家贵族的手中。

日本帝国主义者利用他们独占的海运，垄断了全台的米、茶、青果等的输出，生产者的台湾农民，仅得到接近生产费的报酬。同时因为关税壁垒的限制，中国及外国的商品在台湾几乎是绝迹，到处充满着日货，台湾的一切金融、工业、农业、商业全操在日本财阀的掌握中。中日战事发生后，台湾的一切物资与金钱，更受到历史上空前的囊括与剥夺，单以加在台胞身上的公债负担，至前年止，已达六亿万日元以上。

军事奴役 自侵华战事开始，日寇对台胞的军事奴役，特别残酷。

第一，为加强其所谓"抢后"政策（即后方治安），除积极地普遍组织各种军事法西斯性质的社团，如青年团、壮丁团等以推进法西斯的奴化活动以外，并组织台湾军伕队，一批批地强征台胞到前线去当炮灰。

第二，强迫台胞做各种军事工程建设的奴役，各住户每日至少须派一人为统治者做种种无报酬的劳役，如建造军港、飞机场、炮垒以及军火生产等。

第三，实行所谓"台湾特别志愿兵"制度，名为志愿，实际是强迫的征召。

反抗斗争如火如荼

据《马关条约》第二条的记载："台湾全岛及所有附属各岛与澎湖列岛，须永远让与日本。"六百万的台胞自然不愿凭此一纸辱国条约而生生世世做了亡国奴。所以当日本占领之初，台湾岛上，千千万万的人民随地揭竿而起，反抗斗争如火如荼，演出无数惊天动地的流血惨剧。一八九五年五月二日，台湾民众拥戴唐景崧为大总统，自立为台湾民主国，他们在孤悬无援的海岛上，与日本作绝望的战争，相持九年，由官军而义勇军，由阵地战而游击战，可歌可泣，壮烈万分，前仆后继地总共牺牲了五十余万人。一直到义勇军领袖唐阿瑞在苗栗殉难后，台湾的武力抗日才悲惨地暂告一段落。然而岛上人民的内心，仍燃烧着熊熊的反征服之烈火。自一九〇七年的北埔事变起，至一九一五年的西来事变止，曾先后在岛上发生过十次暴动。台湾的青年尤富于民族意识，具有深厚的国家观念，他们虽被日本统治了半世纪，然而他们始终知道他们是绝对不愿做日本帝国主义的顺民，时间并没有销蚀了他们对祖国的眷恋，所以十余年来常有大批青年逃入国内参加国民革命的工作。"七七事变"后，台湾的抗日情绪更特别高涨，岛上的武装反抗到处激烈进行，据我们所知道的，七年来，有枋寮民众与番民合作，一千二百余人曾与日军武装冲突；有台南铁路被毁的事件；有雾社暴动（按，雾社暴动发生于一九三〇年）、嘉义暴动、宜兰暴动，大甲和新竹有"反皇民化"的示威游行，高雄有军伕的叛变，瑞芳有矿伕的罢工，阿里山有游击队的组织。在国内的台湾革命斗士，则组织了台湾革命同盟会，曾经请求国府添设台湾籍参政员，设置台湾行政机构，而视台湾为中国沦陷区之一行省。同时并组织了义勇队、少年团、服务队及医药队等，在浙闽前线艰辛地参加祖国的抗战工作。

领袖对于台湾问题的昭示

总裁在其手著的《中国之命运》一书中，在开章明义的第一章里面，对我国领土问题有着很精辟的昭示，他说："我们中国国家的领域，以民族生存所要求为界限，亦即以民族文化所维系为界限。故我们中国在百年以前的版图，一千几百万方公里之内，没有一个区域，不是中华民族生存所必需，亦没有一个区域不是中国文化所浸润。版图破碎即是民族生存的割裂，亦即为民族文化的衰落。故全国国民必引为国耻，非至河山光复，不能停止其雪耻救亡的运动。"（见《中国之命运》第五页）

在同书的第六页："……上述的完整山河系统，如有一个区域受异族的侵据，则全民族全国家即失其自卫上天然的屏障，河淮江汉之间，无一处可以作为巩固的边防，所以台湾、澎湖、东北四省、内外蒙古、新疆、西藏，无一处不是保卫民族生存的要塞，这些地方的割裂，即为中国国防的撤除。……"

正如总裁所昭示的，台澎在我国国防上是个不可撤除的屏障。盖台澎与闽粤密接，而与海南岛互为掎角成为拱卫我东南绵长海岸线之天然堡垒。有人指台湾与海南岛为我国东南的一对眼睛或一对触须，更有人誉之为"静止的航空母舰"，都是中肯有见地之言。因此，我们敢说：台澎与海南岛为我所有，则渡海而来的外敌殆无接近我大陆的机会。否则，大门洞开，沿海各省皆失其天然屏藩。日寇过去之所以能虎视我闽粤与南洋群岛，而在太平洋战事爆发之后迅速击败英美的远东属地，暂时雄霸太平洋上，其赖于台湾的屏东、湖口二大空军基地，和澎湖的马公军港以及海南岛上新建的海空军根据地，实有其不可忽视的关联性。

总裁又剀切地训示我们："……台湾、澎湖列岛本是汉人开发的区域，屹峙东南、久为我们中国的屏藩，迄至明末，乃为荷兰人所侵据，而终为我郑成功所收复，事迹真可歌可泣……"去岁开罗会议中、英、美三国发表联合公报，声明战后应将被日本根据不平等条约统治近半世纪的台湾及澎湖列岛等地归还我国，可谓为盟国至公正的措置，人类正义的伸张，台胞闻之而感奋，国人引为莫大慰安。然台澎在日帝国主义蹂躏下数十年，将来一旦光复，一切建设千头万绪，尤有待于国内外台胞与举国朝野虚心研讨努力，这是纪念台湾沦陷应有的认识。

（福建《中央日报》1944 年 6 月 17 日）

李友邦：纪念"六一七"的意义与任务[1]

——民国三十三年六月十七日在台湾沦陷四十九周年纪念会上讲
（一九四四年六月十七日）

各位来宾，各位同志：

今天是"六一七"，是世界法西斯强盗之一的日本帝国主义残酷统治台湾四十九周年的纪念日，这是一个血腥的纪念日！今天是每个祖国同胞而尤其是台湾同胞所认为最耻辱的一天。自从甲午年（一八九五年）由于满清政府的腐败，与日本订立《马关条约》，将台湾割让日本以后，四十九年来台湾在日帝国主义血腥的统治下，从榨取财富的经济政策，和作为南进根据地的军事计划，以及在政治上施行奴化政策等作用的统治，进而变为以大和民族的血统文化来同化汉族的血统文化的亡国灭种的毒辣政策。过去，有少数的台胞因为中了敌人的离间阴谋，被利用在祖国为非作歹，这无疑证明了敌人统治台湾的成功。因此，我们必须粉碎日帝国主义这种毒辣的铁锁似的统治政策，来挽救五百几十万的台胞脱离水深火热的陷阱。这就是今天我们纪念"六一七"的主要的意义与任务。

其次是怎样来纪念"六一七"？

在没有谈到怎样纪念"六一七"以前，首先我们必须要分析一下今

---

[1] 1944年6月17日《中央日报》报道：旅渝台湾革命同志，定今晨在台湾革命同盟会开会纪念"六一七"。四十九年前之今日，倭寇在台湾开府设政，故称"始政纪念日"以纪念其征服台湾，而台胞则以该日为"抗日反帝纪念日"。在渝台湾同志特于今日发表宣言及告台湾同胞书，并定今夜以国语及闽南语等各种语言向国内外广播，以鼓励台胞倍加努力奋斗，协助盟军打倒倭寇。（《旅渝台湾同胞纪念"六一七"》，《中央日报》1944年6月17日，3版）

天台湾问题客观上的形势。

（一）台湾问题在祖国抗战以前，由于祖国本身的诸多困难问题尚不能解决，台湾问题当然只好暂时搁置一边。

（二）抗战开始后，在祖国伟大的革命领袖蒋总裁的抗战的主要目的，必须完成中华民国的原有版图，收复每一寸中华民国的领土的昭示之下，台湾问题遂被一般祖国人士所共同重视，而自开罗会议以后，台湾问题由于国际人士精神的共鸣同情，更一变而为实际具体收复台湾的运动。我们在以下几点上，可以明白看出：1.开罗会议议决案已正式决定战后台湾归还中国；2.接着祖国政府委派陈中委仪专门负责台湾调查委员会；3.最近又闻中央行政院将成立接收台湾委员会。像这种富有政治策略性的决定和步骤，不仅表示祖国政府对收复台湾的重视，且为整个台湾问题发展前途上的一个绝对有利形势。这是因为这种具体行动的作用：一、打击日寇认为相当成功的两岸离间政策；二、粉碎一般变相的"共管台湾"的谬论，同时在另一方面，更能鼓励、号召所有的台湾同胞热忱踊跃投奔祖国，参加革命工作；三、激励在祖国原有革命同志对工作上极度兴奋与努力。

以上就是目前对台湾问题客观上的有利形势。

客观上的发展既如此有利，但我们主观上的条件究竟如何呢？这是今天纪念"六一七"的每一位同志应该深深地反省和检讨的，纪念"六一七"是需要用行动来纪念的，如果仅是喊喊口号，唱高调，以至于笔上添花，这些都是无补于事实的。因此，今天纪念"六一七"我们必须要完成下列几个迫切的任务。

第一，加强台胞本身的团结。

敌人数年来对台同胞间极尽了挑拨离间的能事，这是一种极为毒辣的政策，它利用经过它的奴化麻醉政策而认识不清的少数台胞，在祖国为非作恶，以引起祖国人士对台胞的误会、仇恨，而疏远了两岸同胞间的好感情，与减少祖国人士对台湾革命工作上的援助。进一步，日寇利用少数谋利主义的台胞，在祖国挑拨台湾革命同志间的感情，俾使革命意见纷歧，行动不能统一。所以加强台胞团结，实为目前最主要的工作。

如何完成这一工作，其实说起来也很简单。每个台胞只要以打倒日本帝国主义在台的统治政策与收复台湾为共同的目标，以台湾革命为前提，在总的原则之下，则团结是毫不成问题的。"团结就是力量"这是句至理名言，希望同志们以行动来完成这个工作，粉碎敌人数十年来自以为最成功的离间政策，并进以巩固和扩大我们的革命阵线。

其次，扩大党团的工作。

台湾问题的发展，已经具体而实际地进为收复运动的目前，最主要的，是如何使三民主义能够普遍深入到台湾的每一角落，奠定一个党团工作的基础。但这绝不是动员少许的人力就能够达到的，然而也并不是不能达到的。关于这一点，首先要加强党团的组织，在党团组织加强以后，工作的开展是我们比较容易解决的问题，我们可以积极地调整原有的敌后工作，使之深入岛内，但这也有赖于同志们的加倍努力！

第三，加紧建政建军。

收复台湾，主要是靠我们自己的行动，绝不能过分地倚重盟国的力量，更不能等待日本帝国主义者的撤退，然后由我们去接管，这是不可能的。所以，在目前我们就应该加紧建政和建军。建军，是为了收复台湾的军事行动；建政，是为了收复以后的设施。我们预料收复工作的进行是艰苦而繁重的，所以必须及早准备，预为部署。现在中央对于这两方面都已订有计划，我们必须要尽力执行！

最后，积极训练人才。

在台湾收复运动的进行中，我们固然需要各种的人才，而在台湾收复以后，我们更需要大批的人才，以担任各部门的工作，因此，积极训练人才，便成为今天许多迫切任务中的最迫切的任务，我们希望大家注意到这一点，免得有事无人做，临时抱佛脚。

总之，敌人的必败，已是一个将形成的事实，台湾的归还祖国，中央也早具有决心，我相信在祖国政府的领军之下，加上台湾革命同志的努力，与祖国同胞的援助，台湾的收复是不成问题的。希望明年"六一七"的国耻纪念日，能够在台湾岛内开庆祝复土的大会，以洗雪这四十九年的耻辱！

（《台湾青年》第 61 号，1944 年 6 月 23 日）

蒋浩如：收复台湾解放台湾

——为纪念台湾沦陷四十九周年而作

（一九四四年六月）

　　我国的台湾，以甲午战役议和割让到今天，已是整整的四十九周年。在这悠长岁月中，千万台湾同胞在敌寇铁蹄下，所过的当然是受压迫、被剥削、苦痛、黑暗等非人的生活，同时千万不愿做奴隶的台胞，虽然在敌人刺刀枪炮、警察严密监视之下，仍不断努力于光复运动，对敌人作正义的奋斗，血泪交织，写上光荣灿烂的一页，临到今日，我们缅怀着远寄海外的驰骋各战场并肩作战的台胞以及为革命牺牲之台湾革命运动诸先烈，深感无限的怀念、慰勉与哀悼！

　　卢沟桥中华民族解放的炮声，启示着台湾革命光明的前途，台胞奔向祖国参加工作，从事卫国复兴运动，在台湾境内台胞更秘密努力于革命工作，而敌寇对台湾的统治亦更形残酷，大量征调台胞到中国来充炮灰，加紧经济压榨，如经济警察的设置，强夺台胞的黄金，发动所谓"报国储金"与"事变公债""兴亚展览会"，还有什么"仕奉"等等简直是不胜枚举，台胞所过生活，是在险黑地狱里。

　　我们要解放台胞，我们要收复台湾，首先要明了台湾现有军事上的措置，台湾是敌寇在太平洋上唯一的根据地，在台北建有基隆要塞，在西南高雄及屏东驻有大队空军，在台湾海峡中有马公港，扼中国海南部之入口，东南还有奄美大岛的要塞，构成敌人南进的根据地，"八一三"事变后，首先轰炸南京是台湾航空队，占领广州和海南岛的军队亦来自台湾。现在日本在南太平洋作战的陆海军，都以台湾为根据地，而且台湾是我国海上的前卫，如果我们要建立强大的海军，台湾便是一个最优良的地方。所以台湾于祖国固然重要，于保障太平洋和平亦占着极重要的地位。

其次在经济上，在敌人的"南进政策"中亦起着极重要的作用。台湾出产物很多，除米盐外，还有茶、糖、柑橘、香蕉、波罗蜜、樟树等，统计日本在台湾的收入，单是"总督府"每年在一万五千万以上，其中最大出产的米还未算入。台湾米是敌国生命源泉，日本本国产米量少得可怜，大部是由朝鲜台湾输入，除供给敌国自用外，并向外倾销，造成一般人对日本看成为产米之邦的错觉。

总之，台湾是中国的领土，台湾人本来就是中国人，我们应该收复台湾，使在敌人蹂躏四十九年下的台胞解放过来，愿台湾兄弟们和祖国同胞共同努力，为复土复仇而奋斗！

（《台湾青年》第 61 号，1944 年 6 月 23 日）

叶炯：加紧收复台湾

(一九四四年六月)

四十九年前，日本军阀用武力夺取了我们的台湾，在美丽的海岛上，深深地烙上了一个火印。从六月十七日这沉痛的日子开始，五百八十万的台湾同胞，陷入水深火热的坑中，受尽敌人的践踏、榨取、奴化……过着最惨酷的生活，尝尽亡国奴隶的滋味，这是台湾历史上最黑暗的一页，也是我中华民族的一大污点，我们是时刻不会忘记的！

台湾是我国的领土，与我福建一衣带水，而和海南岛成为犄角之势，它是东南沿海的屏障，也是南太平洋的军事据点，因此在国防上说：台湾是我国的国防前哨，我们失去了这个海岛，就是撤了东南沿海的国防，时刻会受到敌人的威胁的，从经济地理上说，台湾是物产富庶的地方，它的米和蔗糖除了供给自己的需要，还可以大量地供给我国沿海各省，其他国防资源蕴藏也很丰富，我们失去这块地方，就像丢掉了一个宝藏。再从民族方面来看：也是血统相关的。据统计居住台湾的人民十分之九是汉人，他们的生活习惯语言风俗等，大都和我闽粤人一样。至于从历史交通等各方面来看，也都有很密切的关系，所以说，台湾和我国是合体同命的，这句话并不会过甚其词。

自从甲午战役，马关议和，清廷昏聩无能，割地赔款，就把台湾割让给日本军阀，五百八十万的台胞，脱离了祖国的怀抱。这是祖国对不住他们，并不是他们舍弃了祖国。然而他们并不灰心，也不会因为日寇的欺骗离间和愚弄，而稍动摇了复仇的意志，时刻在和敌人决斗，悲壮牺牲，前仆后继，造成了四十九年来一部可歌可泣的血史！他们希望祖国早日复兴，帮助他们脱离日本军阀的枷锁，回到自己的祖国旗帜之下，做一个自由平等的国民，这是多么使我们感奋的一件事！

在此战没有发动以前，客观的有利时期还没有到来，所以我们虽然有满腔热血要援助台湾光复运动，可是时机还没成熟。现在，经过了七年多英勇的抗战，事实证明我们是愈战愈强，我们已经由单独抗战进而与同盟国家并肩作战，所以光复台湾不仅是台湾同胞的责任，而应该是全中国同胞的责任！

去年开罗会议已确定台湾归入我国的版图，和其他沦陷省区一样，因此我们更应加紧光复台湾，才能恢复领土的完整。这一方面希望英美诸盟邦给予我们有力的援助，促使日寇海洋势力早日的崩溃；同时，希望台湾同胞加强内部团结，不受敌人花言巧语的分化，一致在国父的三民主义指导之下，坚强地团结起来，积极从事于革命。另一方面，我们全国同胞要深切明了台湾和我国的密切关系，我们必须收复台湾，才能保持战后国防的完整，也才能奠立南太平洋永久的和平。

最后，我们要记住：台湾是我们的一省，台湾同胞是我中华民族的优秀儿女，我们要加紧光复台湾，来建设三民主义的新中国！

（《台湾青年》第 61 号，1944 年 6 月 23 日）

李万居：确立台湾的法律地位

（一九四五年六月）

　　前年开罗会议，中、美、英三国领袖共同发表宣言，战后台湾与澎湖归还中国。今天距该会议的时间已经一年半以上，可是中央当局除了成立一个规模不大的台湾调查委员会外，其他应该准备的机构，至今还未见成立，甚至台湾在中华民国的法律上的地位，台湾人民的身份，到了今天还没有确定。台湾是甲午战败时被当作求和的牺牲品，而割给日寇的，这一段惨痛的历史，应该是尽人皆知，用不着我们在这儿叙述的。她是百分之百的中国领地，她是炎黄子孙所筚路蓝缕开辟的，那儿的居民除极少数外，都是不折不扣的汉民族。况且三大强国开罗会议既经决议公布于前，中央对这个问题所持的态度为什么那么谦逊、迟疑、顾虑，不明朗而坚决地向中外宣布：台湾是中华民国的领土，台湾人就是中国的人民。这使我们感觉到很不可思议！自太平洋战争爆发，国民政府对日寇正式宣战之后，所有过去中日两国间签订的条约即已完全失效，《马关条约》当然也没有例外。因此，从那时起，台湾在法律上应该仍是中国领土之一部分，事实上，并不需要经过三强开罗会议的决定。

　　第一，根据国际公法的规定，凡是最先发现或占领的地方，即为该国的领土，这是不容争议的事体。不须追溯远古，在一五九〇年葡萄牙人发现台湾之前，那儿的确已有中国人的踪迹。至于这片荒芜的山野，烟瘴蔓草，瘟疫猛兽，遍地皆是。她之所以有今日的繁荣富丽，完全是我们的祖先世代相承，数百年来所辛苦经营垦拓的。

　　第二，就种族言，台湾现有人口六百七十万人，除四十余万的日本人和十六万的番民外，其余都是汉民族，不折不扣的汉民族，他们所讲的是中国方言的一种，在过去所通行的完完全全是中国文字，虽在日寇五十年的统治下，写读汉文悬为例禁，但至今仍未能消灭台湾人民嗜读汉文的心理，至于风俗、习惯和服装等等，到现在仍与中国内地毫无差异。

第三，就民族自决的原则论，台湾也是应该归还中国的。在满清统治的二百三十年以及日本统治的五十年中间，台湾民众起来革命反抗的不止数十次，而其主要的原因则是反抗异族的统治，尤其在这半世纪的奴隶生活的苦痛经验，台湾同胞更加反对不合理和不人道的殖民制度。他们无分男女老少都热切愿望重新并入中国版图。人类历史是进化的，第一次欧战告终时，美国威尔逊总统即以"民族自决"相号召，其计划虽未能实现，但其崇高的理想则已深入人心；第二次世界大战行将结束，为着人类的幸福和世界永久和平的建立，这种崇高的理想不值得世人提倡吗？不该使它实现吗？

第四，从地理和国防的立场看，台湾也是应该归还中国的。台湾位置于中国东南海的中间，正在中国的领海里，距福建仅一百至一百二十英里，她是中国东南的重要屏障，具有巨大价值的战略据点，为屏障中国的安全与太平洋未来的和平，台湾都是无可争议地应该重新归还中国。

第五，就中国抗战对世界贡献而论，在太平洋战事未爆发前，中国独立对日抗战达四年以上，吸住日寇的兵力百余万，使美英盟邦得以从容准备，苏联得以专力抗德，减少东顾之忧，其对世界贡献不可谓不大。中国缺乏海军，所以将来台湾的解放，当然须赖盟军的协助，倘若有人根据这点理由，而对台湾归还中国的问题有所争执，这是极不合理不公允的举措。就接受盟友的援助一点来说，历史上不乏先例，过去不必说，即此次大战，上而英、苏、法，下至荷、比、捷、波等国，没有一个国家不接受他人的援助的，以最高傲自矜的大英帝国，哪一次对外作战，没有受到他国的帮助呢？尤以此次为最。记得某次丘吉尔为着争取美国的援助，居然对新闻记者宣称，他是罗斯福总统的副官。这虽是开玩笑，但其求援之切、用心之苦，则显然可见。假定盟国以任何借口，阻碍台湾归返中国，必将遭遇六百余万台湾同胞的激烈反对。

就上面所说的各点理由看来，无疑地台湾澎湖都应该重新并入中国版图。这不只是台湾革命同志的呼声、愿望，而是台湾六百多万人一致的要求。可是使人遗憾的，中央当局的态度至今似仍犹豫不决，到了最近六全代会才有"确立台湾的法律地位"的寥寥数个字而已。究竟何时确定？怎样确定？还在不可知之数。台湾在法律上没有确定的地位，台湾民众便没有合法的身份，那么台湾岛内和各地敌人占领区内的台湾籍人民，一旦国军或盟军反攻时，究竟要怎样处置呢？敌人呢？国民呢？他们的生命财产是不是可获得法律的保障？却是一个很严重的问题。至于开放参政门户，给台湾同胞以发言机会，凡此种种，中央也都应该迅速决定，因为有明礼的态度和果断的措施，才能够使国际对这块领土的主权加以尊重，才能杜绝战后外交上的意外纠纷，同时也能鼓励台胞更加热烈的拥护。中央，为什么迟疑不决呢？

（《台湾民声报》第 6 期，1945 年 6 月 1 日）

李万居：台湾沦陷五十周年纪念感言

（一九四五年六月）

五十年前——一八九五年——六月十七日，世界上的一个角落，发生了一桩严重事件：一面台湾沦陷，有组织的大规模抗日斗争逐渐瓦解，日寇正式开府设治；另一面则促成日本帝国主义开始萌蘖，滋生它的南进政策，甚至演成今日的太平洋大战，乃从这儿肇端的，它的大陆政策也可以说是借那次的胜利余威而更形积极。当《马关条约》签订之后，日本政府根据该约第二条二款"台湾全岛及所有附属各岛屿"与三款"澎湖列岛即英国格林尼次东经百十九度起至一百二十度止及北纬二十三度起至二十四度之间诸岛屿"永远割让与日本的规定，遂于是年五月十日任命海军大将桦山资纪为第一任"台湾总督"。寇酋桦山率领文武官员二百余名于五月十七日由东京启程赴台湾，二十八日抵达淡水海面，旋赴基隆，因遭该两地的军民激烈抵抗，无法登陆，乃与清廷全权代表李经方在舰上草草办理交割手续。六月三日基隆被日寇攻占，八日台湾首府——台北相继陷落了，东亚最先出现的共和政体的"台湾民主国"于是开始狙折，六月十四日敌"总督府"遂迁入前台湾巡抚衙门旧址，十七日举行施政开幕典礼，即日寇所称为"始政纪念日"是也，这一天实际就是台湾沦陷的日子。从此台湾民众所过的是"闻政讲武皆有禁，……尽日踽行荆棘里，为鬼为蜮避无所，呼牛呼马应俱唯"（见梁任公先生的台湾《海桑吟》）的奴隶生活了。

五十年来日寇统治台湾的方式，万变不离其宗：在政治方面就是屠杀、高压，在经济方面则为榨取、掠夺，在教育上则施行麻醉和奴化的思想；自太平洋战事败北以来，则杂以利诱的怀柔政策，但其最后的目的，无非企图使这六百多万的汉民族变为驯服的羔羊，永远做日本帝国主义的奴隶，供其驱使，充当炮灰，近年来积极推行所谓"皇民化运动"，用高压手段强制台胞改用倭寇的姓氏，就是这个企图的具体表现。事实上他们并不是需要台湾人真正变成所谓"皇民"，他们所需要的只是奴隶，真正的奴隶而已。台湾民众虽然处此淫虐的统治之下，可是他们的坚韧不屈的革命精神到现在还没有变质，如上月中旬盟机猛袭台北，当市区起火时，我同胞志士乘机奋起袭击敌警署，捣毁敌商店七十余家，计毙敌警兵等百余人（见本月十四日大公报），可为例证。半世纪来反抗日本帝国主义，壮烈行动，可歌可泣的英勇事迹，前仆后继，史不绝书。诸如此类事实，凡是到过台湾或是稍许留心台湾事情的人士都能知道，用不着我们再在这儿多所赘述，尤其不需要我们加以夸张。台湾所处的位置及地理形势特殊，进出行动备受严格统制，所以外界对它很是生疏、隔阂。因为这个缘故，有许多人不是误会台湾人早已日本化，便认为他们是一种化外的异民族，甚至是奇形怪状的动物，其实那完完全全是一种错觉。国人不愿把这块领土重新并入中华民国的版图则已，不然的话，对台湾的一般情形，应该做更进一步的认识。那么将来收复之后，一切施政方针，才能对症下药，才能了解台湾同胞的痛苦所在，才能拯救他们于水深火热之中，否则隔靴搔痒，终是搔不到痒处，甚至弄出相反的结果来。这样，不但无以慰数十年来台民的喁喁之望，而所发生的影响，有时甚至会不堪设想的啊！

自纳粹德国无条件投降之后，太平洋战局一天天地紧张，日本本土现在几乎无日不在美国空军的轰炸燃烧之中，处此严重局势，日本军阀为挽救其垂危的命运，妄图作困兽之斗，所以提出所谓"一亿玉碎""一亿殉国"的口号，盖欲借以唤起其衰落的士气，振作其涣散的民心，并欺蒙、麻醉台湾民众，乃决定于台湾沦陷满五十周年的六月十七日，宣布废止过去专为台湾制定的所有特殊法令，并取消日台人的一切不平等待遇，换句话说，自今以后，日寇将放下屠刀，不再把台湾人民当作奴隶看待，日本人与台湾人在任何方面将处于"平等"的地位。台湾民众呻吟于日本帝国主义的铁蹄蹂躏之下已经整整五十年，过去日寇不曾给予他们以任何同情、怜悯，为什么到了今天才大起其恻隐之心，而有这种"仁爱"的措施呢？理由无他，只是笼络、怀柔、利用罢了。这种狡计虽然很毒，但是结果只是心劳日拙，而能发生的效力可断言其必定很有限吧。

随着太平洋战局的发展，台湾问题的解决当为指顾间事。今天趁着台湾沦陷五十周年的最沉痛的纪念日，我们想再试述我们的愿望和要求：

第一，祖国当局应下最大决心，提早宣布台湾在中华民国宪法上的地位，给台湾同胞以参政的机会；设置有关台湾的军政机构，准备一切接收工作。

第二，收复之后，应与国内同时施行宪政，立即给予台湾同胞以政治、经济、教育、工作的机会均等，以及言论、出版、集会、结社的自由。

第三，中央应准许台胞以参加国军或盟军从事收复台湾的工作。

第四，我们革命同志尤应检讨过去的错误、空虚，纠正缺点，充实阵容，增强力量，整齐步骤，以舍身取义、英勇流血的革命精神，配合盟军，打倒共同敌人，迎取台湾解放与光荣胜利的来临。

最后，我们坚决重申誓愿：决以沸腾的热血湔雪五十年来不共戴天的仇恨和耻辱，而使六百余万同胞重睹天日，归返祖国怀抱，同时庆祝中华民国国旗早日飘扬于玉山之巅！

（《台湾民声报》第 5 期，1945 年 6 月 16 日）

谢南光：最后的"六一七"纪念日

（一九四五年六月）

　　台湾有两个岛耻纪念日，即是"四一七"与"六一七"，四月十七日是《马关条约》的割台的纪念日，六月十七日是日本帝国主义在台湾"开府建治"的纪念日，前者是卖身契的签字，后者是帝国主义殖民地剥削政治的开始。

　　《马关条约》的签字，促成台湾组织"台湾民主国"，在东方首先提倡民主与共和的革命，菲律宾的独立宣言，比台湾还推迟了两年，中华民国推翻满清帝政，创立共和政治，还是十六年后的事情，"四一七"纪念日于我们不但是国耻，同时也是民族复兴运动与反对帝制运动的开始，五十年间已经开花结实，但仍待我们发扬光大。

　　倭寇的"六一七始政纪念日"是帝国主义殖民政策的开张，五十年来，它的凶暴的剥削政策，由农业掠夺进至资本剥削，再发展至"皇民运动"，即是从经济掠夺演进至民族性的消灭。由天空至地下，从手足至脑袋，都是剥削的对象，起初没收土地山林及现成产业，其次垄断农产运销，独占工矿、水产及林业，甚至将交通运输各种事业都独占了，最后驱逐农民移殖中国及南洋占领地，"七七事变"后，人力物力财力都被倭寇控制征用，帝国主义下的台湾人简直就和牛马一样。

　　我们的先烈与同志，五十年来继续不断地进行"反帝斗争"，初期以暴动对付土地山林的掠夺，用鲜血来反抗，其次是组织工农来展开反帝斗争，现在我们在战争中与祖国及盟军共同流血流汗，在整个反法西斯战争的胜利中来求解放，对日战争愈趋激烈，我们的责任越要加重，为迅速摧毁日本帝国主义，我们要尽更大的努力，我们知道我们的力量还单薄，我们的努力还不够，可是台胞在这次战争中的牺牲也够大了。

倭寇的败亡，今日已是时间问题，不过收复台湾是在日本投降前或其投降后，此刻尚难预料，无论如何，我们要将倭寇赶出台湾去，还须我们流不少的血汗，我们当然不避免一切的困难和牺牲。在岛内的台胞，在外面的同志都要在"打倒日本帝国主义的旗帜下"，团结起来尽我们最大的努力，我们的努力就是我们的发言权，台湾未收复以前，我们对祖国与盟军的要求是"给我们以更大的流血流汗的机会"，同时这也就是我们的权利，所以我们要求参加对日作战。

日本帝国主义者败亡以后，一切帝国主义政策也要同时肃清，自由平等解放的荣光要普遍照到台湾每个角落，经济剥削，政治控制，社会歧视，民族仇恨，一切帝国主义的遗产要洗刷干净，然后建立自由平等解放的台湾，使明年的"六一七"变为台湾解放的纪念日，这是我们斗争的中心目标。

自由的台湾，解放后的台湾，不但是台湾人的乐土，同时也应该是世界的公园，因此，我们进入台湾以后，首先要做到下列各种政策的目标，造成乐园。

（一）政治上立刻制定省宪，实施宪政，保障民权，使人人能得到四大自由，清除帝国主义一切的残渣。

（二）经济上实行民生主义，节制资本，平均地权，奖励公营共营事业，发展高度工业与海运贸易，提高人民生活，刷清剥削制度。

（三）社会上实行男女平等与民族平等，芟除社会歧视及民族偏见，使男女及各民族享受平等权利，惩罚挑拨或制造民族仇恨的罪犯，褒扬先烈，保障先烈后裔的生活。

总之，纪念"六一七"必须消灭它给我们的残忍的印象与各种非人道的事实。踏上帝国主义者的残骸，建设自由解放的台湾，一切的压制应与日本帝国主义的瓦解同时永久绝迹，使它成为光荣快乐的纪念日。

（《台湾民声报》第 5 期，1945 年 6 月 16 日）

台湾沦陷五十年——为"六一七"宣言[1]

（一九四五年六月十七日）

今日何日？今日是台湾沦陷五十周年的纪念日——五十年前的今日，倭寇在台湾开府设治。从此日起，日本帝国主义开始统治台湾，台湾开始沉沦为殖民地。

五十年了，我们台湾人做奴隶五十年了。

五十年了，日本侵占中国领土——台湾——五十年了。

五十年来，日本帝国主义无止境地向外发展。五十年来，东亚和平时时受着威胁！五十年来，中日两国不断地纠纷！五十年来，我们台湾人每日在痛苦呻吟与反抗流血。

这种弱肉强食、黑暗可怖的世界，归根到底，其罪恶实导源于殖民地制度。殖民地制度存在一日，则无公理，无民族主义，无和平。五十年的教训是如此的。

兹当胜利在望，正要缔造和平，日本帝国主义必将被打倒，台湾定可归还中国，我们以背负五十年悲惨命运的资格，敢向世界公言：战后必须取消殖民地或变相的殖民地制度。

我们并愿为此种目的，而奋斗到底。

---

[1] 1945 年 6 月 17 日《中央日报》报道：五十年前之今日（六一七）台湾北部所有重镇均告沦陷，日寇乃于台北成立"总督府"，开始施政设治，台湾民主国南迁，继续抵抗，旋告解体，台胞从此开始其殖民地之悲惨生活，迄今已五十年矣，旅渝台湾革命同盟会，定于十七日在该会举行纪念会，并于同日由连震东以国语，谢挣强以方言，谢南光以日语播讲《台湾沦陷五十周年纪念之意义》。（《台湾沦陷五十年》，《中央日报》1945 年 6 月 17 日，2 版）

兹当胜利在望，今年今日应为最后一个"六一七"，明年，我们应该解放了，该自由了，受异族蹂躏五十年的台湾人，该在其新生时享受大自由，有民主政治。

我们愿为自由民主的台湾而继续奋斗。

台湾革命同盟会　卅四年六月十七日

（《台湾民声报》第 6 期，1945 年 7 月 1 日）

鉴　史

中東失和古今本末考

美國林樂知譯
中國蔡芝紱作

紀三百年前中東使臣問答語　以下四篇本係和文譯作西文
今又將譯雜難文意是西文非和文類

西人有言曰三百年前事一循環歷驗古今時或不爽而要未若中東之驗尤奇橫不可思議也偶檢幀篋

得藍皮書一冊　西例凡紀大事本末之書其一皆曰藍皮書
刻而會意必即名曰藍皮書

指計之適符三百年之數奇矣　今年換約期在西歷五月八號　明萬歷二十七年四月十四日壬子

日本能事正歸此童　西人撰其而得之者也　則更奇三百年前兩國使臣互議時日使調中國恆有北方之釁　中東戰於朝鮮旋訂和約事屆　蓋指元崇禎次癥組之侵拉特額森托克托布帖小王子詰部面　紀西歷一千五百九十二年　亦正在五月八號時時

奇之又奇平若夫釁端之同起於朝鮮和約之同利於日本　事理之顯而易見者也考日本有太閤記

一書記平秀吉生平行事甚悉　是時日本大將軍戰略平秀吉其一也日本人謂之曰豐太閣

好事者掺取其事別撰　成蛱咖所謂書也　其晷云大將軍率師至朝鮮攻破王京　日本有雄師二十萬先驅朝鮮形勝我師遠道道飢疲主客之勢

日師力戰大敗明師明總兵告急於朝日本將領且請先行息兵日將退至朝鮮南境之釜山海口依礙

不敵不如與之議和旋以顧和之意告日本將軍幕府大將及語

璧以駐重兵一千五百九十三年　萬歷二十一年癸巳　五月二十三日議和之明使至日本大將軍幕府大將及語

黃侯封拯之例　甚敬之　饋葷羶腥行館供張甚盛　至七月初旬明使始辭歸　當明使之初至也先請日本撤

三五
三九三

1896年6月《万国公报》刊载的《中东失和古今本末考》（美国林乐知译，中国蔡芝绂作）

记三百年前中东使臣问答语

（以下四篇本系和文，译作西文，今又转译华文，意是而文非矣。）

西人有言曰，三百年事一循环。历验古今，时或不爽。而要未若中东之衅，尤奇横不可思议也。偶检行箧，得蓝皮书一册，（西例凡记大事本末之书，其封面皆蓝色，即名曰蓝皮书）记西历一千五百九十二年（明万历二十年壬辰）中东战于朝鲜旋订和约事。屈指计之，适符三百年之数，奇矣。今年换约，期在西历五月八号（华四月十四日）。三百年前定约，亦正在五月八号，（是时日本从华正朔此，盖西人推算而得之者）则更奇。三百年前，两国使臣互议时，日使谓，中国恒有北方之警，（盖指元远裔，改号鞑靼之卫拉特额森托克托布哈小王子诸部而言。以云指斥大清则谬矣，下凡称鞑靼者仿此）今则隐指更北之国。（谓俄罗斯）三百年前约款，以助防北鄙为言。今闻亦有互助之密约，不奇之又奇乎。若夫衅端之同起于朝鲜，和约之同利于日本，犹事理之显而易见者也。

考日本有《太阁记》一书，记平秀吉生平行事甚悉。（是时日本大将军专政平秀吉其一也，日本人尊之曰丰太阁）而与中国交涉诸事，不啻为去岁至今，立竿见影。（好事者采取其事别录成帙，即所谓蓝皮书也）其略云，大将军率师至朝鲜，攻破王京。明出师救之，战于平壤，日师退入王京。明师踵至，日师力战，大败明师，明总兵告急于朝曰，日本有雄师二十万，先踞朝鲜形胜，我师远道饥疲，主客之势不敌，不如与之议和。旋以愿和之意，告日本将领，且请先行息兵。日将退至朝鲜南境之釜山海口，依炮台以驻重兵。

一千五百九十三年（万历二十一年癸巳）五月二十三日，议和之明使，至日本大将军幕府。大将军及诸贵侯，（时日本沿封建之制）甚敬之，饩牵丰腆，行馆供张甚盛。至七月初旬，明使始辞归。当明使之初至也，先请日本撤朝鲜兵。日官语之曰：（日本遣四大臣与明使议和，原注云，初不料和局既成，而即为中国所愚也）朝鲜诡诈无信。即是役也，我率师以去，其首当冲要之二道（朝鲜全境共分八道）守土官吏，以款迎为名，开门延纳。及我长驱直入，后路已遭塞断，几使我有欲归不得之叹，其余皆可类推。大明何不惩之？今我驻师二道，以惩朝鲜，若无诚信足恃之大明，与我缔约，我断不轻退一步。又曰：我太阁闻贵国常遭靺鞨之祸，我两国经此次立约以后，愈昭亲睦。如贵国需用日兵，日本亦乐为之用。或竟别立一互相扶助之约，两国合兵，攻靺鞨而灭之，而以其地交贵国，使者以为可否？明使对曰：闻太阁言，令人生感。太阁又诚心以助大明，尤深钦佩。我大明初未知朝鲜有欺诳贵国之罪，而心颇疑之。是用遣使往查，尚难得其实迹。今既知朝鲜之欺诳，使臣回国，奏明皇帝，必当下都察院礼部刑部诸衙门，会治其罪。其作何惩创之处，我大明使者，重到贵国时，必有佳音，以慰太阁之垂注也。倘太阁不信使臣之语，使臣愿剖肝沥胆、以表真诚。抑华谚有之曰，口甜心里苦，故使臣亦未便多献甘言也。日官曰：今日我两国大臣，得以觌面互谈，共明心迹，欣喜无量。从今以后，不特和议可恃，又可以成美意。公今小住敝国，我太阁甚愿公常相往来，以酒茗相欢叙。公但携传译之僧人，至大将军幕府，便当倒屣以迎，正不必拘拘于礼貌也。敝国本欲请公速回，具奏大明皇帝，订定和约。只因敝国所遣之使臣，尚留贵国，未知其议云何，不得不暂淹星旃。若论及撤退朝鲜戍兵一节，若贵国能服从敝国所订条款，自当唯命是听，否则恐仍需暴师于外耳。明使曰：太阁之心，为皇天后土所共鉴。使臣等归奏我皇，必将尽蠲疑虑。至若我国有北伐靺鞨之举，必将特遣一使，请贵国之兵相助。唯北方诸部落，业已远徙，边烽销灭，全国平安者，十载于兹矣。今又与贵国讲信修睦，四海无分毫战祸，荣光福曜，垂于万斯年而弗替矣。今日我辈得以聚语于此，使臣已深知太阁之真心，太阁亦应知使臣之诚意。继自今，两国永绥，实厚幸也。日官又曰：我兵之在朝鲜者，为二道守臣截断归路。其可通转运之别径，又为积雪所封，此实不能容忍之事。今故不得不增兵前往，倘公回明时，不能达太阁之真诚，贵国亦无愿和之确据，则我兵仍不能撤。当太阁选派某等四人款迎贵使时，会将此意反复声明。又以日本殊少恳挚之人，唯某等四人，诚实足恃。是以特命与贵使面商，想大明遣贵使东来，亦必以贵使为诚实足恃，无异太阁之恃某等。故某等似与贵使，皆不可存欺妄心，致皆负在上者之信任。若夫职守所系，不容苟且，尚有需渎陈清听者。战祸未与之前三岁，我太阁使语朝鲜王曰，此后，日本帝国，倘有军国重事，需会商于大明者，王其为我转达之。职此之故，朝鲜遣使者三辈至敝国，议定代作寄书邮之约券。旋由幕府书致大明一公牍，托朝鲜王妥速转递。不谓荏苒三年，鱼沉雁杳，侦知朝鲜王藐视约券，捘搁公牍。俾我两国不能通使命之往来，可恨孰甚。是以率师征之，初非与大明为仇敌也。是故战祸之成，实由于朝鲜王之失信而欺我。今贵使等奉命而来，共订友邦之约，日本心愿已足，唯朝鲜欺我若此。我太阁竟欲派兵永戍辽东，以便与贵国亲通音问。贵使若能更将此意，奏闻于朝，和议之定，当更易矣。明使曰：贵国愿与我大明会议事件，曾据贵武员告知我武员陈祜西。（未知是此字否，无从查考）陈祜西具奏吾皇，吾文武诸臣之荣列朝班者，举各深信不疑。但谓，应问朝鲜，决其可否。旋以朝鲜王不允之故，遂致中东永隔。及贵国遣兵伐之，我皇上尚未知缘起，特遣使臣等来问息兵之期。今聆君等述太阁之意，与去年八月间陈祜西所言，若合符节。使臣等今愿与贵国立约，中东两国，永享升平之福。异日回华，必更将太阁之意，详陈宸听也。日官曰：太阁拟定与大明永好之条款，唯须请命于天皇及首相。今已特发差弁至西京，催问约稿之可行与否。前日，余辈私交公等阅视者，即太阁所拟者也。公等回华，亦望即奏贵皇，以昭睦谊。至前日余语公云，太阁将贻书贵朝廷，述明原委。恐贵朝廷未必允行一切条款，及接贵翻译来书，始知贵使之心，与贵国政府之心，如出一辙。故太阁愿以贵使之书为凭，贵使亦以太阁之书为凭，即为两国息兵之确据矣。至若堂堂大明，抑或如朝鲜之诳我，太阁必怒不可遏。议和之局，势必不成，故今日两国之能和与否，权在北京，而不在西京。北京若太平有象，我太阁等良深欣幸，鹄俟续遣他使东来，订成盟约耳。

日本大将军致明总兵书

（蓝皮书云明总兵陈惠臣，亦仅译其音，未知是此三字否）

启者，接据伐朝军中四将领公牍。知贵国因朝鲜一役，欲与敝国缔盟修好。且欲遣使往查朝鲜开罪敝国始末，良深欣慰。旋蒙贵国特简二使者，至敝幕府，商订和约。敝幕府虽实掌全国之权，机务可自行裁定。但于去年以来，已让权于掌印之宰相。贵国使臣，若径与敝国宰相面议，即可奏闻天皇，妥速商定。然敝幕府特念贵使远道东来，未便重劳跋涉，爰先遣从官，与之款接，旋即专差干弁，奏请天皇定夺。所惜关山修阻，未能速接纶音。倘贵国使臣，不能久待，自应饯送回华。敝幕府一奉御书，当星驰送请贵总兵察阅。至未奉我天皇旨意以前，贵总兵若有紧要事件，敝幕府有四将领，现在军前，可即先与商榷也。附上微物数种，恭赠大明皇帝陛下。另单送阅，希即转呈。外有金镶绿沉枪一支，系敝幕府敬贻贵总兵麾下者，亦望哂收。肃请勋安，日本大将军平秀吉奉书。

日本大将军谕帖

(蓝皮书云秀吉以此书谕其使臣即交明使转呈大明)

　　我大日本帝国，蒙上天之钟爱，锡福无疆，雄镇东土。民人之品行，中正无疵。政令之所措施，悉遵国律。凡天所赋畀之秉彝，无不好是懿德，国中则教化秩然，有条不紊。但流极既衰，事过情迁，民俗渐变，皇权渐替。好勇斗狠者流，争夺魁柄。全国骚动，太平景象，几至荡焉无存。本大将军之母太夫人怀妊时，恒梦见一轮红日，直入其胎，大惊遽寤。延日者卜之，皆曰，天无二日，日者，君象也，他日必生贵子。显其明德于四方，非常之吉，兆于此矣。既而生本大将军。本大将军幼有大志，及年少长，蒿目时艰，日夕以我国莫睹升平为惧，而志在跻我国于金代之隆，（西语以极盛之世为金代，稍次者为银代，东人恐无此语也。唯西报既以是为文，本报亦不妨照译）兼自传其名于后世。每当五中焦灼之会，此事铭心刻骨，一若天命藐躬，万无可以辞让也者。爰起义师，驱驰遍国，苦战十有一载，诸事大定。凡有伤害我天皇者，咸重惩之，且株连及其戚属，罔或赦宥。总之本大将军师行所至，无一城不下，无一垒不破，无一人不詟栗听命。遂乃大开幕府，克副宏愿。国库依然富足，民气亦胥平靖，此盖膺上天之福佑，不负付托之重。非本大将军之权势，得而强之也。唯海滨盗贼，时或窃发，甚至骚扰及于大明。两国沿海生灵，久遭荼毒。又蒙天赐吉兆，得成本大将军翦灭绿林之志。大明海防安谧，海道平安，此非本大将军之有造于大明乎？乃大明并无一介行李，东来报谢，岂以我为小国而藐视之乎？本大将军恶之，行将降罚。于是先告朝鲜，转达本大将军之意于大明。朝鲜初以为然，前后遣使者三辈，仆仆于日朝之路。朝鲜王明允日本曰：异日侵明之役，任我假道于其境，并可供赍粮扉屦之属，又允代日本致书大明，期以三年，必得答书。（今有电报往来，向之三年者，只须三刻耳异哉）本大将军信之，按兵以俟之。不料兔走鸟飞，瞬已三更裘葛，大明之报书不至，显系朝鲜背约以欺我。我岂能曲恕其罪，是用命将出师，薄伐朝鲜。朝鲜先已设守，我虽兵微将寡，而师行所至，禽剃兽狝，斩馘累累。朝鲜兵望风披靡，我师乘破竹之势，直入王京。火焚其宫室，刃斩其民人，曾几何时，夷为平地。大明闻朝鲜之败，遣将往救，及与我师交战，亦复大败而逃。今朝鲜遣二使臣，至我国纳格耶（此和音也，未知华文应作何字）地方，传大明皇帝之命，欲与我国重订盟约。本大将军今以七事要大明，如大明一诺无辞，我亦甚愿言归于好。至我兵舰及士卒人等之在朝鲜者，须俟明约商定，再谋凯撤。今本大将军以此帖谕汝，汝其告知明使，并所索七事，归奏于朝，可也。秀吉手谕。

日本要明七约

（此亦秀吉谕其使臣转告明使者也）

大日本帝国，切愿与大明敦崇睦谊，特列七条款，期以必遵。计开如下：一，盟约既定，中东两国可保太平，与天地同无穷尽。俟至息兵之日，大明皇帝，愿以公主嫁日本皇帝。二，中东两国用兵二年，商务梗塞。和局既定，两国人民船只，彼此互相往来，各海口均无有所阻。三，中东两国各派大臣，特将罢战联合之意，布告于众。四，日本前遣大军伐朝，其全国八道之地，悉归日本掌握。今尚将续调雄师，选派名将，率以戍朝，借保日本在朝鲜之利。议和以后，日本念大明美意，难以辜负，愿举朝鲜四道地方，及其王京，全还朝鲜王，所有撤兵还地之事，全由现在朝鲜之日本四武员主政。五，朝鲜王京及四道地，既还朝鲜。朝鲜王应遣王子，及大臣一二员，为质于日本。七，朝鲜使臣，须立一重誓，从今以后，世世子孙，愿恪守称藩于日本之臣节，无敢携贰，以保太平无事之局。以上七条，系大日本要盟约据。日本派出大臣，予以与明使议事订盟之权，时西历一千五百九十三年六月廿六号也。（此亦西报所改。原注云，迨后明大臣悉从日本要索之七事，和议遂定。然约中称，日本曰王几似日本称藩于中国也者，其议和之举则似日本纳款于中国，非中国行成于日本。华文字义深远，日官不能辨别，遽藏盟府，至今引以为耻，故前文注云为中国所愚也）

节录通鉴辑览

明神宗皇帝万历二十年（壬辰）夏五月，倭陷朝鲜。

倭酋平秀吉，起人奴。初随倭关白（倭国官名，犹言丞相）信长，为之划策，夺二十余州。会信长为其下所弑，秀吉遂统其兵，自号关白，劫降六十余州，窥朝鲜无备，分遣行长清正等，率舟师，从对马岛，逼釜山镇。朝鲜承平久，兵不习战，其王李昖又湎酒废弛，岛夷猝至，望风皆溃。弃王城，奔平壤，令次子珲摄国事，已复走义州。七月，倭遂入王京，劫王子陪臣，掠府库，八道（京畿、江原、黄海、全罗、庆尚、忠清、咸镜、平安凡八）几尽没。旦暮渡鸭绿江，请援之使，络绎于道。廷议，以朝鲜为国藩蔽，在所必争。遣行人谕昖，以兴复大义，扬言，大兵且至。而倭业抵平壤，游击史儒等率师至，战死。副总兵祖承训援之，仅以身免。中朝震动，乃诏兵部右侍郎宋应昌，经略备倭军务以救之。八月，倭入丰德等郡，兵部尚书石星，计无所出，议遣人侦之。于是嘉兴人沈惟敬（西报所记之陈惠臣声与相近，或即是人）应募。惟敬，市中无赖也。是时，平秀吉次对马岛，分遣其将行长等守要害。惟敬至平壤，行长跪曰：天朝幸按兵不动，我亦不久当还，当以大同江为界，平壤以西，尽归朝鲜耳。惟敬以闻，廷议，以倭诈难信，趋应昌进兵，而石星颇惑其言。假惟敬游击，赴军前，且请金行间。

冬十月，以李如松充防海御倭总兵官，救朝鲜。

如松弟如柏、如梅，并率师援剿。以十二月至军，会沈惟敬自倭归，复伸封贡之请。如松斥惟敬憸邪，欲斩之。参谋李应试曰，借惟敬绐倭封，而阴袭之，奇计也。如松以为然。乃置惟敬于营，誓师渡江。明年（癸巳）正月，次肃宁馆，行长以为封使至，遣牙将来迎，进次平壤。行长犹未觉，伫风月楼以待。如松分布诸军，抵平壤城，诸将逡巡未入。形大露，倭悉登埤拒守。如松令诸军围之，以倭素轻朝鲜军，令祖承训诡为其装，伏西南。令游击吴惟忠攻迤北牡丹峰，而如松亲提大军，攻其东南。军少却，如松斩先退者以徇。募死士，援钩梯直上。倭方轻南面军，承训等忽卸装露甲，倭大惊，急分兵捍拒，如松、如柏等已分道并入。如松马毙于炮，易马跃堑而上，麾兵益进，遂克其城。行长渡大同江遁，已而如柏复开城，所失四道并复。官军既连胜，有轻敌心，朝鲜人有以敌已弃王京遁告者，如松信之。将轻骑趋碧蹄馆，猝遇倭，围之数重，如松几不免，官军丧失甚多。乃退驻开城，如松令诸将分守要害，闻倭积粟数十万在龙山，密遣死士焚之，倭遂乏食。然如松既败衄，气大索，应昌亦即欲休息，于是沈惟敬封贡之议复行。其年（癸巳）四月，倭以粮尽弃王京，如松与应昌入城，将遣兵尾击之，而倭步步为营，官军不敢击。倭结营釜山，为久留计。时石星力主款议，独留刘綎拒守，如松乃班师，言路交章指其和亲辱国，帝置不问。

二十五年（丁酉）春三月，以杨镐为佥都御史，经略朝鲜军务。

初，征倭军既撤，诏以顾养谦为经略。养谦亦主款，奏言，关白宜封为日本王，二十二年，（甲午）冬，倭遣小西飞入朝，定封贡议。命都指挥杨方亨等充封使，同沈惟敬往。养谦荐侍郎孙鑛自代，起身去。二十四年（丙申）九月，方亨等至日本，关白怒朝鲜王子不来谢，不肯撤兵。（或即其约中所索之质子欤）所进表文，又谩无臣礼。是年（丁酉）二月，方亨归，委罪惟敬，并呈石星前后手书。帝怒，逮星惟敬按问，下狱，论死。以尚书邢玠总督蓟辽，改麻贵为备倭大将军，而以镐为经略。时倭将行长清正等据南原全州，犯全罗、庆尚，逼王京。会沈惟敬就逮，向导乃绝。九月，镐抵王京，倭已退屯蔚山。十二月，镐会邢玠、麻贵议进取，分为三协，合攻蔚山。贼大败，奔据岛山，结三栅以自固。游击陈寅连破其二，第三栅已垂拔。而镐素与李如梅善，以如梅未至，不欲寅功出其上。遽鸣金收军，再攻，不克。明年（戊戌）正月，行长救至，镐狼狈先奔，诸军继之。贼前击官兵，死者无算，辎重多丧失。是役也，倾海内全力，合朝鲜通国之重，委弃于一旦，举朝嗟恨。镐既奔还王京，与总督玠诡以捷闻。赞画主事丁应泰闻败，诣镐咨后计。镐扬扬自诩功伐，应泰愤，抗疏尽列败状。乃罢镐令听勘，而以万世德代之。畏倭不敢前，邢玠以前役无水兵，故败。乃益募江南水兵，谋海运，为持久计。分四路进兵，麻贵为伏兵所败，中路将董一元亦溃，迄无成功。

二十六年（戊戌）冬十一月，倭遁去，官军分道追击，败之，朝鲜平。

官军分道击倭，既不利，会平秀吉死，群倭俱有归志。其渠帅清正，发舟先走。总兵官麻贵遂入岛山西浦，都督陈璘遣副将邓子龙督水军千人，驾三巨舰为前锋，邀之釜山南海，战殁。副将陈蚕季金等军适至，邀击之。倭无斗意，官军焚其舟，贼大败。脱登岸者，又为陆兵所歼，焚溺者万计。时总兵刘綎方攻行长，夺曳桥寨。璘以舟师夹击，复焚其舟百余。行长党石蔓子引舟师来救，璘邀之半洋，击杀之，于是诸倭扬帆尽去。自倭乱朝鲜七载，丧师数十万，糜饷数百万，中国与朝鲜迄无胜算，至秀吉死，祸始息。万世德闻倭退，兼程驰至，会同总督邢玠奏捷。丁应泰等疏劾诸臣赂倭卖国，帝以将士久劳苦，仍发帑金十万两犒师。叙东征功，首陈璘，次刘綎，擢都督同知，又次麻贵，加右都督，邢玠、万世德各予世荫，董一元、杨镐俱复原职。（附考，万历二十年即日本正亲町帝天正二十年，至万历二十四年为后阳成帝庆长元年，万历四十三年为后水尾帝元和元年，自神武帝至此凡二千二百七十五年）

附录 日本国诗史略

（仙台大槻清崇著）

坠马如松（谓李如松）死仅生，碧蹄（即碧蹄馆）大捷撼韩明。（谓
朝鲜及中国也）翻将余勇鼓文运，紫海洋洋弦诵声。（原注，小早川隆景）

悬军冒险入胡城，珲（即朝鲜摄国事之王子）珒（亦朝王子）生擒
空有情。莫道胸中乏成算，鸡林赢得夜叉名。（原注，加藤清正）

臣心如水岂其然，满腹雄才老倍圆。莫道外征无纪律，欲移元帅握
全权。（原注，黑田如水孝高）

相公一怒渡沧瀛，国本才摇内难生。幸矣霜台竭吾职，狐凭极谏遏
亲征。（原注，浅野弹正长政）

英雄豪举快平生，才到黄泉大梦醒。两度征韩何所获，一封耳冢[1]
（耳冢费解，岂借用黄耳冢耶？呵呵）草青青。（原注，庆长三年丰太阁
薨，按日本庆长三年即明万历二十六年也，与通鉴所记是年平秀吉死合）

（尔康按，日本蓝皮书所记与胜朝交涉事颇不类，三百年前情景疑系
近人点染而成，以相夸耀者。唯在日言日，要亦不无可采。通鉴为吾华
信史，然救朝之役奏报不实，当日已有丁应泰等交章劾之，惜明帝既不
穷究，史官岂能遥度？故不免亦有失真处。今既译蓝皮书，即应兼录通

---

[1] 耳冢非借用"黄耳冢"之意。耳冢，亦称鼻冢，位于日本京都东山区丰国神社门前的一座
坟墓。其所埋葬的是在万历朝鲜战争期间战死的朝鲜军和明军的耳朵和鼻子。在日本七年
侵朝战争中，日军割取了朝鲜人鼻十八万五千七百三十八个，明朝人鼻二万九千十四个，
共计二十一万四千七百五十二个。

鉴以备彼此参观，至日本诗史略，即其国人所作，而核其事迹多与通鉴相合，无有与蓝皮书合者。因并附录如上，明眼人必能辨之。）

后记　饮胆枕戈期异日

> 甲午不幸，乃沦倭寇。
>
> 弹尽援绝，民主奋斗。
>
> 五十年来，惨苦痛疚。
>
> 压迫剥削，欺蒙骗诱。
>
> 向往故国，日夜祈救。
>
> 八年战争，民族更生。
>
> 旧耻尽雪，旧土重享。
>
> 自由解放，全台欢声。
>
> ——1946 年 9 月 12 日 "台湾光复致敬团" 遥祭黄帝祭文

在《马关条约》中，与朝鲜 "自主"、巨额 "赔款"、通商开口这些条款相比，对中国伤害最深，让日本获利最大，最令人不可接受、但又最终不得不接受的是 "割地"。这是我们的 "剜心之痛"。

"敌欲甚奢，注意尤在割地。" 日本所最在意的就是割地。在李鸿章动身赴日前夕，日人来电便称若来必割地，不割莫前来。"中国另派大臣议和，除先允偿兵费并朝鲜由其自主外，若无商让地土及办理条约画押之全权，即毋庸前往等语。"[1] 而中国所最不可接受的亦在于割地，就是

---

〔1〕《预筹赴东议约情形折》（光绪二十一年二月初六日），顾廷龙、戴逸主编：《李鸿章全集》第 16 卷，安徽教育出版社 2008 年版，第 30 页。

宁可多"赔款",也不愿割地,也就是翁同龢所说的"偿胜于割"。

虽然不愿,但又不能。但求苟安的朝廷不得不授予李鸿章"商让土地之权"。庆亲王奕劻等上奏称:"臣等伏思倭奴乘胜骄恣,其奢望不可亿计,现在勉就和局,所最注意者唯在让地一节,若驳斥不允,则都城之危即在指顾。以今日情势而论,宗社为重,边徼为轻,利害相悬,无烦数计。"[1]这种"歪理"在当时就为台湾举人汪春源等所批驳,他说:"但以议者必谓统筹大局,则京畿为重,海疆为轻故耳,不知弃此数千百万生灵于仇雠之手,则天下人心必将瓦解,此后谁肯为皇上出力乎!大局必有不可问者,不止京畿已也。"[2]

在马关媾和中,李鸿章和伊藤博文总共谈过五次,但直到第三次会谈后才拿到日本所拟的和约底稿。对于日本"狮子开口",索要台湾、辽东两地,李随即予以答复,动之以情、晓之以理。他说:

> 查日本所拟讲和条约文内有:订定和约,俾两国及其臣民重修平和,共享幸福,且杜绝将来纷纭之端等语,是第二款内自应照此办理,今查拟请所让之地,如果勒令中国照办,不但不能杜绝争端,且必令日后两国争端纷纷而起,两国子孙永成仇敌,传之无穷矣。我辈既为两国全权大臣,不能不为彼此臣民深谋远虑,自应立一永远和好互相援助之约,以保东方大局。中日系紧邻之国,史册文字,艺事商务,一一相同,何必结此仇衅?国家所有之地,皆列代相传数千年数百年无价之基业,一旦令其割弃,其臣民势必饮恨含冤,日思报复。……日本如不此之图,徒恃其一时兵力,任情需索,则中国臣民势必尝胆卧薪,力筹报

---

〔1〕《军机处王大臣庆邸等公奏折》(光绪二十一年二月初七日),顾廷龙、戴逸主编:《李鸿章全集》第16卷,安徽教育出版社2008年版,第31页。

〔2〕《户部主事叶题雁等呈文》(光绪二十一年四月初四日),中国史学会主编:《中日战争》第4册,新知识出版社1956年版,第27页。

复，东方两国同室操戈，不相援助，适来外人之攘夺耳。[1]

然而，这些苦口婆心的"大道理"无异于"对牛弹琴"。因为这里不是"讲理"而是"论力"的地方。

在马关的李鸿章舌敝唇焦，笔秃腕脱，然而终究徒劳无功。

《马关条约》第二款规定："中国将管理下开地方之权并将该地方所有堡垒、军器、工厂及一切属公对象，永远让与日本。"这被割之地包括辽东半岛和台澎。也就是说，在《马关条约》中，日本不光勒得孤悬海外、美丽富饶的宝岛台湾，而且还勒得近在肘腋、满清的"龙兴之地"辽东，这简直是"把刀架在了清廷的脖子上"了！当然，也正因为日本的贪婪无度，引起了俄、德、法三国的"公愤"和干涉。"胳膊扭不过大腿"，"识相"的日本只得恨恨地将到口的辽东"肥肉"吐出。当然，日本也"不是盏省油的灯"，辽东半岛最终还是要中国再拿三千万两白银"赎回"。

然台岛终难幸免，最终落入"饥甚"（伊藤博文语）的"狼口"。祖宗土地被侵夺，我饮恨含冤的人民焉能不日思报复？

自1895年乙未割台至1945年台湾重光，半个世纪以来，我炎黄子孙凛于春秋大义，忠肝义胆，为反抗日本殖民统治，前仆后继，慷慨赴死。

1944年4月17日，台湾革命同盟会为纪念《马关条约》49周年发表的宣言中亦云："回忆过去半世纪的惨痛历史，实在令人感慨无量。世界各国对这种暴虐无道的条约会经默许50年，彼时祖国为革命尚未成功，致无力过问。但是首当其冲的台澎同胞，为着求自由解放，为着伸张正义，为着保存民族正气，明知众寡不敌，不顾成败，继续奋斗，

---

[1]《复伊藤陆奥和约底稿说帖》（光绪二十一年三月十一日），阙名编：《中日议和记略》，台北：文海出版社1975年版，第115—116页。

后记 饮胆枕戈期异日　　405

抗拒强暴。起而发动七年抗战，其次又是十次暴动。抗日反帝的怒潮，今日依然笼罩台澎诸岛。50年间牺牲65万人。虽然尚未成功，可是先烈不朽的精神仍不断地鼓励着我们勇往前进，不达到目的绝不停止。"[1]就连日人亦不得不称，"领台后清国治下之民并不喜处于新政府指挥之下，以反抗日本官宪为名，啸聚凶徒，又以殄灭日本人为旗帜，逞其残虐"。[2]可见，虽然肉落狼口，但却鲠在其喉，难以下咽。

在笔者看来，这段反抗日本暴虐殖民统治、谋求台湾自由解放的51年"抗日史"，大致分为三个阶段，以下略述之：

第一阶段是从1895年4月17日马关受约至1902年5月30日林少猫战死。此一阶段正值"割让"初期，群情愤激，全岛军民自发组织，奋起抗日，武装护台。

乙未马关媾和，台湾被割让给日本的噩耗传来后，"台人骤闻之，若夜午暴闻轰雷，惊骇无人色，奔走相告，聚哭于市中，夜以继日，哭声达于四野"。[3]他们呼天不应，唤地不灵，然而在内无强兵、外无援手的情形下，不甘俯首事仇的台民毅然奋起反抗，宣称日本"设以干戈从事，台民唯集万众御之，愿人人战死而失台，决不愿拱手而让台"。[4]在京参加会试的台湾举人汪春源等五人在上书都察院书中亦云："今者闻朝廷割弃台地以与倭人，数千百万生灵皆向北恸哭，闾巷妇孺莫不欲食倭人之肉，各怀一不共戴天之仇，谁肯甘心降敌！""与其生为降虏，不如死为义民！"[5]

---

〔1〕《今日马关签约纪念，台澎同胞集会宣言》，《中央日报》1944年4月17日，2版。该文同时发表于《大公报》1944年4月17日，3版。
〔2〕台湾"总督府警务局"编：《台湾抗日运动史》第2卷，王洛林总监译，台北：海峡学术出版社2000年版，第448页。
〔3〕江山渊：《徐骧传》，《小说日报》1918年第9卷第3号，第3页。
〔4〕王晓波编：《台胞抗日文献选编》，台北：帕米尔书店1985年版，第16页。
〔5〕《户部主事叶题雁等呈文》（光绪二十一年四月初四日），中国史学会主编：《中日战争》第4册，新知识出版社1956年版，第27—28页。

"纵毛炉炭之上，无不焦；投卵千钧之下，知必碎。"在明知没有胜算的情形下，在台正规军、绿营、民勇等武装力量与入侵的日寇进行了殊死抵抗，可歌可泣。

这长达七年的时间，波及全岛的武装抗日运动又以1895年11月18日桦山资纪宣称"全台靫平"为分界点，分为前后两段。前段是以"台湾民主国"的名义号召的抵抗运动，北路有唐景崧，中路有丘逢甲、林朝栋，南路有刘永福，这时尚有来自内地的正规军参战。1895年10月19日夜刘永福乘英轮爹儿士号内渡，随后桦山资纪宣布"平定"台湾，刘永福内渡后，群龙无首，全台各地英雄豪杰揭竿而起，保卫桑梓，以简陋的武器，对抗凶悍的日军。其中北部的简大狮，中部的柯铁虎，南部的林少猫被称为"抗日三猛"。1902年5月30日，林少猫在台南战死，是为台湾义民武装抗日的最后一役。此后四五年间，台湾未有武装抗日之举。

"宰相有权能割地，孤臣无力可回天。"（丘逢甲：《离台诗》）这些敢于斗争、无畏牺牲的抗日军民是在敌强我弱、孤立无援的情形下抗击日军的，以"光荣失败"而告终。从此，"四百万人供仆妾，六千里地属腥膻"。（刘永福：《离台》）

抵抗虽告失败，台地业已陷贼，但他们仍希望不灭，期待异日。丘逢甲在《送颂臣之台湾》诗中云："全输非定局，已溺有燃灰。""百年如未死，卷土定重来。"刘永福在《别台湾》诗中亦云："饮胆枕戈期异日，磨刀励志属今朝。"

第二阶段是从1902年5月30日林少猫战死至1941年12月9日对日宣战。此一阶段日本殖民统治日渐牢固严密，台人进入"孤军奋战"的时期，他们一面进行着零星的武力反抗，一面开展着柔性的社会运动。

经过日本的铁血镇压，日人在台湾逐步建立起严密的统治网络，像割台初期那样大规模、大范围的武装抗日运动无法再现。但这并不意味台民的反抗意识和反抗行动从此偃旗息鼓、销声匿迹。反抗依旧，只不过方式有所不同。其方式有二：

一、零星的武装反抗。这一时期虽然没有大规模的武装抗日运动，但是台民武力反抗有如星星之火，此起彼伏，不绝如缕。如1907年的北埔事件、1912年的林杞埔事件和土库事件、1913年的苗栗事件和六甲事件、1915年的西来庵事件、1930年的雾社事件、1934年的众友会革命……反抗，镇压，再反抗，再镇压……这些反抗除1915年的西来庵事件动静稍大外，一般来说规模较小，持续时间亦短，无成功的胜算，无法对日本统治构成较大的冲击和威胁。对于这一连串的抗日运动和人士，日本人将他们定性为借口抗日的"非法犯罪集团"，而不是"政治犯"，这样用军队进行武力讨伐就具有了所谓的"正当性"。[1]值得注意的是，今天台湾有的学者竟和过去的日本殖民者"穿一条裤子"，称这些抗日英雄其实就是"土匪"。其理由如下："所谓的'土匪'要看怎么定义，由于日本是现代化国家，而现代化国家的特征之一，就是国家垄断所有暴力机器，如同现今只有军警才可拥有器械，在政府之外拥有武器者，就是匪徒；清代国家公权力不彰，民间可拥有私人武力自保；但日本绝不容许，因此日本统治台湾后，首先就要收缴台湾民间武力与器械。"[2]同样可以看到，第一期抗日运动中涌现的抗日英雄简大狮，在"法学博士""台独"分子彭明敏的眼里则成了"无望的非法集团"。[3]

二、柔性的社会运动。在武力抵抗条件苛刻、成效有限的情况下，台湾有识之士开始尝试一种相对柔和的、非暴力的反抗方式，即从政治上、文化上进行柔性反抗的社会运动。从1921年至1934年，林献堂、

---

〔1〕〔日〕末光欣也：《台湾历史：日本时代的台湾》，辛如意、高泉益译，台北：致良出版社2012年版，第582—583页。

〔2〕经典杂志编著：《赤日炎炎：台湾一八九五——一九四五》，台北：经典杂志2005年版，第210页。

〔3〕刘添财：《台独加深了台湾人的屈辱》，林国炯等编：《春雷声声：保钓运动三十周年文献选辑》，台北：人间出版社2001年版，第183页。

蔡惠仁等人组织"议会设置请愿运动",为身处日本殖民统治下的台湾民众争取基本的政治权利。该运动历时14年,多达15次,系台湾历时最久、规模最大的政治运动。1921年,林献堂、蒋渭水等人成立"台湾文化协会",协会旨在从思想文化上进行教化启蒙,复苏台湾民众的民族意识、现代意识,以期改革台湾社会。1927年,台湾文化协会左右分裂,蒋渭水、蔡培火等人又成立"台湾民众党",他们以"确立民本政治,建设合理的经济组织及改除不合理的社会制度之缺陷为纲领"。[1]是为台湾人历史上第一个具有现代性质的政党。1931年2月,日本"总督府"禁止结社,台湾民众党被迫解散。在武力抗争无望的情况下,退而求其次,从思想运动、政治运动着手,进行柔性的、有限的反抗,是台人此一时期的选择。这些运动在一定程度上唤醒了台湾人民的民族意识和政治意识。当然,即便这些运动并不直接威胁日本的殖民统治,属"体制内"抗争,"茶杯里的风暴",但仍不能见容于殖民者。

第三阶段是从1941年12月9日对日宣战至1945年10月25日台湾光复。此一阶段,中国经过艰苦卓绝的"全民抗战",彻底打败了日本,使得被侵略殖民长达半个世纪的宝岛台湾重回祖国怀抱,甲午旧耻得以洗雪。

台湾要获得真正的自由解放,舍战争之一途,无异于天方夜谭;而采取战争之手段,要取得最终的胜利,舍"全民抗战"之一途,亦无异于天方夜谭。"马关污辱誓澄清。"[2]要恢复台湾靠的不是宣言文告,不是殖民框架里的社会运动,更不是殖民者的良心发现,而是全国上下同仇敌忾,与日寇血战到底的气概、你死我活的斗争,不计成本的牺牲,即"用血汗洗刷《马关条约》的耻辱"。

---

〔1〕《台湾民众党成立大会宣言、纲领及政策》,王晓波编:《台胞抗日文献选编》,台北:帕米尔书店1985年版,第114页。
〔2〕黄英哲等编校整理:《许寿裳日记(1940—1948)》,福建教育出版社2008年版,第743页。

可以想象，如果没有日本"七七事变"后对中国的全面入侵，从而引发中日两个国家的生死对决，台湾何时能回归祖国，就得打个问号了。不幸中的万幸是，得陇望蜀、不自量力的日本发动对中国的全面侵略后，又丧心病狂，失去理智，发动太平洋战争，决心与世界为敌。这时，日本离自我毁灭、台湾离回归祖国就为时不远了。

1941年12月9日，中国向日本正式宣战。这是台湾最终能摆脱日本殖民统治、回归祖国的根本之所在。是日，中国布告天下，自1941年12月9日午夜12时起，"所有一切条约协定合同有涉及中日间之关系者，一律废止"。[1]也就是说《马关条约》，这个台湾的"卖身契"，至此在法律上宣告失效。"宣战以后，台湾主权已无条约的束缚，台湾已是中国的老沦陷区，台湾与东北四省及'七七'以后的沦陷区性质完全相同。中国为领土完整而抗战，为清算1895年以来的中日关系而抗战。"[2]此时《马关条约》"已成历史上的名词"，我们所要做的是"由法律上的收回台湾，进而为事实上的收回台湾"。[3]回首过往，自1895年4月17日李鸿章马关签字之时至1941年12月9日对日宣战，这47年时间中，又有几人能料到当年那《马关条约》中国将台湾"永远让与日本"的"永远"其实是有期限的。如果说此前47年，台湾重归祖国，"希望渺茫"，那此后的四年，则是我们"实现梦想"的四年。这时，此前数年间对日孤独抗战的中国的勇气和牺牲也得到了国际社会的认可和感佩。1943年12月1日，中、美、英三国领袖发表开罗会议宣言，明白宣告台湾、澎湖

---

〔1〕《中央日报》1941年12月10日，第2版。

〔2〕 社评：《中国必收复台湾，台湾是中国的老沦陷区》，《大公报》1943年1月7日，2版。宣战次日，12月10日，林海涛呈文朱家骅，"恳请我政府正式对外宣布废弃《马关条约》"，朱家骅回复称："我已对日宣战，一切条约均已宣布无效矣。"（"中国国民党中央委员会党史委员会"：《台籍志士在祖国的复台努力》，台北："国民党党史会"出版社1990年版，第323—324页）

〔3〕《时事新报》：《"岛耻纪念日"之言》（1942年4月17日），张瑞成编辑：《抗战时期收复台湾之重要言论》，台北："国民党党史会"出版社1990年版，第39页。

于战后归还中国。这是台湾回归祖国的国际承诺和义务。

于是，从日寇手中解放台湾，就不只是一岛台民的责任和义务，而且是全体国人的责任和义务。"台湾问题本为我国问题的一部分，我国抗战之成败当然以台湾之能否收复为断，所以这个责任乃我四万万同胞全体的责任，而非仅为台湾同胞之责任。台湾之命运是与中国之命运一致的。"[1]台人也认识到，"中国革命不成功，同时处在日本帝国主义铁蹄下的台湾民众的解放也绝对没有希望"。[2]而"中国抗战胜利之日，即台湾人民获得自由解放之时"。显然，没有我全民族付出的巨大牺牲，就没有祖国抗战的彻底胜利，就没有日本的无条件投降，自然就没有台湾从日本殖民统治中得以解放的可能。

此一阶段台湾与祖国结成"命运共同体"，活跃在大陆的台湾抗日爱国诸团体联合起来，积极参加祖国神圣抗战，[3]他们心系祖国，"无时无地不在思念着祖国的同胞和归还到祖国的怀抱"。[4]或训练队伍，以备驱驰；或潜返岛里，鼓动斗争；或组织宣传，瓦解敌人；或收集情报，研究敌情；或医疗救助，服务抗战；或谋划收复，协助接收……为抗战的最后胜利、台湾的光复做出了自己的贡献。

综上，为使台湾摆脱日本殖民统治的长达51年的抗日运动，始于

---

〔1〕《台湾党部为〈马关条约〉四十九周年纪念告国内外同胞书》（1944年4月17日），"中国国民党中央委员会党史委员会"：《台籍志士在祖国的复台努力》，台北："国民党党史会"出版社1990年版，第338页。

〔2〕《台湾同志会为济案宣言》，王晓波编：《台胞抗日文献选编》，台北：帕米尔书店1985年版，第180页。

〔3〕1937年全面抗战爆发后，使台胞看到了复台的希望，返回祖国的台胞在各地成立各种抗日团体，如福州的"台湾抗日民主同盟"，华南的"台湾民主革命总同盟""台湾青年革命党""台湾国民革命党"等，为集中抗日力量，这些抗日团体于1940年组成"台湾革命团体联合会"。随后，在中国国民党中央指导与协助下，在"台湾革命团体联合会"基础上，1941年2月10日于重庆成立"台湾革命同盟会"。1945年，"台湾革命同盟会"依中国国民党"中央组织部"训令，受翁俊明主持之中国国民党直属台湾党部指导。

〔4〕《台湾革命同盟会告祖国同胞书》（1943年4月17日）。"中国国民党中央委员会党史委员会"：《台籍志士在祖国的复台努力》，台北："国民党党史会"出版社1990年版，第133页。

全台范围光荣失败的激烈抵抗，中经台人零星的武装反抗和柔性的社会运动，终于全国上下血战到底取得最终胜利。台湾在第一次中日战争后被迫割让给日本，在第二次中日战争后重归祖国怀抱，至此，故土重光，旧耻洗雪。

自1949年国民党政权败逃台岛至今，台湾与祖国睽离几近七十余年。如今，中国是联合国五大常任理事国中唯一一个尚未完全统一的国家。1997年，王晓波先生写道："20世纪快要结束了，台湾人民族认同的异化益甚，台胞抗日史更是受到漠视，充满着中华民族主义与日本殖民主义慷慨激昂作顽强斗争的台湾精神，竟在《认识台湾》教科书中不见只字。"[1] 今天，这种认同的异化更趋严重。

近年来，岛内一些政党和个人不仅不安于"偏安一隅"，反而"分庭抗礼"，甚至铤而走险，谋求分裂祖国。"台独"势力日渐坐大，"鸠占鹊巢"，一夜之间，"中华民国"的"招牌"依旧，"货色"顿变。

特别是拒不承认"九二共识"的民进党上台以来，岛内可谓"妖风"阵阵，动作频频。台湾地方政府"助独敌统""谋独阻统"，接二连三地"去中国化"，可谓"殚精竭虑"，不遗余力。岛内部分媒体和所谓"名嘴"摇唇鼓舌，大放厥词，气焰十分嚣张。更有一些无耻丑类，数典忘祖，丧心病狂，媚日反中，认贼作父。

这些人掩耳盗铃，自娱自乐，不唯看不清历史趋势，亦看不清世界大局。正如西哲所云"欲使之灭亡，必先使之疯狂"。

把这些"台独"分子与那些在近半个世纪风雨如晦的岁月里，心系祖国，眷恋故土，为抗日复台而牺牲的先烈、而奋斗的前辈相比，他们真可谓是国家的逆子、民族的罪人。这也是今天我们重温半世纪以来祖国人民、特别是台胞先贤义无反顾、前仆后继地抗日复台的现实意义。

---

[1] 王晓波：《台湾抗日五十年·自序》，台北：正中书局1998年版，第5页。

1942 年 4 月 17 日，章渊若在纪念《马关条约》国耻日时云："台湾的复兴，只有一条路，就是回到祖国温暖的怀抱来；如果误为独立，便有许多危险，敌人便会从中分化我们。全国同胞和台湾同胞，都应该认识这点，向着这个唯一的目标去奋斗。"[1]这话放到今天，仍不无正确。今日，中国发展蒸蒸日上，然而国家尚未完全统一，祖国一天未统一，则"台湾问题"就随时会被一些国家当作要挟中国的筹码，中国的东部海疆就一日不能安宁，我们就势必受到牵制，就不得不投入更多的精力和资源去面对这些问题。"解决台湾问题、实现祖国完全统一，是全体中华儿女共同愿望，是中华民族根本利益所在。"在岛内"台独"势力叫嚣跳梁的今天，"扼独促统"，就显得格外迫切，我们既不能放任国民党的"不统"政策，更不能容忍民进党的"暗独"动作，在"扼独促统"上，不能再只是停留在纸面说说，更要积极地以切实的措施、实际的行动去"扼"去"促"。

对于"台独"蠢动，我们不仅有言在先，而且言出必行。"我们坚决维护国家主权和领土完整，绝不容忍国家分裂的历史悲剧重演。一切分裂祖国的活动都必将遭到全体中国人坚决反对。我们有坚定的意志、充分的信心、足够的能力挫败任何形式的'台独'分裂图谋。我们绝不允许任何人、任何组织、任何政党，在任何时候、以任何形式、把任何一块中国领土从中国分裂出去！"[2]在这掷地有声的誓言和警告面前，让那些步入歧途者迷途知返，让那些心怀鬼胎者知难而退，让那些冥顽不化者最终撞得头破血流吧！

2018 年 4 月 17 日，陈占彪

---

〔1〕 章渊若：《我们应如何认识台湾》（1942 年 4 月 17 日）。张瑞成编辑：《抗战时期收复台湾之重要言论》，台北："国民党党史会"出版社 1990 年版，第 37 页。

〔2〕 习近平：《决胜全面建成小康社会 夺取新时代中国特色社会主义伟大胜利——在中国共产党第十九次全国代表大会上的报告》（2017 年 10 月 18 日），人民出版社 2017 年版，第 56～57 页。